Elizabeth E. Meacham
Das Erdseele-Träumen

Es gibt heute unbedingt viele gute Gründe, das weibliche Geschlecht wieder besser sichtbar zu machen. Dies ist seit mehr als 40 Jahren auch Anliegen unseres Verlages. Ob dies durch Gendern erreicht wird, darf man jedoch hinterfragen, immerhin geht es um unsere *Mutter*sprache. Sicher ist, dass der grammatische Genus nichts über das Geschlecht (Sexus) aussagt. Deswegen halten wir uns als Verlag beim Gendern bewusst zurück. Ausführliche Begründung dazu unter www.neue-erde.de/derdiedas

Elizabeth E. Meacham

Das Erdseele-Träumen

Schamanische Praktiken für unsere Rückverbindung mit der Erde

NEUE ERDE

Bücher haben feste Preise.

Haftungsausschluss
Die Informationen in diesem Buch werden nach bestem Wissen und Gewissen geteilt und sind weder dazu gedacht, einen körperlichen oder geistigen Zustand zu diagnostizieren, noch als Ersatz für eine fundierte medizinische Beratung oder Betreuung zu dienen. Bitte wenden Sie sich für medizinische Beratung und Behandlung an Ihren Arzt oder Heilpraktiker. Weder die Autorin noch der Herausgeber können von irgendeiner Person für Verluste oder Schäden haftbar gemacht werden, die direkt oder indirekt durch die Verwendung dieses Buches oder der darin enthaltenen Informationen entstehen.

1. Auflage 2023

Elizabeth E. Meacham
Das Erdseele-Träumen

Der Titel des englischen Originals lautet »Earth Spirit Dreaming«.
Aus dem Englischen übertragen von Andreas Lentz.

Published by Arrangement with Inner Traditions International Ltd., Rochester, VT 05767 USA
Dieses Werk wurde vermittelt durch die Literarische Agentur Thomas Schlück GmbH, 30161 Hannover

Umschlag:
Foto: suthin3/shutterstock.com
Gestaltung: Dragon Design, GB

Lektorat: Deutsches Lektorenbüro, Würzburg

Satz und Gestaltung:
Dragon Design, GB
Vignetten: Elenshine, Dreamstime.com
Gesetzt aus der Minion

Gesamtherstellung: Appel & Klinger, Schneckenlohe
Printed in Germany

ISBN 978-3-89060-795-5

Neue Erde GmbH
Cecilienstr. 29 · 66111 Saarbrücken
Deutschland · Planet Erde
www.neue-erde.de

MIX
Papier aus verantwortungsvollen Quellen
FSC® C100257
FSC www.fsc.org

Für meinen Mann Mattuck
Lass die Flüsse fließen

Inhalt

Das Erdseele-Träumen

Vorwort

Dieses schöne Buch von Liz Meacham ist eine wohltuende Medizin. Ich weiß nicht, ob es heutzutage etwas Wichtigeres gibt, als sich wieder mit der Erde zu verbinden. Würden wir eine Liste der größten Herausforderungen erstellen, mit denen wir derzeit konfrontiert sind, würden die meisten auf die eine oder andere Weise auf die tiefe Kluft zwischen uns und der Natur zurückgehen und auf die Abspaltung unseres Geistes von dem Geist, der das Universum hervorgebracht hat. Wenn es einen Mangel gibt, der uns zu verschlingen droht, dann der, dass wir den Kontakt zu dem Leben, das allem innewohnt, verloren haben und uns deshalb in der unendlichen Ausdehnung von Raum und Zeit ebenso verloren fühlen.

Im Grunde ist unsere Selbstentfremdung niemandes Schuld. Manche würden sogar sagen, dass es unvermeidlich war, uns aufgrund der beständigen Weiterentwicklung unserer sich entfaltenden Fähigkeiten von dem zu entfernen, was uns trägt und hält. Wir haben so viele Götter entthront, sind über so viele Vorstellungen von dem, was wahr ist, hinausgewachsen, dass diese Abspaltung der unvermeidliche Preis für unsere Selbstentfaltung zu sein scheint. Vielleicht ist das so. Und doch: Da wir rasend schnell das größte Artensterben auf diesem Planeten seit 65 Millionen Jahren verursachen, die Ozeane leerfischen, unser Grundwasser erschöpfen und unser Klima destabilisieren, wissen wir, dass etwas furchtbar falsch läuft. Irgendwo in unserer großartigen Entwicklung haben wir etwas verloren, das wir dringend brauchen, wenn wir hier weiterleben wollen.

Die vielen sozialen, politischen und technologischen Umwälzungen, die wir in die Wege leiten müssen, um den gegenwärtigen zerstörerischen Kurs zu ändern, werden jedoch scheitern, wenn sie nicht auf einer tieferen *Erfahrung* unserer Verbindung mit dem Leben beruhen, das uns umgibt und erhält. Wie aber können wir unser Gefühl für das Hier und Jetzt wiederbeleben? Wie können wir uns erneut erden in der heiligen Spiritualität unserer körperlichen Existenz? An dieser Stelle ist das Erdseele-Träumen sehr hilfreich.

Liz Meacham ist in Umweltphilosophie und religiösen Anschauungen bewandert. Sie versteht, wie wir hier gelandet sind, und hat die Erkenntnisse der großen Öko-Visionäre unserer Zeit verinnerlicht. Aber es sind die praktischen Übungen in diesem bemerkenswerten Buch, die ihr wahres Genie zeigen. Hier sehen wir die leichte Hand einer Meisterin, die Wege zum Erwachen im Körper vermittelt. Sie hat diese Praktiken durch jahrelange Übung immer weiter verfeinert, zuerst in ihren Universitätskursen und dann am Lake Erie Institute in Cleveland, Ohio, das sie gegründet hat und leitet. Diese Praktiken verändern Leben.

Ich habe jene Menschen immer beneidet, die mit einer natürlichen Klarheit für feinstoffliche Dimensionen auf diese Welt kommen. Ich bin dafür nicht begabt, deshalb genieße ich es, mit Menschen wie Liz, die diese Sensibilität in sich tragen, zusammen zu sein. Was ich an Liz besonders liebe, ist, wie sie ihre Sensibilität in Übungen umsetzt, die jeder ausführen kann. Durch diese einfachen Übungen können wir uns an das erinnern, was wir vergessen haben, und zurückgewinnen, was wir verloren haben. Es ist nichts »Paranormales« daran, sagt sie. Es geht einfach darum, uns tiefer in der Anrührung durch die Natur und in ihrem Klang und ihrem Puls zu verankern. Von hier aus weiten sich allmählich unsere Grenzen, und wir lassen uns auf ein größeres Leben ein, ein älteres Leben, das wir sind, das aber auch mehr ist als wir.

Das Erdseele-Träumen ist eine dringend benötigte Medizin für unsere Zeit und ein wahres Geschenk an die Welt.

Christopher M. Bache, Ph. D., Autor von *Dark Night, Early Dawn* und *LSD and the Mind of the Universe*

Teil I
Einführung

1

Einleitung: Zur Erde erwachen

Kurz vor der Herbst-Tagundnachtgleiche 1995 entdeckte ich Thomas Berrys Buch *The Dream of the Earth.* Sein visionäres Umweltdenken weckte in mir die Sehnsucht, mich wieder mit dem Leben auf der Erde zu verbinden, und zwar auf eine Weise, die ich einerseits als neu empfand, an die ich mich andererseits aber auch erinnern konnte. In den ersten Wochen nach der Lektüre des Buches ertappte ich mich dabei, wie ich in meinem Garten saß und mit wachem Gewahrsein jede Faser meines Körpers spürte. Mein gesamtes Nervensystem schien über Lichtstränge mit den Energiebändern in Verbindung, die von der Erde ausgingen. Jede Distanz war spontan aufgehoben, so als sei ich endlich wieder nach Hause gekommen. Eine Zeile aus einem Gedicht, das ich in derselben Woche schrieb, beschreibt diese Erfahrung:

Meine Hand berührt Erde und Gras, Haut zu Haut erfüllt mich unsere Liebe
Unsere Beziehung, in der ich mich verliere, Identität löst sich auf, und ich bin eins
Bögen aus Licht, Bögen des Lebens, Erweiterung eines kosmischen Seins

Berrys Buch regte ein spirituelles Erwachen in mir an. Es folgten viele unerklärliche, staunenswerte Erfahrungen in der Natur. Ich stellte fest, dass ich diese Erfahrungen nicht in die Schubladen des traditionellen westlichen Denkens einsortieren konnte, und so begann ich, viele Steine umzudrehen, buchstäblich und im übertragenen Sinn, um diese lebensverändernden Erfahrungen zu durchdringen und zu lernen, sie mit anderen zu teilen. Während des ersten Jahrzehnts meiner ökospirituellen Studien und der zugehörigen Praxis verarbeitete ich den körperlichen und emotionalen Missbrauch durch meine Mutter in meiner Kindheit. Meine auf Naturerfahrung beruhenden spirituellen Praktiken wurden integraler Teil meiner Heilung. Auf der Erde liegend, in Flüsse tauchend und mit Steinen meditierend, fand ich Sicherheit und das Gefühl, einen Platz im Netz der Erdengemeinschaft zu haben, obgleich meine menschliche Familie zerbrochen blieb. Meine Sehnsucht, diese lebensverändernden Erfahrungen in einen Zusammenhang zu bringen, führte mich nach Schulabschluss und Studium zum Doktortitel und schließlich zur Arbeit als Professorin. Ich lehrte Umweltwissenschaft anhand von Erfahrung, unterrichtete oft in der Natur. Ich erlebte Veränderungen an mir und bei meinen Studenten, die über das hinausgingen, was das Lernen aus Büchern und in Klassenzimmern ausmachte. Ich entdeckte, dass das Lehren und Lernen durch »spirituelle« Übungen im Freien in meinen Studenten eine natürliche Sensibilität für die Erde ausbildete. Es waren nicht bloß Ideen, sondern es war diese innere Veränderung, die eine authentische, fürsorgliche Umweltethik hervorbrachte. Während viele Erkenntnisse der Umweltwissenschaft einen resignieren lassen können, gaben die erdverbundenen spirituellen Erfahrungen vielen meiner Studenten Hoffnung und den notwendigen Mut, für die Erde einzutreten. Indem sie sich als Teil des Lebensnetzes erfuhren, fanden sie die Kraft, sich den Herausforderungen zu stellen, denen sie als Aktivisten für die Heilung des Planeten begegnen würden.

Meine Arbeit, über erfahrungsorientiertes Lernen in anderen die Erdverbundenheit zu fördern, führte zu umfangreichen Studien und sorgsamen Versuchen. Ich wollte konsistente Lehrmethoden finden, die bei meinen Studenten tiefe Momente der Veränderung in Richtung Erdbewusstsein bewirken. Durch meine Forschung entwickelte ich eine Kombination von Übungen, die eine Öffnung der Wahrnehmung für unsere Wechselbeziehungen mit der Erdengemeinschaft begünstigen. Diese Methode, Erd-Seele-Träumen genannt, besteht aus drei Schritten: Übungen zur Verbindung mit der Erde, Übungen zur Verbindung mit der Seele und Übungen zur Verbindung mit der Traumebene.

Visionäre Umweltdenker geben zahlreiche Anregungen, wie wir die Verbindung zwischen den Menschen und den Lebenssystemen der Erde wiederherstellen können. Das Erdseele-Träumen überträgt diese transformativen Ideen in schamanische Ökotherapie-Praktiken und macht sie so für alle zugänglich und im täglichen Leben anwendbar. Darüber hinaus laden die Übungen zu tiefgehender Achtsamkeit ein, wenn wir daran arbeiten, die Vision einer Verbindung mit der Erde und den geistigen Ebenen zu halten, und wir uns bewusst dafür entscheiden, uns auf Freude, Schönheit, Dankbarkeit, Liebe und Heilung auszurichten.

Von der Erdverbindung zur Erdfürsorge

Die Vorstellung, dass wir mit allem Leben auf der Erde verbunden sind, wird zum Allgemeingut. Wir begreifen, dass wir Teil der umfassenderen ökologischen Systeme auf dem Planeten sind. Wir wissen, dass diese Systeme ins Gleichgewicht kommen müssen, damit das Leben auf der Erde erhalten bleibt. Immer mehr Menschen verstehen, dass wir das »Gleichgewicht der Natur« respektieren und pflegen müssen. Nach fast zwei Jahrhunderten zunehmender Industrialisierung beginnen wir jedoch gerade erst, unsere Kultur wieder auf die Erde auszurichten.

Heute handeln viele Bücher davon, wie wir unser Gleichgewicht mit der Natur wiederherstellen oder wie wir »grün leben« können. Diese Bücher geben Ratschläge zur Verwendung von Energiesparlampen, zur Umstellung auf vegetarische Ernährung, Mitnahme unserer eigenen Taschen zum Einkaufen und wie wir weniger Müll produzieren.

Dergleichen ist sehr wichtig. So entwickelt sich eine moralische Verpflichtung, nachhaltig zu leben. Doch leider bieten viele der »grünen« Bücher nur kleine Veränderungen, zu wenig, um unseren Konsum weit genug einzuschränken, damit die durch die industrielle Zivilisation verursachten globalen Schäden verringert werden. Selbst wenn wir alle diese Vorschläge umsetzen und wir unseren Gesamtverbrauch halbieren, ist das immer noch nicht genug, um die wachsende Bevölkerung in den Grenzen unserer Erde zu halten.[1] Nur durch einen tiefgreifenden Wandel in unseren zugrunde liegenden Sinnstrukturen werden wir die Kraft aufbringen, die notwendigen Schritte vorzunehmen, um unser Zuhause auf der Erde zu bewahren. (Anmerkung: Die Erde wird mit oder ohne uns weiterleben.)

Äußere, »in der Welt« stattfindende Veränderungen sind auf dem Weg zur Nachhaltigkeit ganz wesentlich. Innerer Wandel – ausgelöst durch die zugrunde liegenden Überzeugungen und Erfahrungen dessen, wer wir in Beziehung zueinander und zur Erde sind – ist mindestens ebenso wichtig, wird jedoch allzu oft übersehen. Westliche Glaubenssysteme haben einen blinden Fleck: Wir können die Tiefe unserer Verbindung mit der Erde kollektiv nicht wahrnehmen. Wir müssen unsere Überzeugungen, was wir sinnvoll und wichtig finden, ändern, um zukunftsfähig zu leben. Um engagierte Bürger einer nachhaltigen Kultur zu werden, müssen wir uns seelisch und geistig mit den Rhythmen des Lebens in Einklang bringen: Wir müssen lernen, auf eine Weise zu leben, mit der wir die Wertschätzung unserer Verbindung mit der Erde kultivieren. Das Erdseele-Träumen bietet einen Weg, jenes wache Verwurzeltsein aufzubauen, das nötig ist, um ein echter *Einwohner* des Planeten zu werden. Der schrittweise Verlauf des Erdseele-Träumens führt uns über einen stetigen Verwirklichungsprozess zu einer integralen Verbindung: mit uns selbst, miteinander und mit dem Planeten.

Viele Umweltphilosophen sehen in der Wiederverbindung mit der Erdengemeinschaft einen gangbaren Weg hin zur Fürsorge für die Erdengemeinschaft. Aldo Leopold argumentierte in seinem einflussreichen Essay *The Land Ethic*, eine Verbindung mit dem Land sei eine wesentliche Voraussetzung für die Pflege dieses Landes.[2] Leopold übernahm von Charles Darwin die Idee, dass sich die menschliche Ethik aus der dem Menschen innewohnenden Fürsorglichkeit entwickele. Denn nach Darwin hängt das menschliche Überleben von Fürsorgebeziehungen ab, etwa jener zwischen Mutter und Kind. Darwin postulierte, dass Gesellschaften mit besseren »Regeln« der Fürsorge – oder einer Ethik der Fürsorge – überlebensfähiger waren, wodurch Ethik zu einem wesentlichen Element der Fortentwicklung der Art wurde. Auf der Grundlage von Darwins Auffassung von Ethik schlussfolgerte Leopold, die Entwicklung einer Landethik bedeute, Fürsorglichkeit für die Erde zu entwickeln.

Die Tiefenökologen Arne Næss und Joanna Macy, zwei einflussreiche Umweltdenker, die nach Leopold kamen, schätzen ebenfalls die Fürsorge für die Erde als die wichtigste Voraussetzung für eine Erd-Ethik. Ihre Vorstellung vom ökologischen Selbst, auf das im nächsten Kapitel näher eingegangen wird, besagt, dass es eine Art Selbstverwirklichung ist, wenn das Selbst mit der Erdengemeinschaft gleichgesetzt wird. Die Fürsorge, die sich durch diese Verbindung mit der Erde entwickelt, ist nach Næss das einzige Mittel, um wieder ins Gleichgewicht mit der Erde zu kommen. Pflichtgefühl ist kein ausreichend starker Impuls, um die notwendigen Veränderungen anzugehen. Nur wenn wir die Erde als Erweiterung von uns selbst betrachten, werden wir in eine Balance mit der Natur zurückfinden.

Aber wie können wir wieder eins mit der Erde werden? Indigene Kulturen bieten Beispiele für soziale Strukturen, die ein ökologisches Bewusstsein fördern: Erdbewusstsein. In der westlichen Kultur werden diese Formen der Erfahrung oft als »außersinnlich« bezeichnet. Was wir jedoch in der westlichen Kultur als übersinnliche Erfahrungen ansehen, gilt in vielen indigenen Kulturen (und vielfach in der westlichen Kultur vor der Epoche der Aufklärung) als Teil der normalen Wirklichkeit. Um im Gleichgewicht mit der Erde zu leben, so die wichtigen Umweltdenker, müssen wir dieser Fähigkeiten wieder innewerden. So können wir eine Gesellschaft schaffen, die eine die Erde wertschätzende Ethik verkörpert.

Es ist unsere Aufgabe, Wahrnehmungsfähigkeiten zu entdecken, die von frühen Völkerkundlern als »primitiv« abgeschrieben wurden.[3] Das zunehmende Interesse an indigenen Wegen und am »Schamanismus« stellt einen Impuls dar, diese verlorenen Erfahrungsmöglichkeiten zurückzugewinnen. Das Erdseele-Träumen bietet Praktiken, um das zu entwickeln, was wir in westlichen Kulturen als nicht-alltägliche Erfahrungen ansehen, was in schamanischen Kulturen jedoch alltäglich *ist*. Wir müssen zu unserem angestammten schamanischen Erbe zurückkehren: ein Leben führen, das tief mit der Lebenswelt verwoben ist, auf spirituelle Weise in den Alltag integriert. Mit Berrys Worten aus *The Dream of the Earth*:[4]

In Zeiten der Verwirrung wie den gegenwärtigen sind wir nicht bloß auf unsere rationale Findigkeit angewiesen. Wir werden von den dem Universum zugrunde liegenden Kräften getragen, die sich uns in der Spontaneität unseres Seins präsentieren. Wir brauchen nur für diese Spontaneitäten sensibilisiert zu werden, nicht mit naiver Einfalt, sondern mit kritischer Wertschätzung. Dieses Innewerden unserer Erbanlagen – und somit auch das Gewahrwerden umfassender kosmischer Prozesse – ist nicht in erster Linie Aufgabe von Philosophen, Priestern, Propheten oder Professoren. Es ist die Aufgabe der schamanischen Persönlichkeit, eines Typus, der in unserer Gesellschaft wiedererscheint.

[…] Nicht nur der schamanische Typus taucht in unserer Gesellschaft wieder auf, sondern auch die schamanische Dimension der Psyche selbst. In Zeiten bedeutender kultureller Umbrüche nimmt dieser Aspekt der Psyche in der gesamten Gesellschaft eine entscheidende Rolle ein und zeigt sich in allen grundlegenden Institutionen und Berufen. […]

Diese schamanische Einsicht ist gerade jetzt besonders wichtig, da Geschichte nicht primär innerhalb von Nationen oder zwischen Nationen stattfindet, sondern zwischen den Menschen und der Erde mit all ihren Lebewesen. In diesem Zusammenhang müssen sich alle unsere Berufe und Institutionen vor allem daran messen lassen, inwieweit sie diese sich gegenseitig befruchtende Mensch-Erde-Beziehung fördern.[5]

Langsamer werden

Ein wichtiger erster Schritt, um zu unserem erdverbundenen ökologischen Selbst zurückzufinden, ist die Entschleunigung. Wir müssen langsamer werden. Weniger tun. Weniger sein. Weniger machen. Weniger produzieren. Weniger wegwerfen. Weniger verbrennen. Im Wachstumsdenken des industriellen Paradigmas wird angenommen, dass mehr besser sei. Das Ergebnis dieser Überzeugung, die uns dazu bringt, immer mehr zu sein und zu tun, ist, dass wir oft traurig und krank sind, abgekapselt von der Natur, von unserer Seele und voneinander. Viele von uns fühlen sich immerzu bedrängt, gefangen, verloren und sind voller Ängste.

Nicht nur müssen wir in unserer Welt des Zuviels darum ringen, für uns Gesundheit und ein Gleichgewicht zu finden, wir verbrauchen auch viel zu schnell die Vorräte unseres endlichen Planeten. Wie Jennie Moore und William E. Rees es in ihrem Artikel *Getting to One-Planet Living* ausdrücken, befinden wir uns in einem »ökologischen Overshoot. – Wir benötigen das Äquivalent von 1,5 Planeten, um die erneuerbaren Ressourcen, die wir nutzen, bereitzustellen und unseren Kohlenstoff zu absorbieren.«[6] Sie fragen, wie wir zu einem One-Planet-Leben finden. Dafür bieten sie eine Vielzahl von Lösungen »in der Welt« an. Da taucht bei Umweltschützern vielfach die Frage auf: Warum ist es so schwer, diese Art von Veränderungen durchzusetzen? Ist es die Macht der Gewohnheit oder die Kultur, sind es die Medien oder ist es die menschliche Trägheit? Wir wissen, was wir tun müssen, aber wir schaffen es nicht, es tatsächlich zu tun. Wir müssen unsere zugrunde liegenden Wertvorstellungen verändern, um unsere Gewohnheiten zu revolutionieren.

Der Versuch, langsamer zu werden, kann tiefsitzende Ängste auslösen, weil wir uns von Werten und Glaubenssätzen lösen, die unsere Länder, Gesellschaften und sogar Familien über Jahrzehnte oder in manchen Fällen Jahrhunderte geprägt haben. Ein wirkmächtiger grundlegender Antrieb ist: Wir leben, um Geld zu verdienen. Das könnten wir jedoch ändern und leben, um Nahrung anzubauen, zu heilen oder mit anderen zusammen zu sein. Oft sind diese Dinge aber nur für Geld zu haben: das vorrangige Tauschmittel in unserer Kultur. Es ist zwar schwer vorstellbar, aber es gibt Alternativen zum Leben in einer linearen ökonomischen Denkweise.

Was wir brauchen, sind Methoden, mit denen wir ganz neu einüben, in der Welt zu sein; und dieser erforderliche Grad der Veränderung kann nur mit Spiritualität erreicht werden. Alle Kulturen hatten ihre Rituale, die den Glauben trugen und aufrechterhielten und den nötigen Mut gaben, um auch unter Druck für die eigenen Überzeugungen einzutreten.

Eine sich stets erneuernde Kultur benötigt Rituale, Spiritualität. Für eine globale Bewegung muss diese Spiritualität über unterschiedliche kulturelle und religiöse Überzeugungen hinweg anwendbar sein. Dolores LaChapelle weist in ihrem inzwischen berühmten Artikel *Ritual is Essential*[7] in Bezug auf erdzentrierte Kulturen auf Folgendes hin:

> *Die meisten indigenen Gesellschaften auf der ganzen Welt hatten drei gemeinsame Merkmale: Sie hatten eine innige, bewusste Beziehung zu ihrem Wohnort; es waren stabile, »nachhaltige« Kulturen, die oft Tausende von Jahren Bestand hatten; und sie hatten ein reiches zeremonielles und rituelles Leben. Sie sahen diese drei Dinge als eng miteinander verbunden.*[8]

Dieses Buch konzentriert sich auf Methoden, um das erste und das dritte der genannten Elemente zu verwirklichen, die laut LaChapelle erforderlich sind, um im Gleichgewicht mit der Erde zu leben: eine bewusste Beziehung zu unserem Ort und ein reiches zeremonielles und rituelles Leben. Erdseele-Träumen ist ein Praxisbuch, das Methoden bietet, mit denen wir unsere Innigkeit mit der Erde wiederbeleben, indem wir unser persönliches Leben und unsere Gemeinschaften bereichern: durch auf die Natur ausgerichtete Zeremonien und Rituale.

Das Erdseele-Träumen: Drei Schritte zur Re-Vision unserer planetarischen Geschichten

In meinem Unterricht entwickelte ich eine Vielzahl erdverbundener spiritueller Übungen, mit denen ich nun schon lange arbeite. Nach Auswertung dieser Praktiken anhand von Studien bin ich zu den drei aufeinander aufbauenden Phasen gekommen, die sehr zuverlässig eine erdverbundene Sensibilität wachsen lassen. Natürlich gibt es viele unterschiedliche Praktiken, mit denen man jeden Schritt noch erweitern kann. In der Abfolge der Schritte wird jedenfalls eine Verschiebung der Perspektive ausgelöst, durch die wir uns ganz in das Lebensnetz einfügen und neu darin ausrichten. Selbst nach kleinen Ritualen erzählen Studenten und Workshop-Teilnehmer immer wieder überrascht von ihren ganz neuartigen Wahrnehmungen. In meinen längeren Workshops und Trainings staunen die Menschen über die Erweiterung ihrer nicht-kognitiven, intuitiven Intelligenz. Sie entdecken Magie und Wunder in verwobenen Wellen: Das ist, was ich als Meta-Synchronizitäten bezeichne; ein Aufblitzen des grundlegenden nicht-linearen, nicht-lokalen Schwingungsgefüges des Universums. Es geschehen Dinge, die die Grenzen von Zeit und Raum überschreiten. Kürzlich sagte eine Studentin: »Du hast etwas mit mir gemacht. Meine Träume sind jetzt so wild. Ich habe nichts getan.« Es ist das Aufwachen zu unserer in uns angelegten Sensibilität für die Erde und die geistigen Ebenen – das Aufwachen aus der Trennung –, und dies verändert unser Leben. Das Erdseele-Träumen ist ein Weg, solche Veränderungen zu erreichen. Es ist der Weg, der sich mir durch meine innere Suche nach einer indigenen Erfahrung in Verbindung mit der Erde, wie ich sie kenne, eröffnete: dort, wo ich lebe, esse und wachse. Es gibt noch viele andere Wege und Möglichkeiten für das Erwachen zu einer die Erde wertschätzenden Lebensweise; auf einige von ihnen werde ich in diesem Buch verweisen.

Ich nenne die drei Schritte vom Erdseele-Träumen

- Verbindung mit der Erde,
- Verbindung mit der Seele (oder Weltenseele) und
- Verbindung mit dem Traum.

Im ersten Schritt helfen erdverbundene Übungen, durch Achtsamkeit für unsere Quelle ein Gewahrsein für die körperliche Verbundenheit mit der Erdengemeinschaft zu entwickeln. Die konsequente Praxis erdverbindender Rituale öffnet Türen zu dem, was wir in der westlichen Kultur als »veränderte« Bewusstseinszustände oder außersinnliche Wahrnehmung bezeichnen. Diese Bewusstseinszustände führen zum nächsten Schritt in diesem Prozess, der seelischen Verbindung. In diesem Buch bedeutet seelische Verbindung die Erfahrung, Teil von etwas Größerem als wir selbst zu sein, die uns zu einer tief empfundenen Ehrfurcht bringt. Ausgehend von dieser numinosen Ausrichtung ermutigen die Übungen in diesem Buch dazu, ein Gespür für die Netzwerke zu entwickeln, die in der westlichen Sprache und mit westlichen Konzepten als die subtilen Energien oder Schwingungen wahrgenommen werden, die allem Leben zugrunde liegen. Diese Netze sind sich überlappende, ko-kreative Träume, die aus den Geschichten aller Ausdrucksformen von Bewusstsein im Universum stammen.

Es ist wichtig anzumerken, dass das, was wir in unserer Kultur als Energie oder Schwingungen definieren – diese numinose Realität, die wir etwa in Geistesblitzen erfahren, die sich magisch und irgendwie jenseitig anfühlen –, niemals eine abnormale Wahrnehmung war. Sie war schon bei den frühen Menschen zu finden und ist es auch heute noch in vielen indigenen Gesellschaften.[9] In indigenen Kulturen bedeutet die Wahrnehmung von »Geistern« oft etwas anderes als in westlichen Kulturen. Mit »Geist« kann ein alltäglicher Teil des Lebens bezeichnet werden, nicht eine andere Realität. Dieser geistige »Seelen«-Bereich ist Ausdruck von Lebendigkeit und Sensibilität für die energetische Prägung anderer Wesen.

Im dritten Schritt führen die Übungen zur Verbindung mit dem Träumen zu Praktiken, die die sinnbildhaften Erfahrungsebenen erschließen. Im Zusammenhang dieses Buches kann Träumen als eine Form des Visualisierens verstanden werden. Auch einige indigene Kulturen meinen mit Träumen das Visualisieren oder aber das Erschaffen von Realität durch Ausrichtung auf bestimmte Dinge und ein Leben im Reich der Geschichten. Durch die Übungen zum Träumen werden die Leser eingeladen, sich auf eine Art und Weise mit der Vorstellungswelt zu verbinden, die durch unser rationales Denken oft sehr beschränkt ist. Die Traum- oder Visionsübungen in diesem Buch öffnen ein Verständnis für die Rolle, die innere Ausrichtung und kreatives Visualisieren bei der Veränderung unseres Lebens und der Welt spielen. Das Träumen nach dieser Methode verlangt von uns etwas Neues: die Verpflichtung, achtsam mit den Narrativen umzugehen, die unsere Überzeugungen und Handlungen beeinflussen, ob wir uns dessen bewusst sind oder nicht.

Für die Heilung der Erde zu träumen, erfordert in jedem Augenblick eine nie dagewesene Aufmerksamkeit für das, was wir als Ergebnis unserer Geschichten denken und fühlen – persönlich, familiär, kulturell, global – und wie diese Geschichten die Erschaffung unserer Realität, wie wir sie kennen, beeinflussen. Wachträumen ist nichts für schwache Nerven; es kann hart, wild, überraschend, schmerzhaft und jenseits aller Vorstellung beglückend sein. Und es führt uns oft über Grenzen hinaus, von denen wir gar nicht wussten, dass es sie überhaupt gibt. Bewusste Träumer zu werden, ist eine Initiation und ein Weg, voll und ganz Mensch zu werden; es ist ein Weg, sich als Vorläufer eines heilenden planetarischen Bewusstseins in die Welt einzubringen.

Übungen zur Verbindung mit der Erde

Die in diesem Buch vorgestellten Übungen zur Verbindung mit der Erde schließen uns wieder an unseren Körper und an die Erde an. Unser Körper besitzt Empfindungsmöglichkeiten, durch die wir uns bewusst mit der Erdengemeinschaft verbinden können. Die Wiederverbindung mit der Natur und mit unserem Körper belebt schlummernde, oft verkümmerte Sinne. Die Wiederherstellung dessen, was der Ökopsychologe Michael J. Cohen »natürliche Sinne«[10] nennt, hilft uns, achtsam zu werden für das Netz von Beziehungen, das uns in jedem Augenblick unseres Lebens umgibt. Diese Übungen konzentrieren sich besonders auf das ökologische Beziehungsgeflecht, auf das wir für unser Leben auf der Erde angewiesen sind.

Die Einsicht in die Erkenntnisse der Ökologie kann unser persönliches Leben verändern. Die wichtigste Idee des ökologischen Denkens ist, dass alles miteinander verbunden ist. Während diese Idee sehr in die Einzelheiten gehen kann, ist ihr Dreh- und Angelpunkt, dass man alles am besten in Beziehung erkennen und verstehen kann. Die Ökologie beschäftigt sich mit der Untersuchung von Organismen in Beziehung zueinander und zu ihrer Umwelt. Auf eine persönliche Ebene übertragen, sagt uns die Ökologie, dass es in unserem Leben genauso ist wie in der Natur; im ökologischen Zusammenhang können wir *uns selbst* am besten verstehen, und dazu müssen wir die gesamte Umgebung mit einbeziehen. Sozialwissenschaften und Psychologie betrachten das menschliche Leben im Zusammenhang unserer menschlichen Umgebung. Visionäres ökologisches Denken sagt uns, dass wir, um im Gleichgewicht mit der Erde zu sein, auch gesunde Beziehungen innerhalb unserer nicht-menschlichen Umwelt wahrnehmen und entwickeln müssen. Der Mensch ist Teil der Natur, aber eben nur ein Teil. Dass wir uns von der Gesamtheit des Lebens auf der Erde abschneiden und uns nur auf einen kleinen Teil, die menschliche Welt, ausrichten, hat zu einem tiefgreifenden Ungleichgewicht für unsere Spezies und den Planeten geführt.

Wenn wir ökologisches Denken mit Achtsamkeit verbinden, können wir lernen, uns auf unsere ökologische Realität auszurichten und darin präsent zu sein. Tiefenökologen nennen diese Fähigkeit »ökologisches Selbst«. Ich betrachte es als eine Art spiritueller Entwicklung, da die Erfahrung unseres ökologischen Selbst ein Bewusstsein für unsere Teilhabe an etwas Größerem schafft. Für die Gestaltung der Übungen in diesem Buch können wir uns dieses größere »Selbst« als Gaia vorstellen. Die Menschen beziehen sich aus einer Vielzahl von Gründen auf die Erde als Gaia, es sind spirituelle, archetypische und wissenschaftliche. In der griechischen Mythologie ist Gaia die personifizierte Erde in Gestalt einer Göttin, der Urmutter allen Lebens auf dem Planeten. Der Wissenschaftler James Lovelock konstatiert in seiner inzwischen weithin anerkannten Gaia-Theorie, dass die Biosphäre ein sich selbst regulierender Organismus ist, der alle planetarischen Systeme organisiert und aufrechterhält.[11] Lovelocks Gaia-Theorie trug dazu bei, vom zerstörerischen industriell ausgerichteten Modell der Erde abzukommen, das davon ausgeht, dass die Natur in erster Linie zu unserem Nutzen existiert. Sein Denken führt zu einem ökologischen Bild der Natur, denn es zeigt, dass die Erde einen eigenen Sinn und Zweck und einen intrinsischen Wert hat, der unsere Würdigung und unseren Respekt erheischt.

Ich integriere Achtsamkeitstechniken in viele der Praktiken zur Entwicklung eines ökologischen Bewusstseins, weil es einfache und bewährte Möglichkeiten sind, den Verstand zu verlangsamen und die Sinne zu wecken. Achtsamkeit (wie auch manches in der Philosophie, etwa Phänomenologie) lädt uns ein, voll und ganz im gegenwärtigen Augenblick zu leben. »Öko-Achtsamkeit« nutzt Achtsamkeitstechniken, die uns helfen, voll und ganz in unserer Ökologie zu leben. Weil wir Teil der Natur sind, müssen wir uns nicht, wie man üblicherweise glaubt, in einer natürlichen Umgebung aufhalten, um der Rolle der Natur in unserem Leben gewahr zu werden.

Die Natur ist unser Leben. Wir sind Natur. Die Natur ist in jedem Moment mit uns: in unserem Atem, unserem Blut, unseren Zellen, im Wasser, das wir trinken und aus dem wir bestehen, unserer Nutzung der gespeicherten Sonne als Energie und all unseren Lebensprozessen, innen wie außen. Wir sind Leben und können nicht ohne die komplexen

Matrizen des Lebens existieren. Sich dessen gewahr zu werden und zu lernen, die Wirklichkeit unseres Eingebettetseins in die Natur zu erkennen, ist zweifellos einfacher, wenn wir uns zunächst an einen schönen Platz »draußen in der Natur« begeben, im Sinne von Unberührtheit, die wir mit »natürlichen« Orten zu assoziieren pflegen. Wenn wir diese Fähigkeit entwickeln, stellen wir fest, dass wir tatsächlich zu jeder Zeit und an jedem Ort »in der Natur« sind; aber manche Gegenden sind durch menschliche Rohheit und Übernutzung stärker degradiert als andere. Wenn wir unsere Aufmerksamkeit und unser ästhetisches Empfinden für die Muster und die Gestaltung der »Natur« wecken, fühlen sich Orte, die vom menschlichen Planen geprägt wurden und mit der Natur nicht richtig im Gleichgewicht sind, sehr tot an; sie können große Traurigkeit und Schmerz auslösen. Diese Trauer ist jedoch Teil der Öko-Achtsamkeit und ein wesentliches Element des Prozesses, unser Geburtsrecht als Menschen zurückzufordern: auf allen Ebenen unseres Seins unseren Platz im Netz des Lebens zu erkennen und zu spüren. Die Arbeit von Joanna Macy, auf die im nächsten Kapitel näher eingegangen wird, befasst sich mit der Bedeutung der Trauerarbeit für unser Erwachen in der Welt.

Übungen zur Verbindung mit der Seele

Der zweite Schritt des Erdseele-Träumens enthält Übungen, die unsere spirituelle Wahrnehmungsfähigkeit vertiefen. Viele der Übungen in der vorangegangenen erd- und körperverbindenden Arbeit können auch als spirituell definiert werden. Sie schaffen ein Gefühl für das Heilige in unserem Leben und führen zu Ehrfurcht vor der Erdengemeinschaft und einer Wiederverbindung mit ihr. Die Übungen des Erdseele-Träumens nutzen die wiedererwachte Sensibilität für die natürliche Welt, die im ersten Schritt entwickelt wird, um mit der energetischen Wirklichkeit von Schwingungen zu arbeiten. Um aus einer Geisteshaltung heraus zu träumen oder zu visualisieren, die für Rückverbindung und Heilung förderlich ist, müssen wir erst lernen, uns von destruktiven »schwingungsmäßigen« Verstrickungen zu befreien.

Es gibt viele Möglichkeiten, ungesunde Verstrickungen zu erkennen, ohne in Begriffen einer energetischen Realität oder Schwingungsrealität zu denken. Für das Anliegen dieses Buches ist es jedoch wichtig, diese Arten von Erfahrungen zu verstehen und mit ihnen umzugehen, auch wenn sie »nicht real« erscheinen. In der Tat ist es ebenso nützlich, sich die Arbeit mit Energie und Schwingungen nur »vorzustellen«. Die Vorstellungskraft ist ein wesentliches Werkzeug, um uns wieder mit unserer Welt zu verbinden und sie neu zu erträumen. Durch Visualisierung und Imagination können wir uns für lebensverändernde Erfahrungen des Einsseins öffnen. Oft kann unser Verstand nicht folgen, wohin unser Körper und unser Herz uns führen. Unser Verstand ist schlecht gerüstet, um ein Bewusstsein in Beziehungen zu verstehen. Doch »der Beobachter«, das voll integrierte, multidimensionale Bewusstsein, das jeder von uns hat, kann die Tiefen der Wirklichkeit der Beziehungen ausloten. Indem wir uns auf das Gewebe der Lebensmatrix einstimmen, können wir zu unseren vollen Fähigkeiten als Menschen gelangen. Die seelenverbindenden Rituale des Erdseele-Träumens sind eine von vielen Möglichkeiten, unser Gewahrsein wieder in unseren umfassend fühlenden und energetischen Körper zu versetzen, um bewusst Veränderungen auf der Schwingungsebene zu bewirken.

Wenn wir langsamer werden und uns mit der Natur verbinden, mit unserer Natur und der Natur um uns herum, sogar in der Stadt, können wir zu einem angeborenen Wissen über subtile Ebenen zurückfinden, das die meisten Menschen in der westlichen Kultur vergessen haben. Wenn wir uns auf diese Schwingungsebenen einstimmen, können wir lernen, Schwingungen zu klären und aufzulösen, die uns in einer Art zu leben, zu erschaffen und zu träumen gefangen halten, die weder im Einklang mit unserem eigenen Wohlbefinden noch mit dem der Erde steht. Unser Seelenselbst, jenes Selbst, das als Teil von etwas Größerem als unserem Ego existiert, möchte in Ausgeglichenheit, Frieden und Harmonie sein mit allem Leben auf der Erde und im Kosmos. Mit der Erde in Einklang zu kommen, hilft uns, mit diesem

Seelenselbst in Einklang zu kommen. Hier finden wir Ausgeglichenheit, Erfüllung, Frieden und Sinn in einer Weise, wie wir sie bisher nicht kannten. Obgleich wir immer noch große Traurigkeit über den Schmerz der Welt empfinden, finden wir Möglichkeiten, Harmonie zu schaffen, indem wir Gesundheit und lebensspendende Energie für alle Wesen und für den Planeten visualisieren. Wir lernen, zum Kanal für die Heilung des Lebens zu werden, anstatt dem Leben Energie zu entziehen und die Ressourcen der Erdseele weiter zu erschöpfen.

Normalerweise rauben viele von uns Energie, ohne es zu merken: durch unser unbewusstes Begehren, Bedürfen und Besitzen. Selbst wenn wir viel an uns gearbeitet haben und seelisch relativ gesund sind, treiben uns die von der herrschenden globalen Kultur übernommenen Gewohnheiten von Geist, Körper und Herz dazu, uns zu ängstigen, zu kämpfen und für unser Überleben zu sorgen – Energie aufzusaugen. Diese Gewohnheiten sind vielfach so tief verwurzelt, dass es täglicher Übung, ständiger Wachsamkeit sowie einer guten Portion Seelenarbeit bedarf, um es anders einzuüben: Energie*spender* zu sein statt Energie*räuber*. Denn wenn uns daran liegt, können wir in einer Verfassung bleiben, die es uns erlaubt, unsere Realität in Vertrauen, Freude und Dankbarkeit zu leben und zu erträumen.

Übungen zur Verbindung mit dem Traum

Wie bereits erwähnt, wird das, was wir bei uns im Westen meist »Visualisierung« nennen, in indigenen Kulturen vielfach als »Träumen« bezeichnet. In diesem Zusammenhang ist »Träumen« eine Art Ko-Kreation im täglichen Leben (ein verwandtes Konzept im Buddhismus ist die Idee des abhängigen Ko-Erstehens). Gruppen wie die *Pachamama Alliance* sehen die Veränderung des kollektiven Traums der westlichen Kultur als entscheidend für die Heilung unserer Welt an. Laut den indigenen Ältesten, die die Arbeit der *Pachamama Alliance* inspirieren, erschaffen wir, was wir sehen und uns vorstellen. In Übereinstimmung mit dieser indigenen Perspektive beziehe ich mich auf das Visualisieren als Träumen, da auch ich glaube, dass unser

Leben auf der Erde in gewissem Sinne ein Traum ist oder eine Sammlung von Geschichten, die wir heilen und verändern können.

Was bedeutet es, den Traum der Erde zu heilen? Erstens, unsere Macht anzunehmen, das Leben so zu erschaffen, wie es ist. Wir haben eine enorme Macht, durch jeden Gedanken und jede Handlung den Traum zu erschaffen, in dem wir leben. Diese Idee mag dem westlich geschulten Verstand mehr als irrational und sogar verrückt erscheinen. Uns wird beigebracht, die Realität sei objektiv, etwas, das »da draußen« und von selbst existiert. Das ökologische Paradigma lehrt uns, dass, da alles miteinander verbunden ist, die Realität im wesentlichen *relational* ist, in Beziehungen besteht. Somit ist sie formbar: entlang der durchlässigen Grenzen und kreuz und quer verlaufenden Muster, die unter den Lebensformen existieren. Wir wissen aus der Heisenbergschen Unschärferelation aus der Quantenphysik, dass wir stets beeinflussen, wie uns die Realität erscheint. Die dichte, physische Realität um uns herum besteht aus dem kollektiven Traum vieler Menschen und des Planeten über lange Zeiträume hinweg. Um eine neue Lebensweise zu erträumen, müssen wir kollektiv aufwachen und »zur Besinnung kommen«.

Diejenigen unter uns, die sich bewusst für die Heilung der Welt einsetzen, begegnen scheinbar unendlich vielen Menschen, die ihre Fürsorge und Kreativität auf bemerkenswerte Weise für die Heilung der Welt einsetzen. Es gibt Tausende von Organisationen auf der ganzen Welt, die sich, jede auf ihre Art und Weise, mit ihrem Land und den dort lebenden Menschen verbünden, lokale Ökonomien pflegen, ihre eigene Nahrung anbauen und sich für soziale Gerechtigkeit einsetzen. Paul Hawken hat in seinem Buch *Blessed Unrest: How the Largest Social Movement in History Is Restoring Grace, Justice, and Beauty to the World*[12] diese schnell wachsende Bewegung beschrieben. Hawken erkennt die Kraft kleiner, individueller Veränderungen, wenn man sie als ein Netz von Veränderungen sieht, das den ganzen Planeten umfasst:

Wie säen wir unsere Saat, wenn große wohlgemeinte Institutionen und intolerante Ideologien, die vorgeben, unsere Rettung zu sein, so viel Schaden anrichten? Ein sicherer Weg ist jener der Kleinheit, Anmut und Lokalität. Der Einzelne fängt dort an, wo er steht, und macht sich, in Antonio Machados poetischem Diktum, den Weg, indem er ihn geht.[13]

Anstatt die Macht, die Vision der Welt zu gestalten, an jene abzutreten, die »an der Macht« zu sein scheinen, ermutigen uns die Übungen des Erdseele-Träumens, luzide Träumer zu werden, die eine neue Erzählung, ein neues Narrativ von Gerechtigkeit, Frieden, Harmonie, Kreativität, Schönheit und Liebe erschaffen. Wir können einen neuen Traum hervorbringen, der alles Leben auf jeder Ebene wertschätzt und heiligt. Klingt das wie ein »Wunschtraum«? Ja, aber vielleicht können heilige Pfeifen und indigene Wege uns helfen, ihn zu verwirklichen. In jeder schmerzenden dunklen Ecke auf dem Planeten gibt es leuchtende Lichter von Träumern, die ein Netz der Transformation aufbauen. Wir sind ein Netz aus Licht und arbeiten für das Leben; wir erschaffen einen heilenden Traum für die Erde.

2

So verwendest du dieses Buch: Die Gaben des ökologischen Bewusstseins wachsen lassen

Das Erdseele-Träumen ist sowohl ein Handbuch als auch eine Denkschrift; es ist ein Leitfaden durch die vielen Übungen, die mich für ein ökologisches Bewusstsein geöffnet haben, und meine persönliche Geschichte der Entdeckung von Wegen zur »Re-Indigenisierung« des Geistes. Für westliche Menschen gilt es, den Weg zurück zur Erde nicht nur einmal zu gehen, sondern ihn jeden Tag immer wieder neu zu beginnen. Je mehr wir Gemeinschaften bilden und Rituale entwickeln, die das ökologische Bewusstsein fördern, und je länger wir mit diesen Übungen allein oder in Gruppen von Menschen leben, desto einfacher wird es, ein ökologisch eingebettetes Leben beizubehalten, und umso länger hält es an. Es ist so: Tägliches Einlassen und Üben ist nötig, um Empfindsamkeit und Bewusstsein für die Erde entstehen zu lassen.

Meine Hoffnung für alle, die dieses Buch lesen, ist, dass sie Wege finden, den eigenen Geist wieder zu indigenisieren und die Gemeinschaft mit anderen zu pflegen, die dasselbe tun. Weil das Gefühl, getrennt zu sein, obwohl wir es in Wirklichkeit nicht sind, ein zentraler Trugschluss der westlichen Ideologie ist, wirkt eine gemeinschaftliche Rückkehr zur Erde einfacher und stärker. Welch innerer Ruf dich auch immer zu diesem Buch geführt hat – der Ruf zu persönlichem Wachstum, eine Sehnsucht nach erdgebundener spiritueller Praxis allein oder mit anderen und nach Entwicklung schamanischer Wahrnehmung, das Unterrichten, Moderieren oder Anleiten oder einfach die Suche nach Möglichkeiten, die Erde inniger zu lieben – meine Absicht ist, dass die Menschen, die dieses Buch entdecken, durch die Vielfalt der Übungen und die Vielzahl von Kombinationen einen Weg finden, das Erdseele-Träumen in ihr Leben und ihre Arbeit zu integrieren.

Es gibt in diesem Buch zu jedem Schritt des Erdseele-Träumens viele Übungen. Dies will den Leser anleiten, die Übungen so zu kombinieren, dass sie in Zustände führen, die das Einssein mit der Natur ebenso fördern wie das Eintauchen in die Schwingungsrealität und den direkten Kontakt mit Geisthelfern und den planetarischen Lichtführern. Die Übungen in diesem Buch können von allen angewendet werden, die einen erfahrungsorientierten spirituellen Ansatz für ein erdverbundenes Leben entwickeln möchten. Das Buch ist so konzipiert, dass es sowohl für Einzelpersonen geeignet ist, die ihre persönliche spirituelle Praxis entwickeln oder verbessern wollen, als auch für Gruppen, Seminarleiter, Geistliche, Religionspädagogen, Heilpraktiker, Lehrer und Professoren. Die Übungen und Methoden können an vielerlei Umgebungen angepasst sowie in verschiedenen Situationen und an unterschiedlichen Orten eingesetzt werden. Das Buch kann auch als Handbuch verwendet werden, um Praktizierende oder begleitete Gruppen Kapitel für Kapitel durch aufeinander aufbauende Lernerfahrungen zum spirituellen Wachstum zu führen.

Das Buch bietet einen dynamischen Studiengang, der sich von Kapitel zu Kapitel zur Entwicklung eines erhöhten ökologischen Bewusstseins bewegt. Die Übungen im Buch können nach und nach geübt, in eine bereits etablierte spirituelle Praxis integriert oder in ihrer Reihenfolge als eigenständiger Weg für eine integrierte spirituelle Entwicklung verwendet werden. Auch wenn die Übungen jeweils für sich praktiziert werden können, müssen sie schließlich, um den Zustand des Erdseele-Träumens zu erreichen, regelmäßig und konsequent und in einer bestimmten Reihenfolge geübt werden. Ebenso ist ein beständiges und mit der Zeit wachsendes Engagement für kontemplative

Übungen gefordert. Denn wir entwickeln uns in Bezug auf die Welt und den Kosmos immer weiter, indem wir den nächsten Schritt tun. Deshalb müssen wir uns darauf einlassen, einerseits mit Sorgfalt und Hingabe zu praktizieren und andererseits die Ergebnisse dem Göttlichen zu überlassen. Wir können uns selbst zum Tor der Erfahrung bewegen, aber nur durch beidseitige Übereinkunft wird sich das Tor zu neuen Ebenen der Erfahrung für uns öffnen.

Das Arbeiten mit diesem Buch

Es gibt viele Möglichkeiten, dieses Buch zu erleben und sich darin zu bewegen, und sie schließen einander nicht aus. Die ersten drei Kapitel führen den Leser in die Methode des Erdseele-Träumens und in die Herangehensweise des Buches ein. Kapitel 3 bietet eine kurze Einführung in das visionäre Umweltdenken, das meine Arbeit inspiriert hat und trägt. Die Lektüre dieses Kapitels ist optional, aber wahrscheinlich nützlich für jeden, der neu in diese Ideen einsteigt oder diese Arbeit anderen vermitteln oder bei ihnen voranbringen möchte. Die dann folgenden Abschnitte des Buches zeigen Zusammenhänge auf und beschreiben die Übungen zu jedem Schritt der Methode: Erdverbindung, Seelenverbindung und Traumverbindung.

Es liegt an dir, wie viel Zeit du mit dem *Erdseele-Träumen* verbringen willst; jede Zeit, die wir aufwenden, um uns mit unserer Empfindsamkeit für Erde und Seele zu verbinden, hat ihren Wert. Da ich diese Methoden seit Jahrzehnten praktiziere und lehre, sehe ich, dass sie ihren Wert haben, ob wir nun Jahre, Monate, Tage, Stunden oder auch nur Minuten mit verschiedenen Kombinationen dieser Übungen zubringen. Du kannst sofort loslegen und eine oder mehrere Übungen aus jedem Abschnitt auswählen und zusammenstellen und so für dich oder mit einer Gruppe eine Zeremonie gestalten. Wenn du die Erfahrungen mit anderen teilen willst, empfehle ich dir dringend, erst einmal eine gewisse Zeit für dich zu üben. So lernst du die manchmal überraschenden Wahrnehmungen und Gefühle kennen, die entstehen können, wenn du auf neue Weise zum Leben erwachst. Du musst mit plötzlich auftretenden Gefühlsaufwallungen rechnen, es können auch ungewöhnliche Wahrnehmungen aufblitzen, und du solltest lernen, wie du aus diesen Momenten wieder in die »normale« Welt »zurückkommst«.

Wenn du andere anleitest, wirst du ihnen bei diesen Erfahrungen zur Seite stehen müssen, daher ist es wichtig, dass du deinen Weg findest, mit diesen Momenten und Übergängen umzugehen. Im Zweifelsfall solltest du wissen, dass die Erde und die Geisthelfer immer da sind, um dich zu führen. Egal, ob du die Anwesenheit irgendwelcher Geister oder Vorfahren spürst oder nicht, und selbst wenn du an das alles nicht glaubst, kannst du immer beten und den göttlichen Geist des Universums um Hilfe und die Geisthelfer um Führung bitten. Selbst wenn unser Verstand und unser Herz stark blockiert sind oder wir uns verloren und allein fühlen, können wir immer mit der Erde sprechen und sie um Hilfe bitten. Ich bitte stets die Erde und den göttlichen Geist, mich bei meinen Übungen und in meinem Unterricht zu führen. Wir sind Teil von konzentrischen Kreisen kollektiver Weisheit und müssen uns niemals allein durch Rituale bewegen, ob allein oder mit anderen. Es ist bedeutsam für das innere Wachstum, andere Menschen zu finden, mit denen man über das erd- und seelenverbundene Gewahrsein sprechen kann. Wir müssen für die öko-schamanische Erfahrung wieder eine Sprache finden, die die Wunder und das Geheimnis, das an die Oberfläche kommt, einfängt und uns hilft, es auszudrücken. Wenn ich Gruppen leite, stelle ich fest, dass die meisten Menschen Erfahrungen im Kontakt mit der Natur, der Seele, den Führern und den Ahnen haben. Gemeinschaftlich eine Sprache für sie zu finden, macht sie in unserer Seele mehr und mehr sichtbar.

Wenn du dich diesem Buch zuwendest, beginne, indem du deiner Inspiration folgst. Es ist ein Buch, das auf viele verschiedene Arten gelesen werden kann; es ist nicht dazu gedacht, es von vorne nach hinten zu lesen. Blättere, bis etwas in deinem Herzen spricht, und beginne dort, egal, in welchem Abschnitt du dich befindest. Dann baue dir da ein Ritual herum, indem du mindestens eine Übung aus jedem Abschnitt praktizierst. Wenn du jedes der Rituale des Erdseele-Träumens, die du auswählst, nur 15 Minuten am Tag übst, wird das dein Leben verändern. Eine Stunde am Tag oder über viele Tage hinweg mit diesen Übungen kann den Verlauf deines Lebens umkrempeln, so wie es bei mir der Fall war. Jedes Mal, wenn wir mit Hingabe üben, vernehmen wir die Führer deutlicher; und mehr Übung bringt uns schließlich in die Gemeinschaft. Am Ende werden wir durch das Gewahrsein unserer Verbindung mit dem Leben wahrhaft unseren Teil dazu beitragen, das Bewusstsein unserer globalen Kultur in Richtung regenerativer, lebenserhaltender und erdverbundener Weisen zu verändern.

Das tägliche Praktizieren von Ritualen

Bewusstseinsverschiebung erfordert tägliche Übung. Das Erdseele-Träumen hält viele Übungen bereit, von ganz kleinen bis zu ausgedehnten und großen, die wir in unser Leben integrieren, wann und wo immer es möglich ist. Das Wichtigste ist, sich darauf festzulegen, jeden Tag etwas zu tun, um sich mit der Erde zu verbinden. An manchen Tagen haben wir nur kurz Zeit, manchmal können wir uns den ganzen Tag oder länger Zeit nehmen. Wenn wir Rituale finden, die zu unserem Leben, unseren Zeitabläufen und unseren Anliegen passen, werden wir auch an sehr geschäftigen und manchmal schwierigen Tagen Zeit für diese Rituale finden. Diese kleinen Momente summieren sich im Laufe der Zeit und öffnen unseren Geist für mehr Verbundenheit und die Fähigkeit, langsamer zu werden und sich öfter und schneller in die entstehende »Indigenisierung« zu versetzen, die mit der Zeit aus diesen kleinen Schritten erwächst. Für uns alle entstehen größere Veränderungen schließlich aus dem Kleinen; wenn ich beginne, dann oft mit einem Gefühl von Entfremdung und Getrenntheit, denn das ist die Herausforderung unserer Zeit: uns aus dem Mythos der Trennung herauszuschälen. Es ist eine Arbeit, die man nicht nur einmal tut, sondern immer und immer wieder. Selbst für jene unter uns, die es sich zur Lebensaufgabe gemacht haben, ist es eine ständige Herausforderung, das ökologische Bewusstsein aufrechtzuerhalten und sich immer wieder auf die Erde zu besinnen.

Unabhängig von der eigenen Berufung gibt es in jedem Leben Raum, um an der Schaffung einer erdverbundenen Zivilisation mitzuwirken. Wie viel Zeit wir aufwenden, wie viele Rituale wir ausführen und wie schnell wir Veränderungen spüren, ist beim Erdseele-Träumen unwichtig. Das sind die Narrative von Leistung und linearem Fortschritt, Prägungen unserer Kultur, über die wir hinauswachsen wollen. Letztendlich bringt uns das Erdseele-Träumen von den linearen Vorstellungen von Fortschritt und Leistung weg. Wir erkennen, dass wir alle im Werden sind: gemeinsam jenseits von Raum, nicht-linear und nicht-lokal, gemeinsam in labyrinthischer Komplexität, so dass meine Hand, die für einen Moment den einen Baum berührt, gleichbedeutend ist mit der Geburt eines Sterns am anderen Ende der Galaxie. Mit diesem Vertrauen in das Wunder des Lebens können wir nachsichtig und freundlich mit uns sein und beginnen: wann, wie und wo wir Gewissheit und Bestätigung spüren.

Eine Methode zur Entdeckung von Magie

Ich habe das Erdseele-Träumen zur Methode entwickelt, weil ich in meiner eigenen langjährigen spirituellen Praxis und in der Arbeit mit anderen festgestellt habe, dass die konsequente Anwendung der Schritte in der richtigen Reihenfolge zur Erfahrung der Allverbundenheit mit dem gesamten Leben führt. Um selbst ein Ritual zum Erdseele-Träumen zu entwickeln, mache dich zunächst mit den Übungen in jedem Kapitel vertraut; das kann ein schnelles Durchblättern sein, bei dem du nach Worten, Sätzen oder Ideen suchst, die dir ins Auge fallen. Bestimmte Übungen werden sich für dich geeigneter anfühlen als andere. Du kannst die Übungen auch abwandeln, damit sie zu deinen spirituellen, religiösen oder anderen regelmäßigen Übungen passen. Da wir im Grunde unseres Wesens kreativ sind, wird der Weg eines jeden Menschen, sich mit der Erde und den geistigen Ebenen zu verbinden, individuell sein. Dennoch gibt es Schritte oder Abfolgen, die das Hineinfinden in diese Erfahrungsebenen unterstützen und die über Jahrtausende hinweg Ähnlichkeiten aufweisen. Während wir also »unser eigenes Buch schreiben«, nutzen wir eine gemeinsame Sprache und das Alphabet der erdverbundenen »schamanischen« Erfahrung.

Mit der Zeit und bei konsequenter Übung öffnet uns das Erdseele-Träumen für eine spiralförmig angelegte Reise immer tiefer ins Mysterium. Mehr und mehr lassen wir das rationale Verstehen los und treten in eine neue Welt der Empfindungen ein. Obwohl unser Verstand die nicht-lineare Realität der »magischen« Erfahrung nicht begreifen kann, entwickeln wir unsere Fähigkeiten weiter, mit diesem holonischen (ganzheitlichen) Bewusstsein in Beziehung zu treten.[14] Aus täglicher Praxis werden Wochen, Monate, Jahre – und plötzlich, zuerst in flüchtigen Eindrücken, dann manchmal in langen und verschlungenen Wellen, stellen wir fest, dass wir es erleben: das magische, nicht-lineare, außerzeitliche, unvermittelt auftauchende schöpferische Wunder der Lebenswelt. »Ah«, sagt ein längst vergessener Teil von uns, »das ist Magie!«

Du wirst – das ist zumindest meine Hoffnung und Absicht – seltsame und aufregende neue Teile von dir selbst und von unserer Welt erspüren und entdecken. Durch regelmäßiges Üben habe ich »Portale« zu alten Erderinnerungen, zu Ahnen und den wilden Energien von Pflanzen und Tieren um mich herum entdeckt, die auf eine Art schimmern und changieren, die ich nie für möglich gehalten hätte. Manchmal bekomme ich Angst und laufe weg, und dann erinnere ich mich, dass man diese Wunder am besten mit Freunden erlebt. Gemeinsam weben wir in Weisheit unsere Geschichten und vertrauen darauf, dass die geistigen Helfer und Ahnen unsere Führer sind.

Ich weiß jetzt, dass ich ein »Portal« in meinem Herzen habe. Manchmal öffnet sich mein Herz und ich falle, mit Hilfe großer Lichtführer, durch mich hindurch und in den Kosmos. Manchmal, in bestimmten Augenblicken ist es mir zu viel, ich bin nicht bereit dafür. Dann sage ich sanft: »Nein.« Wir haben die Macht, diese Beziehungen zu steuern, Grenzen zu setzen und das Tempo zu bestimmen, so dass es sich angenehm anfühlt. Wie auch immer du diesem Weg folgen willst: Du sollst wissen, dass ich meine Geschichte, wie sie sich in dieser Methode ausdrückt, in der tiefsten Hoffnung und Sehnsucht teile, dass du die Schönheit, die Anbindung und die immerwährenden Wunder nachempfinden kannst, die Erde und Weltgeist mit mir geteilt haben.

Weil ich den tiefempfundenen Wunsch habe, dieses Verweilen im Wunderbaren zu vermitteln, und weil die Methode widerspiegelt, wie meine eigene Entfaltung in ein erweitertes Bewusstsein verlaufen ist, ist das Buch so aufgebaut, dass das Gewahrsein schrittweise zu dem hinführt, was vielfach als »veränderte Bewusstseinszustände« bezeichnet wird.

Doch in Wirklichkeit handelt es sich um »re-indigenisierte Zustände«, die auftreten, wenn wir unsere Empfindsamkeit für Erde und Seele wiederbeleben. Indem wir uns mit unserer evolutionären Fähigkeit verbinden und mit elementaren Naturenergien und der Schwingungsrealität arbeiten, schaffen wir die Voraussetzung, um mit geistigen Helfern und Vorfahren in Kontakt zu treten und zu kommunizieren, die es überall auf der Erde gibt und die mit der Realität, wie wir sie kennen, verwoben sind und sich mit ihr überschneiden. Obwohl wir meist denken, dass »Engel« oder Geisthelfer »da draußen« und weit weg sind, befinden sie sich in Wirklichkeit in jedem Augenblick nur hinter einem dünnen Schleier. Es geht darum, die Ausrichtung des Bewusstseins zu verändern, um sich mit ihnen verbinden zu können und die Hilfe zu erfahren, die wir brauchen, um unser Leben und unsere Welt zu heilen und zu transformieren.

Vorbereiten, sich bereitmachen und noch einmal sich bereitmachen

Sich in unserer Kultur zu entschleunigen und die mentalen, physischen und emotionalen »Gefäße« zuerst einmal auf die spirituelle Entwicklung vorzubereiten, ist eine besondere Herausforderung und deshalb umso wesentlicher. Das Erdseele-Träumen führt uns dazu, mit Bedacht und in bewusstem Gewahrsein in manchmal intensive Erfahrungswelten einzutauchen und vor allem mit Geisthelfern zu arbeiten, die uns führen. Große Sorgfalt verwenden wir darauf, Neues nicht aus demselben Bewusstsein heraus zu erschaffen, das uns erst in diesen Schlamassel gebracht hat; vielmehr gilt es, einen neuen Weg zu einer neuen Vision zu bahnen. So fungiert das Erdseele-Träumen als eine Abfolge, die Klarheit, Schutz und sichere Orientierung bietet, wenn wir engagiert daran mitwirken, einen neuen Traum für die Erde ins Werk zu setzen.

Ich kann nicht genug betonen, dass wir uns, um durch spirituelle Arbeit echte Veränderungen in der Welt zu bewirken, vorbereiten, bereitmachen und noch einmal bereitmachen müssen. Wenn du zum Beispiel eine schamanische Reise unternimmst, ist eine sorgfältige Vorbereitungszeit wichtiger als die Zeit, die du für den Visionsprozess aufwendest. Wenn deine Erfahrung wächst, wirst du Methoden, Orte und Übungen entwickeln, die dich schneller in die richtige Ausrichtung für die Heilarbeit bringen. Doch am Anfang ist die Vorbereitung das Wichtigste. Die Geisthelfer können jenseits von Zeit und Raum kommunizieren und Informationen sehr schnell herunterladen. Es kann jedoch Tage, Monate oder Jahre dauern, die Gegebenheiten zu schaffen, die diesen Austausch ermöglichen, und die Informationen zu »entpacken«, wie es bei mir der Fall war.

Nach Hause kommen

Die Übungen des Erdseele-Träumens beschreiben den Weg meiner eigenen Geschichte der Heilung und Transformation. Ich widme meine Geschichte und alles, was ich in diesem Buch mitteile, der Heilung unseres Lebens und des Lebens der Welt. Gemeinsam können wir den Weg zurückfinden zu unserem Erbe: der Verbundenheit von Erde und Seele. Wenn ich meine Geschichte erzähle, weiß ich, dass sie im Widerspruch zu vielem steht, was wir in unserer Kultur wertschätzen. Vieles mag irrational oder gar verrückt erscheinen, und vieles beruht auf Wegen der Erkenntnis, die nicht in Fakten zu verorten sind, sondern aus subjektiver Erfahrung herrühren. Meine Geschichte ist eine der Entfaltung von Seele und Geist in einer Kultur, die versucht, zu diesen Erfahrungsweisen zurückzufinden. Ich habe mich nicht an andere gewandt, um diese Seinsweise zu erlernen, sondern meinen Weg auf dem Boden unter meinen Füßen in den Vereinigten Staaten von Amerika gefunden, wobei ich ein westliches Leben führte und Bücher las, die größtenteils von westlichen und oft weißen, männlichen Autoren geschrieben wurden. Aber meine Erfahrung ist eine, die sich in der gesamten westlichen Kultur abspielt: der Durchbruch unserer zellulären Erinnerung an Lebensweisen und Wege des Wissens, die wir jetzt brauchen, um die Herausforderungen, denen wir uns als planetarische Gemeinschaft gegenübersehen, effektiv zu lösen.

Alles, was ich in diesem Buch schreibe, sind Geschenke der Erde, der Geisthelfer und des göttlichen Schöpfers des Universums. Mein Wunsch – für mich und für uns alle – ist es, ein Sendbote der Lebenskraft zu sein, der die Menschen aufweckt, damit wir unser Geburtsrecht der schöpferischen Verbindung wieder einfordern und in Schönheit auf diesem Planeten wandeln. Ich kam zu diesem Wissen und dieser Absicht, indem ich mit der Erde saß, direkt mit Gaia sprach, um Weisung bat und lernte, das Mysteriöse und oft Magische der Botschaften zu lesen, wenn sie sich auf bildhafte und sinnbildhafte Weise einstellten. Meine Führer und ich haben die Methoden der Kommunikation über viele Jahre hinweg entwickelt.

Jeden Tag überrascht mich das Leben. Es gibt immer neue Entdekkungen und Magie, in die ich hineinwachsen kann. Auf meinem Weg, auf dem ich oft darum ringen muss, mir ein ökologisches Bewusstsein zu bewahren, ist es immer wieder eine Herausforderung, im techno-industriellen Mainstream mit diesem Wissen zu bestehen. In letzter Zeit bemerke ich eine neue Qualität im Wandern zwischen den Welten. Da ich mich der Erde jeden Tag weiter annähere, spüre ich die Schwingung der Matrix des Lebens öfter und an mehr und anderen Orten: nicht nur im Wald oder beim Meditieren mit meinen Steinen, sondern im Café, in der Küche, beim Autofahren; oder in der Stadt, im Lebensmittelladen oder spät nachts in meinem Bett. Ich möchte dieses Gefühl beschreiben, aber die Worte entziehen sich mir. Es ist eine Welt, ein Bewusstsein, eine fühlbare Erfahrung, die nicht *langsamer* ist; aber *langsamer* ist das einzige Wort, das dem nahekommt. Es ist wie eine breite, lange, stetige langsame Welle inmitten kurzer kollidierender Wellen.

Das Lebensnetz zu fühlen, ist normalerweise sanft. Auch wenn die Erfahrungen des Einsseins manchmal gewaltig aufrütteln und bewusstseinserweiternd sind, finde ich, dass das alltägliche Gefühl der Verbindung mit dem Netz des Lebens leise ist. Es ist wie ein fast unhörbares Flüstern in einem Raum voller Menschen, die laut reden. Wenn ich nicht aufpasse, vernehme ich es nicht; wenn ich die Anteile von mir, die es spüren können, nicht bewusst wecke, kann es leicht unter den helleren, lauteren, geschäftigeren Wahrnehmungen des Traums der techno-industriellen menschlichen Kultur verschwinden. In meinem Leben und in meiner Arbeit versuche ich immer mehr, beides zugleich zu halten. Das ist eine Herausforderung, denn die Anziehungskraft und der Druck der menschlichen Kultur sind sehr stark und halten meine Aufmerksamkeit oft gefangen. Es ist fast so, als würde man zwei Arten von Musik gleichzeitig hören. Obgleich die Melodien vielleicht zusammenpassen, können sie doch aufeinanderprallen und wehtun.

In diesen Momenten richte ich mich auf die Verbindung mit der Erde und auf die Liebe aus. Liebe kann Tausende von Momenten großer Angst und anderer negativer Emotionen verwandeln. Wir brauchen uns nicht in einer Gedankensuppe aus Einsamkeit und Sehnsucht zu suhlen. Jetzt rufen uns mehr denn je die großen Lichtführer des Planeten und die Tiefen unserer Menschlichkeit zurück zu uns selbst, damit wir unser Zuhause der Schönheit und Liebe auf der Erde zurückfordern. Wir können die trennende Kluft zwischen uns und anderen überwinden, wenn wir unsere Freuden, unseren Kummer, unsere Ängste und unsere Träume in fürsorglichen Kreisen miteinander teilen. Wir lernen, der Erde unsere Gefühle zu schenken – alle. Sie werden im Bewusstsein des Planeten erneuert. Wir »kompostieren« diese Gefühle durch den Kontakt mit der Erde; immer mit der Bitte um Erlaubnis und in tiefer Dankbarkeit.

Um die Welt zu verändern, müssen sich die meisten, wenn nicht alle von uns auf eine erdverbundene Praxis einlassen, welcher Art auch immer; denn auch wenn sich die Kultur außerhalb von uns ausdrückt, hat sie ihren Ursprung in uns und im Miteinander des im Körper verankerten geistig-seelischen Gewebes der Gemeinschaft. Wir können eine erdverbundene Kultur nur wachsen lassen, wenn wir lernen, die Erde wieder wertzuschätzen.

Bei mir persönlich begann die Ernte meiner unerwarteten und lebensverändernden Gaben eines erdverbundenen Bewusstseins damit, dass ich mich buchstäblich zwischen Felsen und Bäumen entlangtastete. Als ich die Erde regelmäßig berührte, hatte ich so etwas wie einen Gipfelpunkt, doch dann fing ich an, mit der Erde und der gesamten Gemeinschaft des Lebendigen zu sprechen und mich mit einer intuitiven, schöpferischen Ritualpraxis zu befassen. Das brachte mich zu neuen Gipfelerlebnissen, und als ich diese Dinge zuerst nur mit ein paar Menschen und schließlich mit immer mehr Menschen tat, führten sie mich zu völlig neuen Horizonten. Schließlich wurde es mein Ziel und meine Hoffnung, ein Teil des Wandels auf der Erde zu sein, der Heilung bringt: durch die Re-Indigenisierung des westlichen Verstandes. Irgendwann dämmerte es mir: Das ist nicht nur etwas, das vielleicht irgendwo in weiter Ferne passiert; es geschieht jetzt, in diesen Kreisen, im Gespräch mit der Natur, durch die Berührung der Erde in der Zeremonie, im Austausch von Geschichten am Feuer und indem wir es zulassen, unsere Erfahrung über unseren individuellen Verstand hinaus in das kollektive Gewahrsein des energetischen Gewebes hinauszubewegen: des Gewebes, das uns alle in der Matrix des Lebens hält.

3

Alles ist miteinander verbunden: Eine kurze Einführung in visionäres Umweltdenken

Meine persönlichen Achtsamkeitsübungen in der Natur – mich selbst und die Natur meines Geistes zu beobachten, während ich zum Beispiel einen Fluss betrachte – erlauben mir, mich selbst viel klarer zu sehen. Wie der Fluss ist mein Denken ein Fließen, das sich immer wieder anders und doch beständig über dieselben Unebenheiten und Spalten bewegt. Wie den Fluss lerne ich die Bewegungen in meinem Denken immer besser kennen. Wenn wir Wasser betrachten, wissen wir nie genau, wie es im nächsten Augenblick aussehen wird. Wasser ist unendlich kreativ und bewegt sich immer auf einzigartige Weise, aber wir können uns darauf verlassen, dass es über dieselben Felsen fließt, wenn es nicht aufgehalten wird. Uns selbst bei Naturritualen zu beobachten, uns im Fluss, im Baum, im Käfer, im Wind, in der Sonne widergespiegelt zu sehen, hilft uns, uns wieder mit den natürlichen Rhythmen zu verbinden, die die Grundstruktur unseres Seins und unserer Erfahrung sind. Die Kernwahrheit der Ökologie, dass ein Organismus nur im Kontext seiner natürlichen Umgebung verstanden werden kann, gilt gleichermaßen auf psychologischer wie kultureller Ebene für die menschliche Person. Spirituell gesehen, ist ein Verständnis für unsere grundlegende Verbindung mit unserer natürlichen Umwelt (oder besser: Mitwelt) und unsere Verantwortung für sie ganz entscheidend, um unsere ethischen Aufgaben als Individuen und Gemeinschaften zu verstehen.

Meine Erfahrung mit Flüssen finde ich ganz wunderbar im ehrfurchtsvollen Denken der großen Umweltphilosophen widergespiegelt. Die wichtigste und ehrfurchtgebietendste Idee des Umweltdenkens des letzten Jahrhunderts lässt sich in einer scheinbar einfachen Maxime wiedergeben: Alles ist miteinander verbunden. Dies ist sowohl eine philosophische Idee als auch eine Möglichkeit, uns selbst auf eine neue Art und Weise zu erfahren, die unsere grundlegenden Überzeugungen ändert und damit unser Handeln transformiert. Indem wir den Sinn für Beziehungen fördern, der sich aus der Erkenntnis ergibt, dass alles miteinander verbunden ist, bewegen wir uns auf eine re-indigenisierte Art des Wissens zu. Wenn wir der Spur unserer intellektuellen Evolution folgen, gelangen wir wieder zu unserem uralten Gefühl der Zugehörigkeit: auf lokaler, planetarischer und kosmischer Ebene. Wenn wir in der Wahrheit leben, dass alles miteinander verbunden ist, beginnen sich die Bezugspunkte unseres persönlichen und gemeinschaftlichen Sinnes zu verschieben.

Als Philosophin und Lehrerin bin ich vor allem von folgenden Strömungen des Umweltdenkens beeinflusst: partizipatives Denken, Tiefenökologie, spirituelle Ökologie und Ökopsychologie. Obwohl sich meine Arbeit vom westlichen Denken herleitet, ist es wichtig, festzustellen, dass das anglo-amerikanische Umweltdenken tief von östlichen spirituellen Perspektiven und indigenem Wissen beeinflusst ist. Während ich die in diesem Kapitel besprochenen Denker als die theoretische Basis meiner Arbeit bezeichne, und das sind sie gewiss, sind sie auch Dichter, die die Herrlichkeit der natürlichen Welt und des Kosmos besingen. Das wissenschaftliche Schreiben geht auf den Seiten der Bücher, die ich erwähnen werde, oft in eine heilige Verehrung der Erde über und spiegelt das Wiedererwachen des westlichen Geistes für die Verzauberung der Welt.

Ein sich wandelndes Selbstverständnis: Von Trennung zu Fürsorge und Verbindung

Unsere Handlungen gehen von dem aus, was wir zu sein *meinen*. Unser Selbstverständnis, unsere Überzeugungen von uns *selbst* sind so tief verwurzelt, dass wir selten innehalten, um sie näher zu untersuchen. Selbst wenn wir uns die Zeit nehmen, unsere Überzeugungen über uns selbst zu erforschen, sind viele der grundlegenden Annahmen und Werte, die unserem Erleben zugrunde liegen, für uns nicht sichtbar; sie sind tief in die historischen und kulturellen Glaubenssysteme unserer Familien, Gesellschaften und Nationen eingeprägt. Diese Matrizen von Überzeugungen überschneiden sich mit instinktiven Bedürfnissen, Sehnsüchten und Wünschen und bieten Möglichkeiten, sie auszuleben. Diese Glaubenssysteme verändern sich im Laufe der Zeit, wenn auch meist recht langsam.

Viele westliche Umweltdenker sind der Meinung, dass sich unsere gegenwärtige seelische und ethische Haltung gegenüber der Biosphäre und anderen Spezies fortentwickelt und sich das tief verwurzelte westliche Gefühl eines separaten, abgegrenzten Selbst verschiebt. Insbesondere wird die Idee, dass menschliche Bedürfnisse wichtiger sind als die Bedürfnisse der natürlichen Welt und anderer Arten, nicht mehr überall vertreten. Es verändert sich die Vorstellung, dass der westliche Mensch der Erde, anderen Menschen und anderen Lebewesen sowie den natürlichen Zyklen überlegen ist. Im öffentlichen Diskurs wird zunehmend davon abgegangen, die natürliche Welt vor allem als dem Menschen verfügbar anzusehen. Die Durchsetzung der Menschenrechte war ein wichtiges Anliegen des 20. Jahrhunderts. Umweltdenker gehen weiter und führen an, dass natürliche Wesen, andere Arten, Ökosysteme und der Planet als solcher »Rechte« haben.

Der Ökotheologe und Historiker Thomas Berry ist ein Dreh- und Angelpunkt der Umweltauffassung, die ich in diesem Kapitel darlege. Er entwickelte eine inzwischen berühmte Neuausrichtung des westlichen Denkens in Bezug auf die Idee des »Selbst« sowie auf die vorherrschende ethische Haltung gegenüber der Natur. Eine seiner bekanntesten Ideen, die sich durch sein ganzes Werk zieht, fasst mit tiefer Weisheit und in großer Einfachheit den Wandel zusammen, der erforderlich ist, um unsere Beziehung zur Erdengemeinschaft zu heilen. Er meint, dass wir, um ein ökologisches Zeitalter einzuläuten, beginnen müssen, die Welt als eine Gemeinschaft von Subjekten zu sehen und nicht als eine Ansammlung von Objekten.

Ein Beispiel für diesen Ansatz Berrys aus seinem Buch *The Great Work*: »Diese Spontaneitäten drücken den inneren Wert eines jeden Wesens auf eine solche Weise aus, dass wir vom Universum sagen müssen, dass es eine Gemeinschaft von Subjekten ist, nicht eine Ansammlung von Objekten.«[15] Berrys Werk erhebt das Herz und regt die Seele an, die Schönheit der Erde wiederzuentdecken. Wie Emerson und die amerikanischen Transzendentalisten ist Berry bestrebt, die Ethik der Erde in das Erhabene zu übersetzen. Obwohl Berrys Werk weder der Anfang noch das Ende des visionären Umweltdenkens ist, bewegt sein Werk das Feld in Richtung einer Ethik der Fürsorge für die Erde, indem es die heilige Ehrfurcht ausdrückt, die erforderlich ist, um für alles Leben zu sorgen.[16]

In der westlichen Kultur lernen wir schon von klein auf, dass die Welt eine »Ansammlung von Objekten«[17] ist. Dies ist die Definition der kartesianisch-newtonschen mechanistischen Weltsicht, die das westliche Bewusstsein seit mehr als 400 Jahren beherrscht. Das westliche *Selbst* ist in diesem Zusammenhang eine abgetrennte Einheit, die in einer Welt von abgetrennten Einheiten existiert. Ich erinnere mich an ein Beispiel, als mein Sohn klein war, welches das mechanistische Weltbild sehr gut illustriert. Im Alter von drei Jahren fragte er meinen Mann: »Woraus besteht das Universum?« Mein Mann antwortete: »Aus Atomen, Molekülen, Elektronen, winzigen Energieeinheiten.« Ich sagte: »Das haben wir in der Schule gelernt, aber ist es wirklich wahr?« Auch wenn es meinem Mann vermutlich gegen den Strich ging, meinte ich, dass wir die Welt vielmehr als interagierende Beziehungen von Energie betrachten können, das lernen wir ja ebenfalls in der Schule. Warum wollen wir uns auf die einzelnen Einheiten konzentrieren, die wir für die »Bausteine« des Universums halten, anstatt auf die energetischen Beziehungen und die Interaktionen zwischen ihnen?

Was die Geschichte mit meinem Sohn veranschaulicht, ist unsere in der westlichen Kultur tief verwurzelte Tendenz, die Realität als eine »Ansammlung von Objekten« zu verstehen und auch uns selbst so zu erleben – oder anders gesagt, aus einer atomistischen Perspektive. Der Grund dafür liegt in einer langen und komplexen Geschichte und erfordert eine Auseinandersetzung mit der Entwicklung des westlichen Denkens (was den Rahmen dieses Buches sprengen würde). Für den Moment genügt es, zu sagen, dass unsere westlichen Glaubensstrukturen uns den Eindruck vermitteln, dass wir getrennte individuelle »Ichs« sind, die sich unter getrennten individuellen »Ichs« bewegen. Es überrascht viele vom westlichen Denken indoktrinierte Menschen, dass nicht alle Menschen auf der Erde ihr »Ich« auf diese Weise erleben. Tatsächlich ist die Vorstellung von einem getrennten Ich nur *eine* Art, das Leben zu erfahren, die ihre Vorteile und viele Nachteile hat.

Die Beschäftigung mit Umweltdenken und Spiritualität bietet neue Perspektiven für das Verständnis unseres »Ich« in Beziehung zu anderen, zur Welt und zum Kosmos. Um die Herausforderungen unserer Zeit zu meistern, brauchen wir Methoden, um aus einer Weisheit, die durch die Wiederverbindung mit der Erdengemeinschaft verfügbar wird, neue Überzeugungen und Lebensmuster zu entwickeln. Umweltdenker bieten einen Weg zu diesen neuen Denk- und Lebensweisen, indem sie uns helfen, unsere Verbindungen mit allem Leben zu verstehen. Als einer der frühen Vertreter des westlichen Umweltdenkens setzte sich Ralph Waldo Emerson für die essentielle spirituelle Erfahrung der Natur als Kern einer ethischen Beziehung zum Land ein. Diese berühmten Worte aus seinem Essay *Nature* geben dies gut wieder:

Wenn ich auf dem nackten Boden stehe, mein Kopf von der heiteren Luft umspült wird und ich in den unendlichen Raum emporgehoben werde, verschwindet jeder gemeine Egoismus.

Ich werde zu einem durchsichtigen Augapfel: ich bin nichts; ich sehe alles; die Ströme des universellen Seins zirkulieren durch mich; ich bin Teil oder Partikel von Gott…

Ich bin der Liebhaber der ungehemmten und unsterblichen Schönheit.

In der Wildnis finde ich Lieblicheres und Angenehmeres als in Straßen oder Dörfern. In der stillen Landschaft, und besonders in der fernen Linie des Horizonts, erblickt der Mensch etwas so Schönes wie seine eigene Natur. (Nature, 1836, 10)[18]

Das partizipative Weltbild

Wir beginnen schon sehr früh, die Welt als eine Ansammlung von Objekten zu betrachten. Das übertragen wir auf uns selbst: dass wir abgetrennte Einheiten sind, die in einer Welt von abgetrennten Einheiten existieren. Der Reduktionismus oder die Vorstellung, dass Dinge am besten verstanden werden können, indem man sie in ihre Einzelteile zerlegt, gilt bei vielen Umweltdenkern als überholt. Auf dem wissenschaftlichen und philosophischen Feld der Ökologie setzt sich eine Weltsicht durch, in der die Welt am besten durch komplexe Beziehungsgeflechte verstanden werden kann. Partizipatorisches Denken, ein wichtiger Ableger des Umweltdenkens aus dem letzten Jahrhundert, unterstützt die Idee, dass die Welt relational und nicht atomistisch und mechanistisch ist.

Wie wir uns selbst wahrnehmen, entwickelt sich in einer atomistischen Weltsicht sehr verschieden von der Wahrnehmung in einer relationalen Weltsicht. Bezogen auf unsere Evolution haben wir als Spezies viel länger mit einer relationalen Weltsicht existiert als mit einer atomistischen. Die Ideen, die zur Erfahrung eines separaten Ich oder

Selbst führen, lassen sich auf viele westliche Philosophen zurückführen, darunter Descartes, Newton und andere. Die Idee einer relationalen, partizipatorischen Betrachtung des Selbst und der Welt ist zwar sehr alt, wird aber von zeitgenössischen Forschungen bestätigt, die in das Umweltdenken einfließen; dazu gehören die allgemeine Systemtheorie, die Quantenphysik, das biologische Verständnis der Ökologie, die Gestalttheorie, die Feldtheorie und viele mehr. Die folgende Tabelle stellt Schlüsselkonzepte der partizipatorischen Weltsicht den dominanten Aspekten der aktuellen mechanistischen Weltsicht gegenüber.[19]

Mechanistisches Weltbild	Partizipative Weltanschauung
Betont den Reduktionismus	Betont die Ganzheitlichkeit
Dualistischer Subjekt-Objekt-Bezug zur Realität	Interaktive, kooperative Annäherung an die Realität
Ethisch neutral und losgelöst	Beinhaltet eine stark werteorientierte Komponente
Das Universum besteht aus träger toter Materie.	Das Universum ist aktiv, beseelt und ko-kreativ.
Objekte sind außerhalb des Verstandes.	Allgemeine Qualitäten des Teilens, der Teilhabe und der Interaktion existieren auf allen Ebenen der Realität.
Quantitative Analyse	Qualitative Analyse
Wissenschaftliche Methode	Methodologien der Partizipation und Aktionsforschung

Das philosophische Bild der Wirklichkeit als Partizipation ist eine sich neu formierende Weltanschauung mit weit zurückreichenden und vielfältigen Ursprüngen, die sowohl lange und tiefe Wurzeln im westlichen philosophischen Kanon (vor allem in der Romantik) hat, als auch neuere Einflüsse aus der europäischen Philosophie und den Wissenschaften umfasst. Der kenianische Philosoph John Mbiti gibt eine hervorragende Zusammenfassung der partizipatorischen Weltanschauung, die der Idee von Thomas Berry, die weiter oben erwähnt wurde, sehr ähnlich ist. Mbiti fasst die Essenz einer partizipatorischen Weltsicht in der Umformulierung von Descartes berühmtem Diktum: »Ich denke, also bin ich« zu: »Ich gehöre dazu, also bin ich« (Moodie 2004, 4).[20] Obwohl diese Aussage in Bezug auf indigenes Wissen getroffen wird, welches sich vom imperialistischen Wissenssystem klar unterscheidet, und obwohl sie sich auf Zugehörigkeit im sozialen Sinn bezieht, taugt »Ich gehöre dazu, also bin ich« genauso gut, um die partizipatorische Weltsicht zu beschreiben, nach der alles Leben wechselseitig verbunden ist.

Die partizipatorische Neuausrichtung auf Zugehörigkeit im kosmischen Maßstab entspringt dem tiefgreifenden Bedürfnis, die Geist-Körper-Spaltung zu überwinden und zu heilen, die zuerst durch die kartesianische Philosophie systematisiert und vertieft wurde. »Ich gehöre dazu, also bin ich« beinhaltet die partizipatorische Erweiterung der menschlichen Zugehörigkeit über die Ebene der menschlichen Gemeinschaften hinaus zu einer Fürsorge für die Erde und die kosmischen Gemeinschaften. Diese umfassende relationale Weltsicht transformiert das Verständnis der westlichen Kultur von Natur und Selbst und eröffnet neue Wege, uns selbst und die Welt zu erfahren.

Joanna Macy und die Tiefenökologie

Vieles in meiner Ausrichtung auf die Tiefenökologie verdanke ich der Arbeit von Joanna Macy. Ihr Denken trägt auf einzigartige Weise zu der sich entwickelnden ökologischen, relationalen, partizipatorischen Weltsicht bei. Macys Ideen verbinden Einsichten aus Ost und West und wurden durch einflussreiche partizipatorische Denker wie Gregory Bateson beeinflusst. Diese Einflüsse verbinden sich untrennbar mit ihrem jahrzehntelangen politischen Aktivismus und prägen die Herangehensweise bei ihren Untersuchungen. Macy befindet sich mit anderen in einem Kreis wechselseitiger Beeinflussung: Da sind Arne Næss (der norwegische Philosoph, der den Begriff Tiefenökologie prägte) und die Regenwaldaktivisten John Seed und Pat Fleming (*Denken wie ein Berg. Ganzheitliche Ökologie: Die Konferenz des Lebens, Edition Pax 1989*). Wichtige Beiträge zu Macys tiefenökologischer Vision sind außerdem Ervin Laszlos *The Systems View of the World: A Holistic Vision for Our Time* (1996) und Ludwig von Bertalanffys grundlegender Text, *General System Theory: Foundations, Development, Applications* (1968).

Tiefenökologen nennen unsere relationale (auf vielfältige Beziehungen beruhende) Verbindung mit dem Leben auf der Erde das »ökologische Selbst«. Es ist eine Manifestation dessen, was man als Modell für das relationale oder partizipatorische Selbst bezeichnen kann. Arne Næss führte erstmals das Konzept des ökologischen Selbst ein: als eine Erweiterung unserer Identifikation, die über die Erfahrung des Ego-Selbst hinausgeht. In *Is It Painful to Think? Conversations with Arne Næss, with David Rothenberg*[21] beschreibt Næss die übliche Spaltung, die man zwischen dem Ich-Selbst und dem umgebenden Selbst sieht. Er akzeptiert diese Trennung nicht und präsentiert stattdessen ein Konzept des menschlichen Ichs, das weit über die traditionellen westlichen Standards hinausgeht.

In ihrem Buch *World as Lover, World as Self*[22] skizziert Macy im Kapitel »The Greening of the Self«, warum diese umfassendere, relationale Metapher des Selbst derzeit in den Vordergrund tritt. Die drei Bedingungen für das Entstehen dieses ökologischen Selbst, wie sie es nennt, sind: der Zusammenbruch des überkommenen Selbst durch die seelischen und spirituellen Auswirkungen der Naturzerstörung; die Möglichkeit einer Alternative zum Konzept eines von der Welt getrennten Selbst, welche die zeitgenössische Wissenschaft anbietet; und das aufkeimende Interesse an nicht-dualistischer Spiritualität, wie sie viele im Buddhismus finden. Die Subjekt-Objekt-Trennung verliert ihre theoretische und praktische Tragfähigkeit, denn die Grundlagen des Glaubens an das Getrenntsein werden durch die Entdeckungen insbesondere der Physik des 20. Jahrhunderts widerlegt. Sie zeigen nämlich, dass eine Trennung des Selbst von einer objektiven äußeren Welt gar nicht möglich ist. Als ein Beispiel führt Macy Heisenbergs Unschärferelation an, die beweist, dass auf der Quantenebene »der bloße Akt der Beobachtung das Beobachtete verändert«.[23] Macy ist überzeugt, dass die Systemwissenschaften die lang gehegten Annahmen über ein getrenntes Selbst in Frage stellen. Sie zeigt, dass es keine logischen oder wissenschaftlichen Beweise gibt, die die willkürliche Trennung der Erfahrung in einen Teil, der »ich« ist, und alle anderen Teile, die »anders« sind, untermauern.

Macy zitiert Næss in *Coming Back to Life*[24] und verweist auf das umfassendere Identitätsgefühl des ökologischen Selbst, das einen natürlichen Reifungsprozess darstellt: »Wir unterschätzen uns, wenn wir uns mit dem engen, auf Selbstbehauptung ausgelegten Ego identifizieren.«[25] Mit der Entwicklung des ökologischen Selbst bewegen wir uns auf »ein soziales Selbst und ein metaphysisches Selbst, aber auch auf ein ökologisches Selbst zu«.[26] Inspiriert von Gregory Bateson nennt Macy das Ego-Selbst eine »falsche Verdinglichung«. Ein separates Selbst könne nicht abgegrenzt werden. Stattdessen sei im systemischen Denken jedes Selbst ein Durchfluss von Informationen. In Macys Worten:

> *Was ich bin, das haben Systemtheoretiker mir zu erkennen geholfen, ist ein »Durchfluss«. Ich bin ein Durchfluss von Materie, Energie und Information, der wiederum durch meine eigenen Erfahrungen und Absichten transformiert wird.*[27]

Spirituelle Ökologie

Das Feld der spirituellen Ökologie ist eng mit der Tiefenökologie und dem partizipativen Denken verknüpft. Der Versuch, das Feld der spirituellen Ökologie in ein paar Absätzen zu erfassen, ist gar nicht einfach. Es war nicht nur der Schwerpunkt meiner Studien und meiner Lehre und Arbeit über mehr als mein halbes Leben, es ist auch die Geschichte meiner spirituellen Entwicklung und meines Weltverständnisses. Was ich hier darlege, ist nur ein sehr kleines Stück eines großen, komplexen Puzzles. Meine Absicht ist es, jenen, die neu auf diesem Weg sind und vielleicht weiter forschen und ihre Sicht erweitern möchten, einen kurzen Blick auf die Landkarte zu ermöglichen.

Die spirituelle Ökologie, die auch als religiöse Ökologie, Ökogerechtigkeit und Nachhaltigkeit und Spiritualität bezeichnet wird, inspiriert und beschreibt die globalen religiösen Antworten auf die immensen ökologischen Herausforderungen unserer Zeit. Das Feld berührt ein breites Spektrum zeitgenössischer theologischer, religiöser und spiritueller Themen. Spirituelle ökologische Denker befassen sich vielfach mit der interreligiösen Realität unserer Welt und der Notwendigkeit, zusammenzuarbeiten und von allen Traditionen zu lernen. Spirituelle Ökologen regen dazu an, die Erdengemeinschaft in Ritualen zu ehren und mit ihr in Beziehung zu treten. Sie fordern zu einer erdbasierten Spiritualität auf: aus ihrer eigenen Tradition oder anderen und zur Übernahme in überlieferte westliche religiöse Praktiken.

Obwohl spirituelle Ökologie vielgestaltig ist und eine große Bandbreite an Sichtweisen abdeckt, besteht die Gemeinsamkeit darin, alles Leben als heilig zu erachten. Manche Praktiker, die sich als spirituelle Ökologen bezeichnen, tauchen tief in indigene Spiritualität und Weltanschauungen ein, die ihre Arbeit befruchtet haben. Aber auch andere Strömungen des Umweltdenkens beeinflussen die spirituelle Ökologie, etwa die Ökotheologie, die Umweltgerechtigkeit und der Ökofeminismus.

Ökotheologie ist eine Form der spirituellen Ökologie, die sich auf die Wechselbeziehungen zwischen Religion und Natur und insbesondere auf die Umweltethik konzentriert. Die Ökotheologie geht davon aus, dass eine Beziehung zwischen den religiösen oder spirituellen Weltanschauungen des Menschen und der Entscheidung zwischen Zerstörung oder Pflege der Natur besteht. Die Enzyklika von Papst Franziskus über die Umwelt und die menschliche Ökologie, *Laudato Si* (2015), ist wahrscheinlich das einflussreichste Stück Ökotheologie, das je geschrieben wurde. *Laudato Si* hat mehr Menschen auf dem Planeten erreicht als jedes andere Werk über Umweltethik und Religion bis heute, hat das globale Bewusstsein über die Klimazerrüttung verändert und die führenden Politiker der Welt beeinflusst, das Pariser Klimaabkommen sieben Monate nach seiner Veröffentlichung zu beraten und zu ratifizieren. Obwohl die Reaktionen auf die Enzyklika des Papstes sehr unterschiedlich waren, so konnten Politiker und Staatsoberhäupter auf der ganzen Welt die große öffentliche Unterstützung für seine Forderung nicht ignorieren, die Sorge für die Erde als eine wesentliche moralische und religiöse Berufung der Menschheit in den Mittelpunkt zu stellen.

Der Aufruf des Papstes zum Handeln in *Laudato Si* passt auch genau zu einem anderen Bereich der spirituellen Ökologie: Umweltgerechtigkeit (auch Ökogerechtigkeit genannt). Umweltgerechtigkeit besteht aus Umweltaktivismus an der Basis, der in der Regel von Minderheiten ausgeht. Diese Gemeinschaften sind oft diejenigen, die unverhältnismäßig stark von Giftmüll und Umweltgefahren betroffen sind. Oft decken sich diese Bewegungen mit spirituell-ökologischen Vorstellungen und werden durch die Hilfe und den Einsatz von religiösen Organisationen der bedrohten Gemeinschaften unterstützt.

Paul Hawken, ein bekannter Umweltdenker und Autor, begann in den späten 1990er Jahren, Namen von Gruppen zu sammeln, die sich für soziale und ökologische Gerechtigkeit einsetzen. Verblüfft von der ungeheuren Anzahl der Gruppen, die er fand, gründete er eine gemeinnützige Organisation, *WiserEarth.org*, die sich dem Sammeln und Verbinden dieser vielen Organisationen widmete. Nach seiner Zählung gab es im Jahr 2009 mindestens zwei Millionen Gruppen, die sich in Gemeinden auf der ganzen Welt für soziale und ökologische Gerechtigkeit einsetzen. Hawken beschreibt dieses riesige Netz sozialer Aktionen als Ausdruck »des kollektiven Genies der Menschheit und der unaufhaltsamen Bewegung, unsere Beziehung zur Umwelt und zueinander neu zu gestalten«.[28]

Ökofeminismus ist ein weiterer wichtiger Zweig der spirituellen Ökologie, und es gibt viele Bücher zu diesem Thema. Der Ökofeminismus verzweigt sich über die Disziplinen hinweg und überschneidet sich mit der Umweltgerechtigkeit, insbesondere durch die Arbeit der Physikerin und Umweltaktivistin Vandana Shiva. Philosophisch gesehen vergleicht der Ökofeminismus die Unterdrückung der Natur mit der Unterdrückung von Frauen und »Anderen«. Spirituell drückt sich der Ökofeminismus oft durch Göttinnen- und Gaia-Spiritualität aus. Susan Griffin ist eine wesentliche, frühe Stimme des Ökofeminismus. Dieses Zitat aus ihrem berühmt gewordenen Buch *Woman and Nature: The Roaring Inside Her*[29] fasst die Wertschätzung und die Verehrung für die Erde zusammen, die in der Umweltliteratur oft zu finden sind, sowie die Hinwendung zum Erdbewusstsein, das für die Tiefenökologie zentral ist:

> *Er sagt, dass die Frau mit der Natur spricht. Dass sie Stimmen aus dem Untergrund hört. Dass der Wind ihr in die Ohren bläst und die Bäume ihr zuflüstern. Dass die Toten durch ihren Mund singen und die Schreie der Säuglinge für sie deutlich wahrnehmbar sind. Aber für ihn ist dieser Dialog vorbei. Er sagt, dass er nicht Teil dieser Welt ist, dass er als Fremder in diese Welt gestellt wurde. Er setzt sich von der Frau und der Natur ab.*[30]

Ökopsychologie

Die Ökopsychologie integriert die zentralen Erkenntnisse des visionären Umweltdenkens, geht aber weiter und zeigt praktische Wege für die in dieser Literatur beschriebene Transformation auf. Im Mittelpunkt der Ökopsychologie steht die Idee, dass unsere seelisch-geistige Gesundheit nicht nur von einem gesunden Funktionieren innerhalb unserer menschlichen Familien und Gemeinschaften abhängt, sondern ebenso von einer gesunden Beziehung zur nicht-menschlichen Welt. Die Trennung von der Natur führt entscheidend zu dem Unwohlsein, das wir erleben: Depressionen, Ängste und das Gefühl, dass das Leben keinen Sinn hat. Außerdem suggeriert uns die vorherrschende mechanistisch-industrielle Weltsicht, dass wir in einem »toten« Universum leben, ohne Sinn und Magie.

Viele dieser »modernen« Übel lassen sich auf die westliche Neigung zurückführen, uns körperlich und gedanklich von der Natur abzutrennen. Unsere Evolution fand jedoch im Freien statt, eingebettet in die Natur; jetzt verbringen wir die meiste Zeit in geschlossenen Räumen. Das Ziel der ökopsychologischen Praktiken ist es, die Trennung von Mensch und Erde zu heilen. Diese Heilung findet statt, indem das Gewahrsein für uns selbst in einem ökologischen Zusammenhang gefördert wird. Diese Ansätze können die Entwicklung von ethischer

Neuausrichtung, psychologischer Heilung oder spiritueller Transformation fördern. Als ein weites Feld integriert die Ökopsychologie Umweltphilosophie, spirituelle Ökologie, indigenes Wissen, Ökologie und Systemtheorie. Die Ökopsychologie betrachtet unsere gegenwärtige Einstellung zur Natur als pathologisch. In seinem Buch *Green Psychology*[31] gebraucht Ralph Metzner psychopathologische Metaphern für das »destruktive und ausbeuterische Verhalten der menschlichen Spezies gegenüber der natürlichen Welt…«.[32] Metzner weist darauf hin, dass Paul Shepard der erste war, der eine solche Metapher schuf, und zwar in seinem Buch *Nature and Madness*.[33]

Shepard sieht im Aufkommen der Landwirtschaft und der Domestizierung von uns und anderen Tieren vor 12.000 Jahren den Zeitpunkt, an dem die Menschen begannen, sich von einer erdverbundenen Lebensweise abzuwenden, die für unsere Spezies über 100.000 Jahre lang gesund war. An diesem Punkt begannen die Menschen, sich aus einer seelisch und ökologisch gesunden Einbeziehung in die Erdengemeinschaft zu lösen. Metzner zitiert Shepard mit den Worten: »Indem die Landwirtschaft die Trennung von der Mutter verschärfte und gleichzeitig das Individuum räumlich von der nicht-menschlichen Welt isolierte, machte sie es dem heranwachsenden Menschen schwer, sich den Themen zu nähern, die entscheidend für den Übergang in das voll entwickelte Erwachsenenleben […] waren.«[34] Auch wenn Ökopsychologen ihn im allgemeinen als Krankheit ansehen, die durch die Loslösung von unserer wahren Einbettung in die Natur verursacht wird, meinen sie, dass dieser Zustand behoben werden kann – nicht, indem wir in einen vorzivilisierten »Naturzustand« zurückkehren, sondern indem sich eine körperliche, die Erde würdigende Ethik der Fürsorge wieder auf der ganzen Welt verbreitet. Viele Dinge müssen politisch, kulturell und wirtschaftlich geschehen, um diesen Wandel zu schaffen. Das Wesentlichste, um unsere globale Zivilisation in ein Gleichgewicht mit den Erdsystemen zu bringen, ist, uns selbst ökologisch zu verstehen und die Realität anzuerkennen, dass alles miteinander verbunden ist.

Von der Umwelttheorie zu erdverbundenen Praktiken

Mein Ansatz in der Ökopsychologie und Ökotherapie konzentriert sich auf die Entwicklung von Achtsamkeit für unsere Verbundenheit mit allem Leben. Wir wissen aus der schöpferischen Arbeit vieler Autoren und Praktiker, und dazu gehört zugleich viel Forschungsarbeit, dass Achtsamkeit heilt. Intuitiv ebenso wie durch eine wachsende Zahl von Studien wissen wir, dass der Aufenthalt in der Natur heilt. Durch die Kombination von ökologischem Denken mit Achtsamkeit und anderen spirituellen Übungen können wir lernen, uns neu auszurichten und präsent zu werden für alles, dessen Teil wir sind. Das ökologische Selbst der Tiefenökologen, das wilde Selbst der Ökofeministen, die Ethik der Fürsorge für die Erde der Umweltphilosophen oder das relationale Selbst des partizipatorischen Denkens: All dieses Erfahrungswissen führt zur Erweiterung unserer Selbstwahrnehmung durch Selbstentwicklung.

Meine Art der Ökopsychologie verwebt die Fäden des Umweltdenkens mit Übungen, die den westlichen Geist re-indigenisieren. Die folgenden Kapitel betten mein ökospirituelles Vorgehen in den größeren Zusammenhang des Umweltdenkens ein. Ich nutze Achtsamkeit durch Meditation und Ritual, um das visionäre Umweltdenken erfahrbar zu machen. Die Sensibilität für unsere Verbindungen mit den Lebenssystemen der Erde ist die Grundlage für eine ethische Beziehung zur Erde. Die seelisch-geistige Orientierung, die mit der Entwicklung unserer Erdsinne wächst, kann individuelle und gemeinschaftliche Handlungen auf jeder Ebene beeinflussen. Indem wir lernen, die Erde als heilig zu sehen, spüren wir bis in die Knochen, dass wir Teil von etwas sind, das größer ist als wir. So wird ein Leben in der Vorstellung, dass alles miteinander verbunden ist, zu einer Lebensweise, die die grundlegenden Glaubensstrukturen der westlichen Zivilisation tiefgreifend verändert.

Teil II
Übungen zur Verbindung mit der Erde

4

Erdverbindung: Der erste Schritt des Erdseele-Träumens

Mit diesem Kapitel beginnt unsere Reise in die Methode des Erdseele-Träumens. Die Entwicklung eines erdverbundenen Bewusstseins – unsere wahrnehmende Verbindung mit dem Netz der Lebenswelt – ist wesentlich für ein re-indigenisiertes spirituelles Erwachen. Natürlich sind wir immerfort mit der Lebenswelt verbunden. Oft bleibt diese Verbindung für uns jedoch unsichtbar. Sie existiert als ein unbewusstes Attribut unseres Lebens, obwohl sie lebenswichtig ist. Ich benutze das Wort »Öko-Achtsamkeit«, um meinen Ansatz zur Entwicklung eines erdverbundenen Bewusstseins zu beschreiben. Öko-Achtsamkeit ist ein spiritueller Weg, der Achtsamkeitsübungen mit spiritueller Ökologie verbindet, um die im Körper verankerte Erdverbundenheit zu stärken. Öko-Achtsamkeit steht am Beginn des Erdseele-Träumens, das zu einem fortschreitenden Bewusstseinswandel führt. Sie bietet uns einfache Methoden, um eine achtsame Verbindung mit der Lebenswelt herzustellen. Sich bewusst mit der Lebenswelt zu verbinden, mag simpel erscheinen. Du wirst dich jedoch wundern, wie schwer es dir fällt, dich so weit zu entschleunigen, dass du deine natürlichen Sinne wiederfindest.

Den Lebensunterhalt transformieren

Ein erster Schritt zur Entwicklung einer erdverbundenen Verkörperung ist es, zu lernen, sich der eigenen Ökologie bewusst zu werden: sich auf eine körperlich erfahrbare Weise bewusst zu werden, dass wir mit allen Lebenssystemen des Planeten verbunden sind. Wir mögen theoretisch wissen, dass wir von den Lebenssystemen des Planeten abhängen und sie beeinflussen, vom ganz Großen, der Atmosphäre (denke an die Klimazerrüttung), bis hin zum scheinbar eher Lokalen, dem Wasser, das wir trinken, und der Luft, die wir atmen, der Nahrung, die wir essen, und den Bäumen, der Erde, den Pflanzen und Tieren unserer Umgebung. Doch unser Kopfwissen, dass wir mit unserer Ökosphäre verbunden sind (es kann ja gar nicht anders sein), und das Erleben, das Wahrnehmen dieser Realität sind zwei Paar Stiefel. Ohne die Erfüllung, Sinnhaftigkeit und Kraft, die eine bewusste Verbindung mit unserem Lebenssystem mit sich bringt, ist es sehr schwer, wenn nicht gar unmöglich, von einer Konsumkultur zu einer Kultur der Verbundenheit mit der Erde zu gelangen.

Viele Menschen im Westen klammern ihr ökologisches Terrain aus. Obwohl es heute ein besseres Verständnis der Erde als Netzwerk integrierter Systeme, als Biosphäre, gibt, leben wir noch weitgehend in der Vorstellung, dass wir ein individuelles Selbst sind, das sich relativ autonom durch die Welt bewegt. Diese Illusion des Getrenntseins ist die Quelle vieler unserer Übel, sowohl persönlich als auch kollektiv. Schon der deutsche Forschungsreisende Alexander von Humboldt, eine zentrale Figur bei der Entstehung eines ökologischen Weltbildes im 19. Jahrhundert, erkannte, dass Organismen nur im Kontext ihrer Umgebung verstanden werden können. Der Drang, Dinge zu verstehen, indem man sie in ihre Bestandteile zerlegte, wurde durch das im 19. und 20. Jahrhundert aufkommende ökologische Bewusstsein in Frage gestellt. Im 21. Jahrhundert ist es an der Zeit, die ökologische Wirklichkeit auf einer geistig-seelischen Ebene zu integrieren, um unser Leben wieder ins Gleichgewicht mit der Erde zu bringen. Dies ist ein Prozess, der seit Ralph Waldo Emerson und den amerikanischen Transzendentalisten als eine Strömung des Umweltdenkens im Gange ist. Doch nach fast einem Jahrhundert wird das westliche Selbstverständnis hartnäckig aufrechterhalten, in dem wir uns als getrennt, individuell und relativ selbsterhaltend wahrnehmen.

Die Ökopsychologie, die im Umweltdenken der 1980er und 90er Jahren entstanden ist und in der westlichen Psychologie gründet, sagt, dass ebenso wie eine Abspaltung von der menschlichen Gemeinschaft und ungesunde menschliche Beziehungen uns krank machen, dies genauso für unsere Abspaltung von der Natur und eine ungesunde Beziehung zu ihr gilt. Diese Ideen gab es bereits bei einigen Umweltaktivisten und im visionären Umweltdenken, und es war Theodore Roszak, der in seinem Buch *The Voice of the Earth*[36] einen Weg fand, diese Ideen in eine Form und in die praktische Umsetzung zu bringen. Damit konnte sich ein breiteres Publikum, insbesondere Heilpraktiker und Therapeuten, identifizieren, die dann auch danach handelten.

Roszaks Widmung vorne im Buch deutet auf einen wichtigen Einfluss in seinem Leben und Werk hin. Er widmet sein Buch seiner Frau Betty und zitiert ihren Essay *Rescue and Restore.*[37] Er dankt ihr dafür, dass sie seine Augen für die Tiefe der Erdverbundenheit geöffnet hat, die in der westlichen Erfahrung auftaucht, und würdigt sie dafür, dass sie ihn »aufgeweckt« hat. Indem er darauf hinweist, dass sie ihm geholfen hat, »die Stimme zu hören« – daher der Titel seines Buches –, kommt er zum Kern dessen, was damals in der westlichen Kultur als planetarisches Bewusstsein aufstieg. Diese Alternative zu industriellen Modellen der globalen Gesellschaft breitet sich weiter über den Planeten aus: ein neuer Strom von Erdfürsorge und eine entsprechende Kultur und Wertebasis. Betty Roszak fängt dieses sich ausbreitende Erdbewusstsein in ihrem Gedicht sehr treffend ein:

...grüne Stimmen singen
Den dunklen ekstatischen Stoffwechsel der verborgenen Erde.
Wir können die Gesten des Schamanen lesen,

Wir tragen die Wärme von Eiern in unseren Körpern,
Die geballten verliebten Atome, die Moleküle,
Wunder künftigen Fleisches, Herrlichkeit der Knochen,
Arterien, Sehnen, schillernde Galaxien
Verlangen nach Form.[38]

Wir verstehen allmählich, dass das, was mit der Erde geschieht, uns beeinflusst, und dass wir die Systeme der Erde – das Leben, wie wir es kennen – stärker zu beeinflussen vermögen, als wir es uns in früheren Zeiten auch nur haben vorstellen können. Um dieses Wissen zu integrieren, müssen wir uns davon lösen, die Erde und ihre Systeme als etwas »da draußen« zu erleben, das wir zu unserem eigenen Vorteil nutzen. Der heilende Traum für die Erde besteht zum Teil darin, die Erde als Teil von uns selbst zu begreifen und, was noch wichtiger ist, uns als Teil der Erdengemeinschaft. In Aldo Leopolds Worten erfordert der Wechsel zu einer »Landethik«, dass wir uns als Bürger der biotischen Gemeinschaft sehen und nicht als ihre Eroberer.[39]

Wenn wir den Übergang zum Wissen unseres Körpers vollziehen, dass wir mit allem Leben verbunden sind, wandelt sich unser elementarer seelisch-geistiger Lebensunterhalt vom Konsum der Erde zu einer Verbindung mit der Erde. Mit Lebensunterhalt meine ich die Überzeugungen, Sitten sowie gemeinschaftlichen und persönlichen Erfahrungen, die uns mit Leben, Sinn, Zweck und einem Gefühl der Zugehörigkeit versorgen. Derzeit leitet sich unser Lebensunterhalt – also das, was uns körperlich, seelisch und geistig nährt – meist von einer dominanten globalen Kultur her, die nicht mit der Erdengemeinschaft verbunden ist. Die Umstellung auf einen Lebensunterhalt, der mehr im Gleichgewicht mit den Erdsystemen ist, untermauert und ermöglicht erdverbundene Wertvorstellungen, indem sie Alternativen für Sinn, Zugehörigkeit und Verbindung aufzeigt. Diese beruhen auf nachhaltigen Wirtschaftsformen, sozialer Gerechtigkeit und Menschenrechten und sehen die Erdengemeinschaften als heilig und aus sich heraus wertvoll an. In dem Maße, in dem wir unsere Erfüllung und unser Eingebundensein wiederfinden – durch die Verbindung mit dem Lebenssystem der Erde, in dem unsere Gemeinschaften wachsen und Zugehörigkeit und Wohlbefinden im Sinn des Austauschs stattfinden (anstatt als Modell der Ausbeutung und des Konsums) –, in dem Maße entwickeln wir die emotionale und spirituelle Grundlage für den Übergang zu einer die Erde achtenden globalen Zivilisation.

Ein erdverbundenes Bewusstsein entwickeln

Bewusstsein ist ein komplexes Konzept und eine vielschichtige Erfahrung, die sich nur schwer in Worte fassen lässt. Es gibt viele Definitionen von Bewusstsein: wie und warum es möglich ist oder ob es überhaupt existiert. Es gibt zu viel über Bewusstsein zu sagen, als dass wir es in diesem Buch in der Tiefe behandeln könnten, die es verdient. Die Debatten und Fragen rund um »Bewusstsein«, die das Studium von jahrtausendealten Ideen der Metaphysik, Epistemologie und Ontologie aus vielen Kulturen erfordern, werden in vielen Büchern behandelt. Für die Behandlung in diesem Buch gehen wir davon aus, dass es etwas gibt, das Bewusstsein genannt wird, und dass wir unser Bewusstsein zumindest in gewisser Weise verändern und ausrichten können. Für das Erdseele-Träumen verstehe ich Bewusstsein als etwas, das sich entwickelt, und ich gehe davon aus, dass wir uns an dieser Entwicklung beteiligen und sie unterstützen können.

Bewusstsein ist sowohl das, was wir wahrnehmen und erleben, als auch die Art und Weise, wie unsere Aufmerksamkeit gegenüber der Welt und unsere vorgefassten Meinungen die Bühne für diese Wahrnehmungen und Erfahrungen bereiten. Damit verwoben ist der Teil von uns, der körperlich und seelisch mit der Welt verbunden ist. Zugleich sind wir »der Beobachter«: in der Lage, die Welt zu beobachten, während wir uns selbst beim Beobachten beobachten. Um ein erdverbundenes oder ökologisches Bewusstsein zu entwickeln, bewegen wir uns über die Grenzen der Wahrnehmung der vom Menschen geschaffenen Ebene der Welt hinaus, die in den meisten unserer Köpfe und in den Erfahrungen in der westlichen Kultur im Vordergrund stehen. Wir erweitern unser Selbstverständnis und unser Bewusstsein um den Bereich der Lebenswelt: einer Ebene des Wissens, die von Teilen unseres Körpers und unseres Gehirns ausgeht, die meist unbewusst sind.[40]

Um vereinfacht über Bewusstsein zu sprechen, stelle ich es mir als Radiosender vor: Ich stelle mich auf bestimmte »Sender« ein, wenn ich denke und handle, mich um meinen Körper kümmere oder mich in spiritueller Praxis und einer Gemeinschaft engagiere oder auf die unterschiedlichsten Arten mein Leben lebe. Es gibt viele äußere Einflüsse, die meine »Wellenlänge« des Bewusstseins formen und beeinflussen, mit denen ich auf unterschiedliche Weise umgehen kann. Manchmal wird ein anderer »Sender« mein Bewusstsein stören – ein Autofahrer, der im Straßenverkehr mit mir schimpft, zum Beispiel. Oder: Mein Mann kommt schlecht gelaunt nach Hause, und ich nehme seine Stimmung auf und grüble darüber nach. Ich kann mein Bewusstsein zu einem anderen »Sender« oder Signal abdriften lassen, oder ich kann daran arbeiten, auf meiner eigenen »Welle« zu bleiben.

Wir sind immer eingebettet in eine Vielfalt von Wellenlängen der menschlichen und nicht-menschlichen Welten. So kann es einem wie ein Fulltime-Job vorkommen, bewusst durch das Netz aus Wellen zu steuern. Wie ich später im Buch näher erläutern werde, sind wir entweder am Senden oder am Empfangen. Entweder stimmen wir unser Bewusstsein aktiv auf den »Sender« unserer Wahl ab, oder wir nehmen auf und schwingen unbewusst mit den anderen »Sendern«, denen wir ausgesetzt sind: oft den lauten, hellen und glänzenden Schwingungen unserer techno-industriellen Lebenswelt. Aktiv auf ein spirituell waches, ökologisches Bewusstsein oder ein anderes Signal, das wir mögen, eingestellt zu bleiben und es auszusenden, erfordert enorme Wachsamkeit; die Art von Wachsamkeit, die durch lange spirituelle Praxis entwickelt wird; die Art von Wachsamkeit, die die Welt verändern kann.

Es mag einen zwar überwältigen, über diese große Verantwortung nachzudenken, aber genau das ist erforderlich, um das große Ganze unserer globalen Zivilisation vom Mahlstrom der Zerstörung auf einen Weg der Heilung, des Lichts und des Lebens zu bringen. Viele Menschen auf dem ganzen Planeten arbeiten auf vielfältige Weise an diesem Wandel zu einem heilsamen planetarischen Bewusstsein, und es verändert sich bereits sehr viel. Dieser Wandel braucht uns alle, unser Engagement und unsere Stimme, die wir in diese Arbeit der Transformation des globalen Bewusstseins einbringen, damit er Wirklichkeit werden kann. Und er findet in kleinen Momenten statt, die sich aneinanderreihen; viele sehr einfache, aber herausfordernde Schritte bewusster Entscheidungen in jedem Moment schaffen einen neuen Weg, eine neue Kultur, eine neue Welt.

Ein Beispiel für eine solche kleine Bewusstseinsveränderung: Heute Morgen, als ich meine Kinder zum Schulbus brachte, bemerkte ich, dass ein Vogelschwarm auf einem Baum vor unserem Haus betörend laut zwitscherte. Oft bin ich morgens zu müde und erschöpft oder auf die anstehenden Termine fixiert und bemerke die Vögel gar nicht. Heute blieb ich allerdings stehen (obwohl wir etwas spät dran waren) und sagte zu meinen Kindern: »Hört die Vögel.« Wir hielten alle an, trotz der Sorge, den Bus zu verpassen. (Eigentlich war es meine Sorge. Die Kinder waren viel eher bereit, stehenzubleiben und den Vögeln zu lauschen.) Wir hatten einen Moment, da wir die Vögel mit unseren Ohren und Augen wahrnahmen, da wir ihre Lieder mit dem Herzen fühlten. Und das brachte uns dazu, auch den späten Sonnenaufgang am frühen Herbsthimmel wahrzunehmen.

In meiner persönlichen und beruflichen Arbeit geht es darum, achtsam auf die Lebenswelt einzugehen. Vielleicht konnte ich also aufgrund dieser Arbeit innehalten und in diesen anderen Bewusstseinsmodus schlüpfen. Dennoch ist es an vielen Tagen eine echte Herausforderung, mich daran zu erinnern, dass ich mit dem Leben um mich herum verbunden bin. Die Fähigkeit, in diese Wirklichkeit eingebunden zu bleiben, wächst mit der Zeit und der Übung, und ich brauche ständige Erinnerungen. Auf diese und ähnliche, eher unscheinbare Weisen versuche ich, täglich mein ökologisches Bewusstsein zu schulen, ebenso wie das meiner Studenten und Klienten. Die Übungen und Rituale, die ich in den nächsten Kapiteln vorstellen werde, unterstützen die Entwicklung des ökologischen Bewusstseins, so dass sich diese Momente der Verbundenheit mit dem Leben häufiger und über längere Zeiträume hinweg einstellen.

Um ein ökologisches Bewusstsein zu kultivieren, muss ich sehr bedachtsam und häufig Momente des Innehaltens herbeiführen, kleine und große. Es gibt viele Artikel und Bücher darüber, wie schrecklich unsere Smartphones sind, unsere sozialen Netzwerke, unsere Technologie. Ich mag das Leben mit ihnen eigentlich und finde sie kreativ und kommunikativ. Aber ich finde auch, dass sie einen in Beschlag nehmen können; sie sind laut, grell, eindringlich und zerren ständig an unserem Bewusstsein, so dass sich kaum noch Zeit findet, um andere Bewusstseinsmodi zu entwickeln und aufrechtzuerhalten, Seinsweisen, die grundlegender Teil unserer Kindheit waren. So, wie ich meine Abläufe habe, um meine E-Mails, die Nachrichten und mein Telefon zu checken – den ganzen Tag über mit Hilfe von Pieptönen und Bings –, versuche ich, mir Anker zu setzen, die mich daran erinnern, mich auf das ökologische Bewusstsein einzustimmen: meine Verbindung mit der Lebenswelt wahrzunehmen.

Sich in Ehrerbietung mit der Lebenswelt verbinden

Ökologisches Bewusstsein als Idee und Seinsweise ist mit der Beziehung des Westens zu indigenen Völkern auf der ganzen Welt verknüpft. Ökologisches Bewusstsein ist ein Weg zurück zu unserer Verbundenheit mit dem Land und an unseren Platz im Netz des Lebens. In Übereinstimmung mit einigen anderen Denkern und Praktikern betrachte ich dies für westliche Menschen als eine Rückkehr.

Der Einfluss der indigenen Kultur auf das westliche Umweltdenken ist eine schwache Spur, die mit sorgsamer Detektivarbeit gefunden werden kann. Viele Wege des Erwachens zum Erdbewusstsein im westlichen Denken lassen sich auf den Kontakt mit indigenen Völkern zurückführen. Ein Beispiel ist Ralph Waldo Emersons Kontakt und der anderer transzendentalistischer Denker mit den amerikanischen Ureinwohnern in den frühen 1800er Jahren. Ein weiteres Beispiel ist Aldo Leopolds Zusammenarbeit mit den Ureinwohnern im amerikanischen Südwesten vor und während seiner Konzeption und Abfassung von *The Land Ethic*, einem Kapitel aus seinem *A Sand County Almanac*, das für die Entwicklung des westlichen Umweltdenkens von zentraler Bedeutung ist.[41]

Auch die Einflüsse des Ökofeminismus und der Frauenspiritualität, die den Menschen im Westen die Türen zu einer re-indigenisierten Naturerfahrung öffnen, werden im Umweltdenken zu oft übersehen, sind aber ein elementarer Bestandteil eines wachsenden Bewusstseins für die Notwendigkeit, geistig-seelische Erfahrungen für eine nachhaltige Zivilisation zu schaffen. Diese Denkerinnen bezeichnen die patriarchale Unterwerfung und Ausbeutung der Natur und der Frauen (und anderer »Anderer«) als hauptverantwortlich für die Trennung von der Natur und ihre Degradierung.[42]

Und so kommen wir an den kritischen Punkt in der Geschichte des westlichen Menschen, an dem es unerlässlich ist, zu unserer Verbindung mit der Natur zurückzukehren – und zwar mit jedem Aspekt unserer Kultur und ihren Glaubensstrukturen –, um die Menschheit vor dem Aussterben und die Erde und andere Arten vor irreparablem Schaden zu bewahren. Durch eine Ethik der Fürsorge füreinander und für die Erde – die unser Handeln aus einer ganz anderen Perspektive bestimmt als der, wo wir jetzt sind, und unsere sinnliche Zugehörigkeit zum Leben wiedererwecken – finden wir den Weg in das, was sich zwar neu anfühlt, mit dem unser Körper jedoch geboren wurde. Dieses »etwas Tiefere« liegt jenseits der Grenzen des »Rationalen«. Es ist die sinnliche Intensität, unseren Körper als Teil der Erde zu fühlen. Mit einem ökologischen Bewusstsein wird das Leben zu einem Sakrament. Mit dieser Arbeit kehren wir zu der kindlichen Sicht auf die Welt, mit der wir geboren wurden, zurück und reifen in ihr. Wir erfahren eine Initiation ins Erwachsensein als Glieder der Erdengemeinschaft; wir entdecken die Wahrheit unserer Verantwortung für alles Leben und unsere kokreativen Fähigkeiten beim Träumen des kollektiven Traums der Erde.

Neben der Last der Verantwortung stellt sich ein Gefühl der Lebensfreude ein, wenn wir wieder zu einer ehrerbietigen und nicht-linearen Beziehung zum Leben zurückfinden.

Wir sind immer verbunden

Wie beginnen wir also die Reise zurück in eine körperliche Beziehung mit der Erde? Es gibt viele einfache Wege, um eine bewusste Verbindung mit der Lebenswelt herzustellen. Natürlich sind wir immerfort mit ihr verbunden, aber es geschieht leicht, dass diese Verbindung, so essentiell sie auch ist, im Hintergrund bleibt und zu einem unbewussten Attribut unseres Lebens wird. Wie das Schlagen unseres Herzens oder der ständige Rhythmus unseres Atems unterstützt uns die Lebenswelt und ist die Leinwand unseres Lebens. Trotz unserer Verbindung mit der Lebenswelt ist es leicht, diese Verbundenheit zu vergessen und sie als selbstverständlich anzusehen. Wenn wir innehalten, um unseren Herzschlag wahrzunehmen, mag das eine überraschende Erinnerung sein: an das Wunder und die Zerbrechlichkeit unseres Lebens. In gleicher Weise kann das bewusste Erinnern an die Lebenswelt uns an das komplexe Wunder des Lebens erinnern und, wie unser Herzschlag, daran, dass wir ohne diese Systeme nicht leben könnten. Dieses Bewusstsein der Lebenswelt ist die zugrunde liegende Erfahrung, die zu einer heiligen Verehrung des Lebens auf der Erde führt. Doch wie fangen wir an, wenn so viele von uns sich zu oft allein und abgetrennt fühlen, wenn es darum geht, den Kurs ihres Lebens zu bestimmen?

Vor kurzem gelangte die Diskussion in einem Seminar zu der Frage, wie manche Studenten sich selbst wahrnehmen. Sie sagten, dass sie sich »auf sich selbst gestellt« fühlten, sich um sich selbst kümmern müssten und sich von ihrer Umgebung völlig isoliert fühlten. Dieser radikale Individualismus entspricht der allgemeinen Erfahrung und vielen moralischen Haltungen in der amerikanischen Gesellschaft, aber ich muss betonen, dass meine Studenten keineswegs auf sich allein gestellt sind. Ihre Überzeugungen werden ihnen übergestülpt, ihr Essen wird von anderen angebaut und in der Mensa von anderen zubereitet, ihre Autos und Kleidung und andere »Dinge« werden von anderen hergestellt – und ihr Atmen, Essen, Schlafen, Existieren wird ihnen durch die Bäume und Pflanzen um sie herum ermöglicht. Die Atmosphäre wird durch unseren Platz im Sonnensystem und die täglich einfallenden Sonnenstrahlen ermöglicht. Wasser kommt aus den komplexen, zusammenwirkenden Systemen des Planeten. Unendliche komplexe Systeme von Zellen und Organismen sorgen dafür, dass unser Körper arbeitet, unsere Nahrung verdaut wird und unser Leben funktioniert. Wir sind keine abgetrennten Individuen, und doch scheinen wir ständig in diesem Gefühl gefangen zu sein.

Anfangs entsetzte meine Studenten der Gedanke, dass sie keine Individuen sind – obwohl sie, vielleicht im Widerspruch dazu, gleichzeitig Angst davor hatten, auf sich allein gestellt zu sein. Ich stellte eine radikale Idee vor, die sie nur mit Mühe akzeptieren konnten: Es ist ein unglaubliches Geschenk, dass wir nicht auf uns allein gestellt, sondern in jedem Moment unseres Lebens Teil eines verschlungenen Beziehungsgeflechts sind. Die existenzielle Einsamkeit, die wir oft empfinden, kann gelindert werden, indem wir uns bewusst wieder in die Erdengemeinschaft einfügen, deren Teil wir in jedem Moment unseres Lebens und sogar nach unserem Tod sind. Wir sind nicht allein.

Wir können mit jeder Faser unseres Wesens wissen und erfahren, dass wir nicht allein sind. Doch nur die Intelligenz von Erde und Seele kann uns diese Wahrheit auf jener Ebene vermitteln, über die wir erst erkennen können, wer wir in Bezug auf den Kosmos wirklich sind. Wir lernen, wie wichtig und bedeutsam wir sind, und zugleich erkennen wir, dass jeder Einzelne nicht so wichtig ist. So werden wir demütig, sehen die weiten Bereiche des Wissens und des Seins, die unglaublichen »Bewusstseine«, denen wir begegnen. Indem wir ganz in unsere eigene Natur als Menschen eintauchen, beginnen wir, unsere Verantwortung als Schöpfer und Träumer, als Betraute und Verwandte aller Wesen wahrzunehmen. Wir entdecken, wie wir den großen Mysterien und Wahrheiten des Lebens an der Grenze begegnen können. Doch wir können nicht mit unserem rationalen Verstand dorthin gelangen; nur unser Herz und unsere Liebe und die Bereitschaft, die tiefsten Gefühle und Geheimnisse des Lebens anzunehmen, können uns in das erwachte Träumen führen.

Eines Tages, kürzlich, vor einer totalen Mondfinsternis, fuhr ich den schmalen Weg zu meinem Haus hinauf, als ich zwanzig oder mehr Truthahngeier bemerkte, die sich auf dem Zaun am Straßenrand ausruhten oder sich über das Feld verteilt hatten. »Nun, irgendetwas ist gestorben oder liegt im Sterben«, dachte ich. Ich hielt an, um mit den Besuchern zu kommunizieren. Am nächsten Morgen, zu meiner Zeit des Trommelns, Tanzens und Meditierens, wurde ich neugierig auf diese Geier, die kleine Kondorart, die in Ohio lebt. Welche Weisheit konnten sie mir vermitteln? Was könnte ihr lateinischer Name Cathartes aura für mich erhellen; welchen Glauben oder welche Anhaftungen könnte ich sterben lassen; was könnte ich austrocknen lassen und was in meinem Leben in neue Energien verwandeln? Ich beschloss, eine Zeremonie für die Reise zum Geiergeist zu gestalten. Ich setzte meine Absicht, erhöhte meine Schwingung durch Rasseln und Meditation und lehnte mich zurück in mein Seelenlicht, um in die Leere einzutreten.

Ich gehe am Meer entlang an einem langen, offenen Strand. Ich weiß sofort, dass ich mich an der kalifornischen Küste befinde und am Pazifik entlanglaufe, aber in einer Zeit, die ich nicht kenne, weit zurück oder in der Zukunft. Der Ozean ist riesig und pulsierend und streckt sich mit jeder Welle nach mir aus. Ich spüre, wie die tiefe Kraft des Ozeans in meine Seele eindringt und mich mit der Wahrheit ihrer Rhythmen speist. Ich gehe eine ganze Weile am Strand entlang, mit jedem Schritt sinke ich in den nassen Sand, der an meinen nackten Füßen saugt. Der Wind und die Geräusche des Strandes umgeben mich; Möwen kreischen und rufen einander zu: »Da sind die Fische, dort drüben.«

Schließlich komme ich zu einem Haufen dunkler Felsbrocken, wie er typisch für die Strände Nordkaliforniens ist. Auf diesen Steinen hockt eine Gruppe kalifornischer Kondore, größer als im echten Leben, größer als je zuvor in diesem Reich. Ich trete auf den ersten und größten Vogel zu und frage: »Was ist deine Weisheit?« Der wilde, uralte Geist des Kondors weht in meinen Geistkörper, frei und offen, bezaubernd, jenseits meines Verständnisses. Unsere Geister bemühen sich um einen Ort, an dem wir uns austauschen können. Nach einer Zeit des Beobachtens, des Wartens und des Öffnens für das Gepräge dieses Vogels erreichen mich diese Worte: »Du bist nie allein.« Schein-

bar ganz einfache Worte für diesen intensiven Austausch. Sie scheinen nicht genug zu sein, und doch dringt diese Gabe vollständig in mich ein und löst einen langen Schmerz aus, einen uralten Kummer in meiner Familie, im Muster meiner Spezies. Ich danke dem Kondor und gehe vorsichtig meine Schritte zurück zu meinem Portal in diese Welt; ich kehre langsam, vorsichtig, vollständig in meinen Körper zurück und schließlich in die Ruhe meines Schlafzimmers.

In den nächsten Wochen spüre ich, wie ein Gefühl für die Erdengemeinschaft aus meiner zuvor tief verwurzelten Erfahrung hervorsprudelt und ein Loch füllt, von dem ich gar nicht wusste, dass es so tief und groß war, und mich wieder in die Musik der Wildnis eintauchen lässt. Ich kenne die elementare Energie all der Freunde und Verwandten, die mich umgeben, die mich kennen, die sich um mich kümmern: die Vögel, die auf meiner Veranda landen, überall herumfliegen, singen, zwitschern und rufen; die Bäume, die mir Luft zuatmen; die ständige Liebe und Begleitung meines Hundes; die großherzige Sanftheit der Pferde, die auf der Wiese gleich hinter meiner Veranda grasen. Die Welt der Tiere, die Welt der Natur, die Welt der Menschen, die Welt der Geister, die mich immer umgibt, wird von einer Art Liebe neu erhellt, die ich vergessen hatte, ein Gefühl aus lang, lang vergangener Zeit. Ich weiß jetzt auf eine Weise, die dieser Körper nie ergründet hat, und ich sage zu allen, die es hören wollen: Wir sind nie allein.

* * *

Wir sind noch nicht zur schamanischen Praxis gekommen. Das kommt später in diesem Buch. Aber ich erzähle diese Geschichte jetzt, weil es eines der größten Geschenke meines Lebens war, so innig und unmittelbar zu spüren, dass wir immerdar auf vielen Ebenen von einer reichen und fürsorglichen Gemeinschaft umgeben sind. Meine Wanderungen in andere Gefilde stellten sich nach Jahrzehnten des stillen Sitzens im Wald ein. Dennoch muss ich jeden Tag wieder den Anfang finden, um meine Verbindung mit der Erde und der Seele aufrechtzuerhalten, um immer wieder den Weg auf diese Ebenen zu finden. Jedes Mal fange ich neu an, tue die Schritte, die mich aus dem technisch-industriellen Bewusstsein in das Erdbewusstsein führen. Die nächsten Kapitel stellen Übungen vor, wie wir einen Einweihungsweg ins Erwachsensein als wiedergeborene Glieder einer Gemeinschaft von Geschichtenerzählern beginnen oder fortsetzen können – in eine Stammesweise des Erdbewusstseins, als Wissende, Liebende und Heilende des Lebens in einem planetarischen Zeitalter.

5

Zu Sinnen kommen: Entschleunigen, einstimmen, aufwachen

Wir sind nun bereit, die Grundlagen für das Erdseele-Träumen zu schaffen. Wir beginnen, indem wir in unserem Leben Zeit und Raum für Ruhe und eine Verbindung mit uns selbst schaffen, die Mittel, um ins Leben zurückzufinden. Ich möchte noch einmal betonen, dass einige dieser ersten Übungen im Prozess zwar einfach erscheinen, dass es aber eine immer wiederkehrende Herausforderung im Leben darstellt, unter dem allgegenwärtigen Leistungsdruck zu entschleunigen. Dieses Kapitel stellt einfache Methoden vor, mit denen wir beginnen können, zu uns selbst zu erwachen: zu unserem Körper, unseren Gefühlen und unserer Erfahrung. Ich möchte dich anregen, mit diesen Übungen zu beginnen. Finde kurze Augenblicke, in denen sich unterschiedliche Empfindsamkeiten in deinem Körper öffnen. Du musst langsamer werden, um dich mit dir selbst und der Natur zu verbinden. Diese einfachen, aber auch herausfordernden Übungen sind Aktivitäten, die für die längste Zeit der menschlichen Existenz einen Großteil des täglichen Lebens ausmachten. Während stille Momente, in denen wir das Leben um uns herum wirklich spüren können, heute Mangelware sind, reagiert unser Körper-Herz-Geist mit solcher Freude und Erleichterung, wenn wir diese Momente finden. Es ist wie zu etwas nach Hause kommen, das sonst unerreichbar ist.

Erdempfindungen sind im Vergleich zu vielen üblichen Arten des Wahrnehmens leise und weich. Entschleunigung ist nötig, um diese

Empfindungen zuzulassen. Die sensorische Intensität der heutigen westlichen Kultur unterdrückt die sanfteren Empfindungen der Erdverbundenheit. Ein größerer Prozentsatz der Menschheit als je zuvor lebt heute in Städten. Viele von uns sind in die dominante globale Kultur des Internets eingetaucht. Diese Verschiebung in der Lebensweise und Kultur bedeutet, dass viele von uns ständig von Menschenmassen, Verkehr, Nachrichten und Werbung umgeben sind und von einer noch nie dagewesenen Flut von Unterhaltung auf Knopfdruck. Unter diesen hochgradig überstimulierenden Bedingungen zu entschleunigen, erfordert Übung und Einsatz, bietet jedoch die Möglichkeit für tiefgreifende Veränderungen in der Wahrnehmung unserer selbst und der Welt.

Nichts tun

Nichtstun ist eine wesentliche Quelle für viele der besten Seiten der menschlichen Natur: Kreativität, Momente des Staunens, erhöhte intuitive Fähigkeiten, Lernen, Geistesblitze und tiefgreifende Bewusstseinsveränderungen. Wenn es dir schwerfällt, dir vorzustellen, dein leistungsorientiertes Leben zu verlangsamen und einfach einmal nichts zu tun, bedenke: Die Ergebnisse können höchst erstaunlich sein. Energie und Einsicht können durch regelmäßiges Ausruhen und »Nichtstun« immens zunehmen. Um die Wirkung zu verstärken, solltest du über längere Zeit nichts tun, und übe das Nichtstun in der Natur. Wenn du lange genug draußen sitzt und nichts tust, nennt man das eine Visionssuche.

Mit der Zeit ist mir klargeworden, dass es umso schwieriger ist, langsamer zu werden, je größer das innere Bedürfnis, nichts zu tun, tatsächlich ist. Wenn du das Gefühl hast, dass es viel zu viel zu tun gibt, um nichts zu tun, dann ist dein Bedürfnis, nichts zu tun, am größten. Wenn unsere Aktivitäten so dringend zu sein scheinen, dass wir uns nicht vorstellen können, langsamer zu werden, ist das ein Zeichen dafür, dass wir den Kontakt zu unserem »Flow« verloren haben, dem Aspekt unseres Selbst, der unsere ursprüngliche Weisheit und Verbindung ist. Ich bin ein Mensch, der es liebt, beschäftigt zu sein! Daher ist es ein wichtiger Punkt in meinem Leben, zu lernen, langsamer zu werden. Ich muss immer wieder daran erinnert und dazu ermutigt werden. Das geht uns allen so; wir müssen Entschleunigung in die täglichen Gewohnheiten einbauen, für uns persönlich ebenso wie in unserem Umfeld.

Oft sind es solche »Ritzen« im Leben, durch die die »Zugluft« aus anderen Welten eindringt. Wenn wir still sind, bemerken wir den bunten Eichelhäher vor dem Fenster, den Wind, der das Gras wiegt, die Formen der Regentropfen auf unserer Windschutzscheibe. Das sind die Augenblicke, die wir auf unserem Weg zurück ins Leben suchen und wertschätzen sollten. Das heißt nicht, dass wir die Technologie loswerden müssen, aber wir müssen als ersten Schritt zur Förderung eines erdverbundenen Bewusstseins eine echte Beziehung zu Ruhe und Stille pflegen.

Langeweile kultivieren

Wir sind jetzt alle so frei von Langeweile. Mit unseren Smartphones – sofortige Antworten auf fast jede Frage, die Chance, noch eine Sache zu erledigen, noch einen Anruf zu erwidern, schnell diese E-Mail zu senden – kann fast jeder Moment gefüllt werden. Mit der Zunahme der Technologie, die auch viele Vorteile hat, haben wir die Langeweile verloren. Warum Langeweile? Sicher ist Langeweile langweilig, Langeweile ist nichts, was wir wollen. Aber wie viele Dinge, die wir kaum verstehen und schätzen, bis sie verschwunden sind, hat Langeweile Qualitäten, die für unser Wohlbefinden unerlässlich sind. Im Hinblick auf die Umformung unseres Bewusstseins zu einer Verbundenheit mit Erde und Seele ist Langeweile eine Schlüsselerfahrung. Wenn wir von einem Bewusstseinszustand in einen anderen wechseln, gibt es häufig eine gewisse Unruhe, Rastlosigkeit und Langeweile. Wenn wir von der Hochgeschwindigkeitsüberstimulation des techno-industriellen

Bewusstseins »herunterschalten« – es ist teilweise ein mechanistisches Bewusstsein –, wechseln wir von einer Art der Verbindung zu einer anderen. Auch wenn diese Bezeichnungen kultureller Paradigmen nur Wegmarken sind – die Landkarte, nicht das Land –, sind sie als Wegzeichen für die Reise über geistige Schwellen bedeutsam.

Übung
Nicht verplante Zeit und Nachsinnen

Zweck

Ein Weg, um zu entschleunigen und zu einer Verbundenheit mit der Lebenswelt zu finden, ist nicht verplante Zeit: der Vorläufer des Nachsinnens. Oder besser gesagt: gute altmodische Langeweile. Es gibt bestimmte Arten von Arbeit, die unser Gehirn und unsere »Wesen« tun, wenn wir »gelangweilt« sind, wenn unsere Gedanken einfach nur umherwandern, wie sie es sonst nie tun. Langeweile und Nachsinnen sind die Zeiten, in denen unser Gehirn Verbindungen und Verknüpfungen zwischen unseren disparaten Erfahrungen herstellt und Geschichten und Bedeutung kreiert. Ausfallzeit ist Verbindungs- und Schöpfungszeit.

Beschreibung

Um in die Entschleunigung zu kommen, triff eine Verabredung mit dir selbst: 15 Minuten lang nichts tun. Versuche, Momente der Ruhe zu schaffen: Lasse dein Smartphone, deinen Computer und andere Aufgaben, die an dir zerren, in einem anderen Raum und stelle sicher, dass sie vollständig stummgeschaltet sind. Es ist hilfreich, auf deinem Telefon oder deiner Uhr (die du in dem anderen Raum lässt) einen Alarm einzustellen, damit du nicht auf die Zeit achten musst. Suche dir einen Platz zum Sitzen oder Liegen, an dem du dich wohlfühlst und entspannen kannst, weit weg von der Arbeit oder den Hausarbeiten. Wenn du kannst, suche dir ein Fenster, durch das du hinausschauen kannst, oder betrachte eine Pflanze, einen natürlichen Lichtfleck an der Wand oder bloß ein schönes Stück Tuch oder einen Platz im Raum, der dir attraktiv, geordnet oder schön erscheint. Wenn es dir möglich ist, nimm dir diese »Nichtstun«-Zeit draußen.

Lege dich darauf fest, regelmäßig mindestens 15 Minuten lang nichts zu tun. Da es anfangs nicht leichtfallen wird, sowohl was die Zeit als auch was deine Einstellung betrifft, gestalte diese Verpflichtung zum Nichtstun so einfach wie möglich. Es mag verlockend sein, »Ergebnisse erzielen« zu wollen, aber das ist Teil des »leistungsorientierten« Bewusstseins, durch das es überhaupt erst zu diesem Mangel an Ruhezeit gekommen ist. Wenn du dich aus dem vorherrschenden Bewusstsein der dich umgebenden Kultur herausbewegst, wird es immer wieder eine Art Widerstand gegen die Veränderungen geben, die du anstrebst. Gehe da einfach durch und mache weiter.

Das, was sich am besten machbar anfühlt, wird funktionieren. Einmal pro Woche ist besser als einmal pro Tag, wenn du dich dann weniger gestresst fühlst. Die Platitude »weniger ist mehr« ist sehr nützlich, wenn du beginnst, Raum für Momente der Ruhe und Langeweile zu schaffen. Meditiere in dieser Zeit nicht, achte nicht auf deinen Atem, mache kein Yoga; erlaube dir, soweit es geht, nichts zu tun. Strebe absolut nichts an. Dies ist eine Zeit, alles loszulassen: Leistung, Aktivität, Bestrebungen und Produktivität.

ÜBUNG
Ökologisches Bewusstsein kultivieren

Zweck

Die Kultivierung eines ökologischen Bewusstseins beginnt mit der Verlangsamung unseres Lebens, unseres Denkens und unseres Körpers. Wir sind durch die kulturellen Überzeugungen und Erwartungen selbst unserer engsten Gemeinschaften darauf programmiert, in einem Produktionsmodus zu leben, und müssen uns an die aktuellen wirtschaftlichen und sozialen Konventionen anpassen. Und doch müssen wir durch die Ängste hindurchgehen, die aufkommen, wenn wir in andere Seinszustände gehen, wenn wir nach Hause finden wollen: zu den ererbten Empfindsamkeiten, die ein echtes Gefühl und eine wahrhafte Erfahrung unserer Ökologie erlauben. Unser natürliches Eingebundensein ins Netz des Lebens ist eine reale und berührbare Welt. Es ist vielleicht schwer einsehbar, wie Verlangsamung transformative Veränderungen der Wahrnehmung fördern soll und wie diese Verschiebungen in der Wahrnehmung dann auch noch Menschen und die planetarischen Systeme wieder ins Gleichgewicht bringen sollen. Der Widerstand, der vielfach aufkommt, kann die Verlangsamung schwieriger und herausfordernder machen. Auch wissen viele von uns nicht mehr, wie man entschleunigt, also müssen wir es lernen – manchmal in vielen beunruhigenden und Angst machenden Sitzungen, die zu den Verschiebungen führen, die schließlich eintreten. Die natürliche Welt wird uns in diesem Prozess unterstützen, und die Freude, mit der die Erdengemeinschaft auf unsere Rückkehr reagiert, inspiriert mehr und mehr Verbindung, Freude, Heilung und schließlich mehr Faszination für diese Momente der stillen Reflexion.

Beschreibung

Es gibt viele Möglichkeiten, ökologisches Bewusstsein individuell zu praktizieren, innerhalb der Aktivitäten und Rituale, die du bereits in dein Leben eingebaut hast. Sicherlich ist die Entschleunigung, wie sie in der vorherigen Übung beschrieben wurde, die erste und beste Art, damit zu beginnen. Auch wenn du bereits eine spirituelle Praxis hast, kannst du Wege finden, deine ökologische Bewusstseinspraxis in bereits bestehende Rituale einzubauen. Wenn du dir jeden Tag Zeit zum Beten oder Meditieren nimmst, kannst du einen Teil dieser Zeit nutzen, um Dankbarkeit zu zeigen: gegenüber den Lebenserhaltungssystemen der Erde, die dein Leben tragen, und den Wesen, die deine Welt unmittelbar teilen. Wenn du tiefe Gefühle der Dankbarkeit für jede Naturerscheinung entwickelst, die du wahrnimmst, werden diese alltäglichen Momente zu heiligen Ereignissen und bleiben nicht unbemerkter, selbstverständlicher Hintergrund deines Lebens.

* * *

Sobald wir Momente der Stille und Besinnung schaffen und die wiederkehrenden Empfindungen körperlich wahrnehmen, die diese Momente bieten, sind wir bereit, uns durch tägliche Achtsamkeitsübungen wieder auf die Natur einzustimmen. Im nächsten Kapitel bespreche ich verschiedene Definitionen von Natur: die menschliche Natur, die Natur als etwas Getrenntes »da draußen« und die ursprüngliche Natur als evolutionäres Prinzip. Da gibt es Übungen, die uns dazu bringen, uns mit der Natur zu verbinden (so, wie wir sie uns normalerweise vorstellen), indem wir Zeit in der Natur verbringen.

6

Öko-Achtsamkeit kultivieren: Unsere bewusste Verbindung mit der Natur stärken

Das Erwecken der natürlichen Sinne, der Keim eines ökologischen Bewusstseins, geschieht am Anfang am besten, indem wir achtsam werden für die natürliche Welt. Wenn wir erst einmal für die Natur im allgemeinen erwacht sind, wird es einfacher, das ökologische Bewusstsein aufrechtzuerhalten, ohne in einer »Natur«-Umgebung, im Wald, im Park oder in einem Garten zu sein. Durch Achtsamkeit in der Natur werden wir mit tiefer Wertschätzung für unsere eigene Natur belohnt und mit der aufschlussreichen Entdeckung, dass wir Natur *sind.* Wir beginnen, uns selbst in der Natur gespiegelt zu sehen, und die Natur spiegelt sich in uns. Das Wiederverbinden mit den Mustern und Rhythmen der Natur hilft, unsere eigenen, sich wiederholenden Muster auszuleuchten.

Egal, wie oder wo wir leben: Wir sind lebendig und funktionieren, weil wir immer mit unserer natürlichen Umgebung verbunden sind. Nach der Entschleunigung kommen wir zur Praxis der Öko-Achtsamkeit: bewusstes und konsequentes Einstimmen auf die natürliche Welt um uns herum durch tägliche Achtsamkeitsübungen, wo immer wir sind. Achtsamkeitspraktiken erhöhen unseren Zustand des Bewusstseins oder des Gewahrseins für etwas. Wenn wir Öko-Achtsamkeit entwickeln, wenden wir Praktiken an, die uns helfen, uns unserer Verbindung mit der Natur und insbesondere unserer Abhängigkeit von unserer Umwelt und unserer Verbindung mit ihr bewusster zu werden.

Natur in einem ökologischen Kontext erfordert eine Erweiterung des verbreiteten Verständnisses von »Natur« als Parks, Wälder, Berge und Wildnis. Ökologisch gesehen umfasst der Begriff »Natur« die menschliche Natur in dem Sinne, dass wir nicht außerhalb unseres ökologischen Kontexts existieren oder verstanden werden können. »Natur« steht aber auch für die Gesamtheit der Biosphäre und unser Eingebettetsein in dieses Netzwerk von miteinander verwobenen Systemen. Mit dieser Komplexität im Hinterkopf beginnt unsere Arbeit, uns wieder mit der Lebenswelt zu verbinden, ganz einfach: indem wir uns daran erinnern, die natürliche Welt regelmäßig wahrzunehmen.

Wenn wir Achtsamkeit für die Lebenswelt und unseren Platz darin kultivieren, verlagern wir unsere Betrachtung der Welt: Wir betrachten sie nicht mehr als Objekt, sondern sehen die Beziehungen und Verbindungen zwischen den Wesen und den Dingen. Durch Studium, Kontemplation und Praxis lernen wir, unsere Beziehung zueinander und zum gesamten Leben auf der Erde als tägliche Lebendigkeit wahrzunehmen. Wenn wir uns auf diese Umgestaltung unserer Selbstwahrnehmung einlassen, entfällt das Gefühl des Getrenntseins allmählich. Wenn wir die Tiefe unserer innigen Verbindung mit allem Leben spüren, verändern sich unsere Erfahrungen und unser Handeln radikal.

Wenn wir uns auf Beziehungen ausrichten, können wir Empfindsamkeiten wecken, die allzu oft nur in uns schlummern. In seinem Buch *The Participatory Mind* nennt Henryk Skolimowski diese Sensibilitäten »partizipatorisch«. Wie in Kapitel 3 ausführlich besprochen, geht eine partizipatorische Weltanschauung davon aus, dass das der Realität zugrunde liegende Gewebe Beziehungen sind.[43]

Um diese Beziehungen wahrzunehmen, entwickeln wir Sinne, die über die »fünf« hinausgehen, an die wir in der westlichen Kultur zu denken und die wir zu benutzen gewohnt sind.[44] Der Ökopsychologe Michael J. Cohen meint, dass wir 54 natürliche Sinne haben. In seinem Buch *Reconnecting With Nature* sagt er:[45]

Oft nehmen wir die Welt gewohnheitsmäßig mit den folgenden drei Sinnen wahr:

1. Sehen

2. Sprache

3. Vernunft

Unsere hochtrainierten und ausgebildeten Drei-Sinne-Wahrnehmungen überwältigen oft unsere anderen Gewahrseinsfähigkeiten. So bleibt unser Bewusstsein und Denken ohne unsere vielen anderen nicht-sprachlichen, sinnlichen Arten des Wissens und Seins.

Aus diesem Grund ist es sinnvoll, naturverbundene Momente zu schaffen, in denen wir bedachtsam viele andere natürliche Arten des Wissens, die wir von der Natur erben, entdecken und aus erster Hand erfahren können.[46]

Die Praxis der Öko-Achtsamkeit hilft uns, unsere Einbettung in die Lebenswelt wahrzunehmen: das Netz der Lebenssysteme, das sich in jedem gegebenen Moment mit jedem Aspekt unseres Lebens überschneidet.[47] Sich dieser Realität zu öffnen, transformiert unser Selbstverständnis und hilft uns, das individuelle Selbst als eine konzeptionelle Konstruktion zu erfahren. Wenn wir diese Praxis durch Meditation in der Natur vertiefen, öffnen sich Verbindungen mit etwas, das größer ist als wir selbst, ein Tor zu einer Erfahrung, die wir als spirituell bezeichnen können, da unsere ständige Begegnung mit dem Wunder des Lebens uns von Angesicht zu Angesicht mit den Mysterien des Kosmos bringt.

Öko-Achtsamkeitsübungen

Die tägliche Achtsamkeit kann durch viele unterschiedliche Übungen gefördert werden. Traditionelle Achtsamkeitsmethoden, die uns helfen, uns auf unsere direkte Erfahrung einzustimmen, funktionieren sehr gut. Um Öko-Achtsamkeit zu kultivieren, ist es am einfachsten, absichtsvoll naturverbundene Rituale zu schaffen, die leicht in deinen gewohnten Zeitplan passen. Je mehr Öko-Achtsamkeitsrituale ich in meinen Tagesablauf einbaue, desto mehr erfahre ich die Unterstützung der Lebenswelt in absolut jedem Moment meines Lebens. Auf diese Art versuche ich, täglich achtsam mit meiner Ökologie umzugehen.

Abgesehen davon, dass du die Natur im Laufe des Tages immer bewusster wahrnimmst, werden alle Achtsamkeitsübungen, die mit einer Ausrichtung auf die Natur durchgeführt werden, die natürliche Sensibilität verbessern; die Interaktion mit der Natur durch Kreativität und Bewegungsübungen, die im Freien gemacht werden, ist ein guter Anfang. Durch naturbezogene Übungen und Rituale nimmt die ökologische Achtsamkeit mit der Zeit zu und verändert schließlich unsere Wahrnehmung und unser Selbstverständnis vollständig. Diese kleinen Veränderungen der Gewohnheiten bringen uns wieder in ein besseres Gleichgewicht mit der Erde. In der Gemeinschaft, in Netzwerken von Gleichgesinnten, die sich mit anderen erdverbundenen Gemeinschaften vernetzen, wachsen diese kleinen Veränderungen zu großen Verschiebungen im planetarischen Bewusstsein. Dies geschieht jetzt und schon seit Jahrzehnten. Dieses Netz der Erdverbindung und der Heilung wächst immer schneller und dehnt sich mit ungeahnter Geschwindigkeit aus. Diejenigen von uns, die sich jahrzehntelang mit dieser Praxis beschäftigen, können die exponentielle Zunahme der »Verschiebung« spüren, die heute stattfindet.

Übung
Kurze Momente mit der Natur

Zweck

Mit dieser einfachen Praxis schreitet unsere Verbindung mit dem Lebensganzen Tag für Tag voran. Wenn wir uns regelmäßig für kurze Augenblicke mit der Natur verbinden, beginnt unser Körper, die Einbettung in unsere ökologische Gemeinschaft wahrzunehmen.

Ich versuche, sehr sorgfältig darauf zu achten, Momente der Reflexion im Freien zu schaffen. Ich baue diese Momente in meine tägliche Routine ein, so dass sie zur Gewohnheit werden. Jedes Mal, wenn ich nach draußen gehe, versuche ich mir einen Moment Zeit zu nehmen, um innezuhalten und den Anblick, die Gerüche und die Aktivitäten der Natur um mich herum wahrzunehmen. Ich ermahne mich, dass schon jeder Atemzug, den ich tue, ein Geschenk der Biosphäre ist. Ich halte inne, um tiefe Dankbarkeit für die Systeme und Lebewesen auf dem Planeten zu empfinden, die mein Leben möglich machen. Je mehr ich dies tue, desto mehr erfahre ich die Unterstützung der Lebenswelt in jedem Moment meines Lebens.

Beschreibung

Indem wir die Natur mehr und mehr wahrnehmen, kann eine erhöhte Achtsamkeit für das ökologische Gefüge unseres Lebens zu einem Selbstläufer werden. Zu Beginn finde etwas, an dem du oft vorbeikommst und das als Auslöser für die Wahrnehmung der Natur dienen kann. Setze dir im Unterbewusstsein einen Anker, um diese Praxis zu aktivieren. Finde etwas, das Teil deiner gewohnten Landschaft ist, und sage dir, dass du jedes Mal, wenn du es siehst, innehalten und dich daran erinnern wirst, dass du Teil der Lebenswelt bist. Zum Beispiel nimm dir vor, es jedes Mal zu tun, wenn du einen bestimmten Baum siehst, oder immer, wenn du einen Vogel siehst oder hörst. Wecke in diesen Momenten bewusst deine Sinne und spüre diesen Moment und das Naturwesen, das ihn inspiriert hat; lasse dich von Dankbarkeit dafür durchdringen, dass dein Leben durch die wechselseitig verbundenen Lebenssysteme des Planeten möglich ist.

Eine weitere Möglichkeit, Achtsamkeit für deine Ökologie zu leben, ist, jeden Tag zu einer bestimmten Zeit innezuhalten, um die Natur wahrzunehmen. Versuche, in deiner täglichen Routine einen Punkt festzulegen, an dem du dir ein paar Minuten für die Beziehung zur Natur nimmst. Richte dieses Ritual so ein, dass es sich im Rahmen deines Lebens handhabbar anfühlt. So versuche ich, die Natur jedes Mal aktiv wahrzunehmen, wenn ich von meinem Haus zu meinem Auto gehe.

Mache es dir zur Gewohnheit, die Natur zu berühren, wenn du kannst. Wenn mir in der Natur etwas auffällt, bleibe ich oft stehen, um es sanft zu berühren. Ich fahre mit meinen Händen über meine Büsche auf dem Weg nach draußen oder drücke meine Handfläche gegen die Rinde des Baumes neben meiner Einfahrt oder hebe einen kleinen Stein auf, wenn ich in mein Büro gehe, und lege ihn auf dem Rückweg wieder dorthin.

Eine andere Möglichkeit ist, während deiner kleinen Momente in der Natur für eine bestimmte Anzahl von Atemzügen bewusst in deinen ökologischen Kontext einzutauchen. Ich weiß, dass ich, egal wie beschäftigt ich sein mag, immer Zeit für drei Atemzüge habe, um mit dem Anblick und den Geräuschen der natürlichen Welt in Verbindung zu gehen. Auch du hast diese Zeit, und diese drei Atemzüge werden sich über Tage, Monate und Jahre zu vielen Atemzügen summieren. Die Probleme der Welt scheinen so riesengroß zu sein; es ist schwer vorstellbar, dass wir mit drei Atemzügen etwas verändern können. Aber wir können es. Das Umdenken, das Ändern der Träume, das wir in diesen kleinen Momenten vornehmen, wird Teil einer Kette von Wellen, die über den Planeten laufen. Stelle dir vor, dass deine drei Atemzüge, deine kleinen Momente, sich mit den kleinen Momenten von Millionen anderer Menschen auf der Erde vereinen.

Diese Momente sind wichtig, sie wachsen und sie ändern den Lauf der Geschichte. Um besser zu verstehen, wie weit verbreitet und groß die Gemeinschaften auf der ganzen Welt sind, die durch die »kleinen Momente« einen Wandel herbeiführen, lies Paul Hawkens Buch *Blessed Unrest.* Gemeinsam lassen wir eine große Bewegung von Erdheilern auf dem ganzen Planeten wachsen; jeder Samen trägt zu dem sehr großen, wachsenden Garten bei, der Ursprung und Folge eines heilenden Traums der Erde ist.

ÜBUNG
Täglich Zeit im Freien verbringen

Zweck

Während wir die meiste Zeit drinnen verbringen, verbrachten viele unserer Vorfahren die meiste Zeit draußen. Zeit im Freien weckt unsere Sinne und kann erstaunlich erholsam sein. Zeit in der Natur vermindert Stress, senkt unsere Herzfrequenz und unseren Blutdruck und fördert die Entwicklung gesunder Zellen in unserem Körper. Wissenschaftliche Studien stützen zunehmend, was wir aus Intuition und Erfahrung wissen: Die Schönheit der Welt ist erholsam. Eine in Japan durchgeführte Langzeitstudie zum Waldbaden, oder *shinrin-yoku*, kam zu dem Schluss, dass Zeit in der Natur das Immunsystem stärkt, indem es die Entwicklung von »Killer«-Zellen fördert, die Krebs und andere Krankheiten bekämpfen (Qing Li et al., 2009).[48]

Beschreibung

Versuche, einen natürlichen Ort zu finden, den du häufig besuchen kannst. Viele Menschen, vor allem in Städten, haben es schwer, eine natürliche Umgebung zu finden, in der sie sich sicher und entspannt fühlen. In Gruppen kann es einfacher und angenehmer sein. Wenn du an einem lauten oder unsicheren Ort lebst oder eine natürliche Umgebung schwer erreichbar ist, schaffe dir einen Naturraum in deiner Wohnung. Ein Terrarium, eine Reihe Topfblumen, vertikale Zimmergärten oder ein kleiner Fenstergarten sind ausgezeichnete Möglichkeiten, um in Innenräumen »Natur« zu schaffen. Im Haus verwende ich oft Steine. Wenn du nicht nach draußen gehen kannst, lege dich darauf fest, die Natur ins Haus zu holen, um täglich die Verbindung zu praktizieren. Folgendes Gebet des Rabbiners Nachman von Bratzlav aus dem 18. Jahrhundert inspiriert mich zu dieser wichtigen Achtsamkeitsübung:

> *Gewähre mir die Fähigkeit, allein zu sein; möge es meine Gewohnheit sein, jeden Tag nach draußen zu gehen, zwischen die Bäume und das Gras, zwischen alles Wachsende, und dort allein zu sein und ins Gebet zu gehen, um mit dem Einen zu sprechen, dem ich gehöre.*
>
> *Möge ich dort alles ausdrücken, was in meinem Herzen ist, und möge alles Blattwerk des Feldes (alle Gräser, Bäume und Pflanzen) bei meinem Kommen erwachen, um ihre Lebenskräfte in die Worte meines Gebetes zu übertragen, auf dass mein Gebet und meine Rede durch das Leben und den Geist aller wachsenden Dinge ganz gemacht werde.*[49]

Übung
Barfuss auf dem Boden gehen

Zweck

In dem Buch *Earthing: The Most Important Health Discovery Ever!* von Clinton Ober und Dr. Stephen T. Sinatra M. D.[50] werden viele Studien angeführt, die den gesundheitlichen Wert des bloßen Barfußlaufens auf dem Erdboden untermauern. Die Autoren regen an, dass wir täglich mindestens 30 Minuten barfuß auf dem Erdboden laufen. Obwohl ich viele positive Effekte spüre, fällt es mir schwer, jeden Tag 30 Minuten Barfußlaufen in mein Leben einzubauen (vor allem in den kälteren Monaten!).

Ich praktiziere die Meditation im Freien an einem Medizinrad, das ich auf dem Hügel hinter meinem Haus im Wald gebaut habe. Während ich dasitze, genieße ich es, zwei Bäche zu betrachten, die eine kleine Schlucht hinabstürzen, um sich am bröckelnden, alten Eisenbahntunnel zu treffen. Nachdem ich die Abscheu vor dem glitschigen Schlamm überwunden hatte, der sich oft am Hügel zwischen meinem Hinterhof und dem Medizinrad ansammelt, beschloss ich, jedes Mal barfuß zum Rad zu gehen, was mir 20 Minuten Barfußzeit einbringt. Ich meditiere auch barfuß am Rad, was zusätzliche Minuten, manchmal sogar Stunden bedeuten kann. Meine Füße werden schlammig! Mein Zehennagellack bröckelt ab! Klingt lächerlich, ich weiß, aber ich denke, wir müssen unsere Widerstände gegen das Barfußlaufen auf der Erde überwinden, denn es war über Jahrzehntausende eine Grundtatsache des menschlichen Lebens. Wir haben uns entwickelt, um barfuß auf der Erde zu laufen, und wie viele grundlegende biologische Tatsachen von vor der »Zivilisation« und Industrialisierung stellen sich diese Dinge als sehr wichtig für unsere Gesundheit und unser Wohlbefinden heraus, ob wir es nun wissen oder uns im Rahmen unserer derzeitigen »Wissenschaft« vorstellen können oder nicht.

Beschreibung

Man braucht keine Anleitung für das Barfußlaufen auf dem Erdboden. Die eigentliche Arbeit ist, die Blockaden zu erkunden, die wir gegenüber dieser sehr grundlegenden menschlichen Funktion haben mögen. Manchen Menschen fällt es sehr leicht. Doch bei anderen habe ich die Erfahrung gemacht, dass keine noch so große Ermutigung sie dazu bringt, barfuß auf der Erde zu laufen – manchmal aus medizinischen Gründen, manchmal aus Furcht vor Verletzungen. Oft sind es die Ängste der Menschen, die ihnen im Weg stehen. Weil wir meist Schuhe anhaben, kann das Barfußlaufen zu Anfang recht schmerzhaft sein. Eine andere Möglichkeit ist, mit den Händen auf der Erde dazusitzen. Zu meiner Überraschung stelle ich oft fest, dass die Leute sich damit wohler fühlen, besonders wenn sie auf einer Decke oder einer wasserfesten Unterlage auf dem Boden sitzen können. Finde den Weg, der für dich am angenehmsten ist, die Erde mit deiner nackten Haut zu berühren.

Übung
Eine Meditation für Erdung

(Diese Meditation kann mit oder ohne Schuhe ausgeführt werden.)

Beginne mit den Füßen fest auf dem Boden stehend. Rolle deine Füße langsam und bewusst auf dem Boden ab, so dass die ganze Unterseite deiner Zehen und Füße irgendwann Kontakt mit der Erde hat. Es ist in Ordnung, es mit Schuhen zu tun, idealerweise macht man es natürlich barfuß.

Spüre, wie jeder Teil deines Fußes wach wird. Stelle dir vor, dass du durch die Unterseite deiner Füße ein- und ausatmest, und spüre, wie die Energie der Erde auf deine Fußsohlen und schließlich auf deinen Energiekörper einwirkt. Stelle dir beim Ausatmen vor, dass du mit dem Atem nach unten ausgreifst, um in das Innere der Erde zu gelangen: durch Bodenschichten, vielleicht Wasseradern, durch Schichten von altem und älterem Gestein bis zur sengenden Hitze ihres geschmolzenen Herzens. Stelle dir vor, dass du die Fülle und das gleichmäßige Pochen spürst, die pulsierende Energie der Erde.

Stelle dir vor, dass mit jedem deiner Atemzüge ein Herzschlag der Erde zu hören ist. Wenn du dir deutlich vorstellst, wie du mit den Wurzeln nach unten reichst und die tiefen Basstöne des Erdrhythmus' spürst, lasse dieses schwere Wummern langsam deinen Körper hinaufwandern. Rolle die Knöchel, bewege die Knie, schwinge die Hüften langsam im Kreis, bewege die Wirbelsäule auf und ab, rolle die Schultern, strecke die Arme in großen Kreisen nach hinten und dann nach vorne aus, rolle den Kopf seitwärts, vor und zurück, dann im Kreis. Sobald dein Körper wach ist, kehre wieder zu dem Gefühl zurück, dass dein Körper durch deine Füße nach unten reicht, um das kraftvolle Pochen des Lebens zu spüren. Sende mit jedem Atemzug Dankbarkeit und Liebe. Sprich ein Dankgebet für alles, was die Erde tut, um dich am Leben zu erhalten, und dass sie dir hilft, dein Lernen mit ihren Träumen zu verflechten.

Übung
Auf der Erde sitzen oder liegen

Zweck

Kürzlich ging ich mit einer Freundin in den Wald, um Yoga zu machen. So wie ganz allgemein die Wahrnehmungen im Wald intensiviert werden, so passiert es auch beim Yoga. Als ich in der Baum-Pose stand, schaute ich auf einen Baum, der aus der kleinen Schlucht emporragte, die wir überblickten. Die Äste des Baumes reichten hoch in den Himmel. Am steilen Berghang, nur wenige Schritte von diesem Baum entfernt, wurde ich mir meines Gleichgewichtssinns sehr bewusst: Da war das Wissen (eigentlich eher die Angst), dass ich über die Kante fallen könnte, wenn ich mein Gleichgewicht verlöre. Am Ende meiner Übung ging ich in die Embryohaltung und drückte meine Wange auf die lehmige Erde und die trockenen Blätter. Mit meinem Gesicht und meinen Beinen und den Rückseiten meiner Arme und Hände, die an die Erde gedrückt waren, fühlte ich mich verbunden und sicher. Dann drehte ich mich um, lag flach auf dem Rücken und betrachtete den Himmel durch die ineinander verwobenen Schichten grüner Blätter, die sich flüsternd im Wind bewegten.

Beschreibung

Wie beim Barfußlaufen auf der Erde braucht man für das Sitzen oder Liegen auf dem Boden nur wenige Anweisungen. Das Wichtigste ist, einen sicheren und möglichst bequemen Platz zu finden. In Gruppen zu gehen, gibt ein Gefühl von Sicherheit und erweitert die gemeinschaftliche Erfahrung mit der Natur. Verwende eine Decke, eine Unterlage oder eine Yogamatte, wenn das hilfreich ist. Ziehe alte Sachen an, bei denen es dir nichts ausmacht, wenn sie schmutzig oder nass werden. Vielen Menschen ist es unangenehm, mit dem Gesicht nach unten oder auch mit dem Gesicht nach oben auf dem nackten Boden zu liegen. Das ist in Ordnung. Wie immer es für dich funktioniert, ist die beste Art, die Übung auszuführen.

Das bloße Liegen auf dem Boden, was Kinder ganz natürlich tun, erfüllt mich mit so tiefer Dankbarkeit: für etwas so Einfaches und Wunderbares und Schönes wie Blätter.

Thich Nhat Hanh gibt in seinem Artikel *I Want to Be Grounded* (Ich möchte geerdet sein), den er im Juli 2012 für die Zeitschrift *Shambhala Sun* schrieb, eine Anleitung zum Liegen auf der Erde.[51]

ÜBUNG
AUF DER ERDE LIEGEN (VON THICH NHAT HANH)

Vielleicht möchtest du dich auf die Erde legen und in Kontakt mit unserem schönen Planeten sein. Die Erde kann all unsere Schmerzen und Spannungen aufnehmen, und sie gibt uns Schutz und Energie. Wir wissen, dass unzählige Zellen in unserem Körper ständig geboren werden und sterben. In jedem Moment bringt Mutter Erde uns als eine wunderbare Manifestation hervor und nimmt uns zurück. Wenn wir sterben, kehren wir zu ihr zurück, und sie erschafft uns wieder neu.

Du kannst ein Gespräch mit Mutter Erde führen: »Liebe Mutter Erde, ich bin mir klar bewusst, dass du in mir gegenwärtig bist und ich ein Teil von dir bin. Du hast mich geboren und mich mit allem versorgt, was ich für das Leben brauche. Du gibst mir Luft zum Atmen, Wasser zum Trinken, Nahrung zum Essen und Heilkräuter, um mich zu heilen, wenn ich krank bin. Weil du mich einmal geboren hast, weiß ich, dass du mich auch in der Zukunft immer wieder gebären wirst. Deshalb kann ich niemals sterben. Jedes Mal, wenn ich mich manifestiere, bin ich frisch und neu. Jedes Mal, wenn ich zu dir zurückkehre, empfängst und umarmst du mich mit großem Mitgefühl. Du bist die großartige Erde, dieser schöne, blaue Planet.«[52]

Übung
Sitzen oder sich hinlegen mit Steinen

Zweck

Als Ergänzung oder Alternative zum Liegen draußen auf dem Boden kannst du Steine auf deinen Körper legen, während du sitzt oder liegst. Die Konzentration auf das Gefühl und den Druck der Steine ist die Übung. Steine wirken sehr erdend. Sie sind der älteste Teil der Erde, der uns jederzeit umgibt, und wie ich durch das Sprechen mit Steinen gelernt habe, enthalten sie den ursprünglichen Traum des Planeten, die früheste Absicht des kosmischen Ausdrucks des Lebens. Gesteine enthalten alte Geschichte und helfen uns, uns mit uraltem Wissen zu verbinden. Bei Steinmeditationen können Erinnerungen an die Vergangenheit auftauchen, sowohl an die Vergangenheit unseres eigenen Lebens als auch Erinnerungen unserer Vorfahren, die tief in unsere DNA eingeprägt sind. Indem sie die Erinnerung an die ursprüngliche Absicht der Erde bewahren, klären Steine den Ruf der Seele, der uns alle in dieser Zeit und an diesem Ort in eine Form gebracht hat.

Beschreibung

Ich sammle Steine, die ich in meiner Wohnung und im Büro aufbewahre. Ich bitte um Eingebung und höre darauf, wenn ich die Steine einsammle. Ich frage sie, ob sie in mein Leben kommen und eine Weile bei mir sein wollen. Wenn ich mit ihnen zusammen sein will, lege ich mich in bequemer Haltung einfach auf den Boden oder auf mein Bett. Dann lege ich die Steine auf meinen Körper, wo immer es sich gut anfühlt. In einer Gruppe kann man abwechselnd Steine auf den Körper eines anderen legen und sich erzählen lassen, was bei der Person, die mit den Steinen liegt oder sitzt, hochkommt. Es kann Lachen oder Kitzeln und oft auch Tränen geben, wenn wir uns auf diese sehr alte und dabei sehr neue Weise an uns erinnern. Achte darauf, dass sich dein Gegenüber mit der körperlichen Berührung wohlfühlt, und respektiere zu jeder Zeit Grenzen.

Frage die Person, auf die du die Steine legst, an welchen Stellen ihres Körpers es ihr behagt. Bitte die Steine selbst um Führung; höre auf deine Intuition; vertraue bei dieser besonderen Praxis auf dich selbst.

Hierfür kannst du Steine verwenden, die du draußen findest oder in einem Geschäft kaufst. Viele Menschen arbeiten so mit Kristallen. Ich mag Kristalle, aber ich arbeite meist mit »normalen« Steinen, die ich in meinem Garten, in den Wäldern und an Orten finde, die ich besuche. Ich habe eine Tasche mit heiligen Steinen, die ich mitnehme, um in meiner persönlichen Praxis damit zu arbeiten und wenn ich mit anderen als Medium oder Guide arbeite. Jeder kann eine Beziehung zu einem Satz heiliger Steine pflegen, denen er in Ehrfurcht begegnet und die er mit der Zeit immer besser kennenlernt.

ÜBUNG
Einen Satz heiliger Steine zusammenstellen

Zweck

Wenn du in der Stadt lebst oder oft unterwegs bist, kannst du dir mit einem Set von heiligen Steinen eine »Naturumgebung« schaffen, die du stets bei dir haben kannst. Mit der Zeit kannst du eine Sammlung aktivierter, heiliger Steine aufbauen. Diese Steine werden schließlich zur Grundlage für die schamanische Arbeit, auf die ich später in diesem Buch eingehen werde. Beginne jetzt damit, deine heiligen Steine kennenzulernen und zu pflegen; bedenke, dass nicht nur du die Steine wählst, sondern sie auch *dich* wählen – manchmal sogar eher Letzteres.

Beschreibung

Um mit deinem Satz Steine zu arbeiten, beginne mit sieben Steinen, die Erde, Luft, Feuer, Wasser, Spirit, Kosmos und den Schleier zu anderen Bereichen repräsentieren.[53] Um deine Steine zu finden, gehe zu einem Bach in deiner Gegend oder zu einem Platz in der Natur, der sich gut anfühlt, oder gehe in ein

Geschäft oder zu deiner bestehenden Sammlung, wenn du dich mehr zur Arbeit mit Kristallen hingezogen fühlst. Heilige Steine verändern und wandeln sich, sie folgen ihrem eigenen Fluss und mit der Zeit auch dem deinen.

Wenn du Steine suchst, frage die Gegend oder den Ort, den du besuchst, ob du einen Stein mitnehmen darfst. Horche mit deinem Körper und deiner Intuition auf eine Antwort. Wenn du ein gutes Gefühl hast, gehe los und sammle deine Steine. Wenn du ein schlechtes oder unangenehmes Gefühl bekommst, nimm keine Steine mit. Schaue jeden Stein, der dich anzieht, aufmerksam an. Frage den Stein mit deinem Körper und deinem Herzen, ob er bereit wäre, mit dir zu gehen und ein Teil deines Satzes heiliger Steine zu werden.

Es ist wichtig, sich daran zu erinnern, dass wir die Steine nicht besitzen. Sie haben ihre eigene innewohnende Geschichte und ihre eigenen Ziele. Obgleich Steine keine menschlichen Erfahrungen machen, können wir unsere Erfahrungen nutzen, um eine Beziehung zu ihrer Wildheit und ihrer individuellen Geschichte herzustellen. Ja, wir projizieren unsere Wahrnehmungen auf die Steine, aber das hat einen guten Grund. Da wir keine Steine sein können, nutzen wir unsere Erfahrungen als Mensch, um mit ihnen in Beziehung zu treten. Sei jederzeit bereit, sie loszulassen oder sie der Erde zurückzugeben, indem du immer wieder intuitiv mit jedem Stein sprichst. Meine Steine scheinen sich manchmal »neu erden« zu wollen, indem sie sich im Wald aufhalten oder einige Zeit in meinem Bach verbringen. Denn mit der Zeit können Steine ihre Erdungskraft verlieren, weil sie uns gerne erden, indem sie schwere Energien aufnehmen. Das Wieder-Erden deiner Steine hilft ihnen, in ihre natürlichen Schwingungen zurückzufinden. Mein Satz befindet sich derzeit in meinem Medizinrad, nachdem es eine Pause im Bach neben meinem Haus gemacht hat (wo ich sie manchmal nicht wiederfinde). Einer meiner Steine ist ein sehr kraftvoller Visionsstein, den ich am Strand einer Insel im Eriesee gefunden habe. Ein anderer ist ein Heilkristall, an dem ich sehr hänge. (Anmerkung: Zum Zeitpunkt des Schreibens dieser Zeilen sind diese beiden Steine auf eine Reise zu anderen Menschen oder Orten gegangen.) Einer meiner absolut liebsten Steine trägt den Abdruck eines 150 Millionen Jahre alten Fossils. Ich fand ihn an einem Felsen, der mit Petroglyphen bedeckt war, die von einem vor 4.500 Jahren in Ohio lebenden Stamm geritzt wurden. Als ich diesen kostbaren Visionsstein bei einer Zeremonie im Garten einer Freundin benutzte, fühlte ich mich bewogen, den Stein in ihr Mandala aus Steinen zu legen und ihn dortzulassen. Es war schwer, diesen Stein loszulassen. Auch hier bin ich mir bewusst, dass ich die Steine vermenschliche. Ich tue es bewusst in dem Versuch, eine Beziehung zu ihnen aufzubauen. Es ist ein Weg, meine Sensibilität zu steigern: für ihre Energie und ihren Weg und für die sich wandelnden Zyklen von Zeit und Evolution.

Wenn du Steine mit nach Hause nimmst, lasse dir Zeit, in ihre subtilen Energien hineinzuspüren. Eine Möglichkeit dafür ist, den Stein in der Nähe deines Bettes oder unter dein Kopfkissen zu legen in der Absicht, einige Nächte oder sogar eine Woche lang mit dem Stein zu träumen. Wenn du mit dem Stein träumst, kannst du archetypische und symbolische Bedeutungen aufdecken, die der Stein für dich hat oder in dein Leben ziehen kann. Dein Satz Steine kann in der täglichen Meditation, bei Ritualen und Zeremonien und bei deiner spirituellen Praxis im Freien verwendet werden. Du kannst deine heiligen Steine auch verwenden, um Medizinräder auf dem Fußboden, einem Tisch oder Altar zu bauen. Sei kreativ! Ich verwende Steinsets in verschiedenen Größen, je nachdem, wo ich sie verwenden möchte, und abhängig von ihrem Gewicht und ihrer energetischen Prägung. Ich habe einen großen, schweren Korb mit Steinen zu Hause, eine mittelgroße Tasche mit Steinen für Kurse, Retreats und Workshops und eine kleine Tasche mit besonders heiligen Steinen, die ich in Zeremonien und bei Heilsitzungen verwende. Lasse die Steine auf ausgefallene und kreative Weise Teil deiner spirituellen Praktiken werden; lasse dich von den Steinen leiten.

* * *

Sobald wir in unserer Lebenswelt und mit den uns umgebenden Naturwesen besser verbunden sind, können wir unser Gefühl für das Land, in dem wir leben oder in dem wir unterwegs sind, sehr tief werden lassen. Die Übungen im nächsten Kapitel befassen sich mit der Wiederherstellung einer Verbindung mit den Mustern und Zyklen der Natur, einer Verbindung, die in der vorherrschenden westlichen Weltanschauung verlorengegangen oder überlagert ist. Wenn wir einen Platz finden und immer wieder zu ihm zurückkehren, erschließt uns dies die Rhythmen der Natur und wir stimmen uns auf sie ein. Die lang andauernde Entwicklung einer Beziehung zu einem bestimmten Ort hilft uns, uns im Netz des Lebens heimisch zu fühlen, und befriedigt das sehr menschliche Bedürfnis, sich in die natürliche Umgebung eingebunden zu fühlen.

7

Die Rückkehr zum Land: Verbinden mit den Rhythmen und Zyklen der Natur

Ein Gefühl für den Platz und das Land zu entwickeln, stellt eine Verbindung wieder her, die oft verlorengegangen oder verschüttet ist. Einen bestimmten Ort zu finden und ihn immer wieder aufzusuchen, bringt unser natürliches Einfühlungsvermögen für die Zyklen und Rhythmen der Natur ins Spiel. Wir entwickeln eine Beziehung zu dem Ort, und das hilft, uns »neu zu erden«. Wir machen die sehr wichtige menschliche Erfahrung, einen Sinn für unseren Platz zu haben. Viele von uns, die wir in einer technisch-industriellen Welt leben, wandern allein umher – ohne eine Verbindung zum Land. Doch durch den tief ererbten menschlichen Sinn für den Ort erkennen wir, dass wir immer verbunden und dass wir nie allein sind.

Wenn wir in die Beziehung zu einem heiligen Ort in der Natur hineinwachsen, können wir mit sehnsüchtiger Erregung die ersten Knospen des Frühlings betrachten, im Sommer die schräg einfallenden Strahlen der Morgensonne auf dem Tau glitzern sehen, die ersten Schneeflocken des Winters auf unserer Haut schmelzen spüren, die atemberaubenden Farben des Herbstes unsere Herzen mit ihrer Intensität durchdringen lassen oder inmitten des erdigen Geruchs eines Laubhaufens liegen. Wie menschliche Freunde und Familienmitglieder, lernen wir auch Orte in der Natur erst im Laufe der Zeit kennen, ihre Vielschichtigkeit und Liebe, ihre Fragen und Bedenken, manchmal begleitet von Angst und Frustration und oft von Freude und der

Befriedigung einer intimen Beziehung. Niemals vollkommen, aber immer notwendig, prägt das Wissen um unseren Platz auf der Erde und die Liebe zu ihm unsere Identität, oft ohne dass wir es merken.

Der Psychotherapeut William Cahalan schafft mit seinem Artikel *Ecological Groundedness in Gestalt Therapy* (Ökologische Erdung in der Gestalttherapie) einen nützlichen Rahmen für das Verständnis der Entfaltung unseres Selbst in Beziehung zum Land.[54] Der Autor konzentriert sich in seiner Abhandlung auf Erdverbundenheit, und er definiert sie als »einen dynamischen menschlichen Zustand, welcher ein Gefühl von Vertrauen, Freude und Staunen beinhaltet, das sich aus dem sich stetig vertiefenden Kontakt mit der wilden wie der domestizierten, natürlichen, nachbarlichen Gemeinschaft und der weiteren Gegend ergibt…« Er fährt fort:

> *Die Erdung wird verstärkt und erneuert durch Zeiten ausgedehnter, sinnlicher, empathischer Beschäftigung mit der Welt und ausgeglichen durch erholsame Momente der inneren Einkehr. Dieser Rhythmus beinhaltet einen intuitiven Wechsel zwischen dem eher zusammengezogenen, beschränkten Selbstverständnis des Individuums auf der einen Seite und einem erweiterten, relationalen oder ausgedehnten Selbstverständnis auf der anderen Seite, einschließlich der Fähigkeit, sich zeitweise in der Einheit mit der Welt zu verlieren. Wenn wir diesen Zustand der Selbsterweiterung erleben, können wir die Erde als das allumfassende, beständige Selbst empfinden, von dem das Individuum ein einzigartiger, aber vorübergehender Ausdruck ist.*[55]

Geerdet zu sein, ist also nicht nur die Analogie für ein Gefühl in uns. Es ist sowohl ein Zustand, sich innerlich im Gleichgewicht zu fühlen, als auch die Realität, wirklich und wahrhaftig auf dem Erdboden zu sein. Das Wissen um den tatsächlichen Boden, auf dem wir wachen, schlafen, staunen und jeden Tag durch unser Leben gehen, ist die Grundlage für wahre »Bodenständigkeit«. Der »Boden«, der phänomenologische Rahmen unserer Erfahrung, wurzelt im Boden – anfassbar, erdig, lehmig, sandig, felsig, unfruchtbar, fruchtbar – unter unseren Füßen. Auf diese

Weise bewegen wir uns vom bloßen Konzept zu einem echten Sinn für den Ort; unser Leben erhält ein neues Gleichgewicht, wenn wir unseren Fokus buchstäblich wieder auf das Gefühl des Erdbodens unter unseren Füßen ausrichten: wieder und wieder und immer wieder.

ÜBUNG
Einen besonderen natürlichen Ort finden und ihn immer wieder aufsuchen

Zweck

Ein Ritual daraus zu machen, immer wieder einen bestimmten Ort aufzusuchen, hilft uns, unsere natürliche Sensibilität für Veränderungen, Zyklen, Muster, den Raum und den Zeitlauf sowie die Rhythmen der Natur zu entwickeln. Das Pflegen einer Beziehung zu einem besonderen Platz öffnet verkümmerte Kanäle der Verbundenheit mit dem ganzen Leben. Mit der Zeit gelingt es uns, viele Orte in der Natur wirklich und tief zu lieben. Diese Praxis lenkt das Gewahrsein darauf, die Natur auf natürliche Weise zu lieben: unseren Garten, den Strand, den wir immer wieder besuchen, besondere Berge, eine Grünfläche in unserer Stadt. Die meisten von uns fühlen bereits eine Verbindung zu besonderen Orten in der Natur. Wir müssen uns jedoch der tiefen Bedeutung unserer Beziehung zu diesen Orten bewusst werden und sie ehren und pflegen.

Beschreibung

Es gibt viele Möglichkeiten, eine Beziehung zu einem besonderen Ort in der Natur herzustellen. Du kannst zu einem Ort in der Nähe deines Hauses gehen, in den Wald, in einen Park oder sogar in deinen Garten. Nutze deine Intuition (die du durch die Übungen zur Erdung aus Kapitel 6 gewonnen hast) und frage dich und den Ort, ob er für eine langfristige Beziehung passend ist. Wenn du dir unsicher bist oder eine Art »schlechter Energie« spürst, ist es kein guter Ort, um sich auf Dauer mit ihm zu verbinden. Solche Gefühle können von negativen Dingen kommen, die an einem Ort passiert sind, oder von Tieren oder anderen Wesen, die für den Kontakt mit Menschen nicht offen sind. Spüre in deinen Körper hinein, stelle deine Füße direkt auf den Boden, berühre leicht deinen »Bauch«, um dich auf dein Körperwissen einzustimmen. Nimm dir Zeit, einen Ort zu finden, der sich gut, offen, energetisierend und besonders anfühlt. In seinem Buch *Reconnecting With Nature* schlägt Michael J. Cohen folgende Vorgehensweise bei der Wahl eines besonderen Ortes vor:

> *Frage ihn, ob er dir helfen wird, von ihm zu lernen. Er wird nicht einwilligen, wenn du ihn verletzt, störst oder verleugnest oder er dich. Warte etwa eine halbe Minute. Achte auf ungünstige Signale wie Dornen, Bienen, Felswände und dergleichen. Wenn dich der Bereich immer noch anzieht oder attraktiver wird, hast du sein Einverständnis gewonnen. Wenn sich dieser Platz in der Natur, den du besuchst, nicht mehr attraktiv anfühlt, wähle einfach einen anderen, der dich anzieht, und wiederhole diesen Vorgang. Mache das so lange, bis du einen Bereich findest, in dem eine dauerhafte Anziehung bestehen bleibt.*[56]

Wenn du keinen Ort haben oder nicht an einen Ort gelangen kannst, der sich natürlich und sicher anfühlt, kannst du dir zu Hause oder auf deiner Veranda einen solchen Platz schaffen. Wenn du ihn im Haus schaffst, gehe wieder so vor, dass du deine Intuition nutzt, um in deinem Haus einen Platz zu finden, der anziehend ist. Es ist wichtig, diesen Ort in einem wenig frequentierten Bereich zu schaffen: Das kann ein Raum, eine Ecke, ein Tisch oder bloß ein Regal sein. Du kannst dann draußen mit deiner Intuition nach bestimmten Wesen in der Natur schauen, die dich anziehen und die du in dein Haus oder Büro holen kannst, um deinen besonderen Naturplatz anzulegen. Steine, Blätter, Stöcke, Tannenzapfen eignen sich gut dafür. Du kannst auch einen kleinen »Naturbereich« in einem Übertopf oder einem Terrarium einrichten. Wenn du deinen Topf oder dein Terrarium gestaltest, lasse ein Gefühl heiliger Kreativität einfließen, wenn du den oder die Behälter, die Pflanzen und die Erde für deinen heiligen Naturraum im Haus suchst. Sammle kleine Steine, schaffe einen kleinen Teich mit einer in den Fußboden eingelassenen Schale. Mache einen Feenwald. Du kannst auch einen Topf oder ein paar Töpfe mit Samen bepflanzen und sie mit der Zeit als deine heilige Naturbeziehung wachsen sehen.

Gärten sind ein natürlicher Weg, um die Verbindung mit dem Land zu pflegen, und eignen sich bestens für Rituale, um im Zyklus der Jahreszeiten immer wieder an denselben Ort zu kommen. Gärten sind in der westlichen Kultur eine der bekanntesten und am ehesten akzeptierten Möglichkeiten, ökologisches Bewusstsein zu kultivieren. Das Anlegen und Pflegen von Gärten jeder Größe, drinnen oder draußen, vertieft die Verbindung mit der Lebenswelt. Das Essen der Pflanzen, die wir mit Liebe großziehen, unterstreicht die tiefe Verflechtung mit dem Netz des Lebens. Gärten geben uns die Möglichkeit, uns durch die tägliche Gartenarbeit körperlich mit der Erde zu verbinden. Bei der Gartenarbeit nutzen wir alle unsere Sinne; nicht nur die fünf, an die wir normalerweise denken, sondern auch andere Empfindungen für die Erde, die uns helfen, uns mit unseren Pflanzen zu verbinden und sie wertzuschätzen.

Sobald du dir einen Ort gesucht oder geschaffen hast, verbinde dich immer wieder mit dem Ort mit einem Gefühl der Hingabe und einem Ritual. Dies kann auf viele Arten geschehen, über Wochen, Monate und sogar Jahre. Vielleicht hast du eine solche Gewohnheit bereits in dein Leben eingebaut, etwa auf dem Weg zur Arbeit oder wenn du mit deinem Hund spazieren oder joggen gehst oder wenn du im Urlaub bist. Dann ist es einfach, eine Gewohnheit in ein heiliges Ritual zu verwandeln, indem du dich mit diesem Ort absichtlich auf ehrfürchtige und heilige Weise verbindest, während du deiner täglichen Routine nachgehst, an diesem Ort wohnst oder ihn besuchst.

Wenn der Besuch deines natürlichen Ortes im Alltag nicht leicht zu bewerkstelligen ist, setze dich nicht unter Druck. Gehe dorthin, wenn du kannst oder für kurze Zeit. Wie in früheren Kapiteln besprochen, kann eine Verbindung mit der Natur einfach und schnell sein, etwa, indem du jedes Mal, wenn du vorbeigehst, denselben Baum berührst und kurz mit ihm sprichst. Gerade wenn wir sehr viel zu tun haben, kann die Verbindung mit der Natur stärkend, entspannend und friedenbringend sein.

Wenn dein besonderer Ort zu weit weg ist, um ihn häufig zu besuchen, versuche, ihn einmal in jeder Jahreszeit zu besuchen und die Veränderungen in dir und im Land zu sehen. Inzwischen kannst du auf die Freundschaften bauen, die du mit den Naturwesen entwickelst, denen du täglich begegnest. Da die Verbindung mit dem Land uns hilft, uns auf die Kreisläufe einzustimmen, können wir die Verbindung stärken, indem wir unsere Besuche zyklisch gestalten. Zwar ist es hilfreich, sich vorzunehmen, den Ort regelmäßig zu besuchen, doch solltest du es nicht in Stress ausarten lassen. Es ist eine »weiche« Praxis. Das Erspüren der Natur fordert ein Weichwerden unseres Körpers und Geistes; kein erzwingendes Hineindrängen, sondern einen empfänglichen Austausch. Hier geht es darum, einfach nur zu sein; wenn es also stressig wird, warte auf ein anderes Mal.

Übung
Verbindung mit den Naturwesen an deinem heiligen Platz

Zweck

Diese Meditation unterstützt die Einstimmung auf Aspekte der Naturwesen, die nicht unmittelbar wahrnehmbar sind. Wir »stimmen uns ein« auf diese »unsichtbaren« Aspekte der Naturwesen, indem wir mit weichem Fokus schauen oder in einem weichen emotionalen Zustand sind. Wir achten auf die Lebenskraft und lernen die energetische Prägung der Naturwesen kennen, indem wir den grundlegenden Sinn ihrer Entfaltung auf individueller Ebene und jener der Spezies spüren. Diese Meditation ist einer von Rudolf Steiner nachempfunden, die er in seinem Buch *Wie erlangt man Kenntnisse höherer Welten* beschreibt.[57]

Beschreibung

Beginne, indem du ein Naturwesen wählst, auf das du dich während dieser Meditation ausrichtest (Steiner schlägt vor, einen Samen zu verwenden). Ich habe festgestellt, dass diese Methode mit allem in der Natur funktioniert (sogar mit Menschen, aber vorerst werden wir etwas nehmen, das wir für Natur halten: einen Stock, ein Blatt, einen Stein oder Fluss, einen Baum, eine Wolke, den Mond). Frage das Wesen immer, ob es bereit ist, mit dir in Beziehung zu treten, und warte auf ein Gefühl oder eine Empfindung, dass es für diese Interaktion offen ist. Bedanke dich für den Austausch und lade das Wesen ein, sich dir zu zeigen. Beziehe dich mit all deinen Sinnen auf das Wesen.

Wenn du auf den Sehsinn ausgerichtet bist, betrachte es zunächst über einen längeren Zeitraum mit einem weichen Blick. Eine andere Möglichkeit ist, sich vom Herzen her in das Wesen einzufühlen und sich ihm in Liebe zu öffnen. Sobald du eine Verbindung hergestellt hast, stelle dir die in ihm enthaltenen Naturkräfte vor. Fasse die Absicht und stelle dir vor, dass du seine Lebenskraft wahrnimmst. Denke über die Kräfte nach, die dieses Wesen geschaffen haben, und welchen Einfluss es auf die es umgebende Welt hat. Durch welche inneren Lebenskräfte wird es umgeformt? Wie nimmt dieses Wesen die Welt wahr und wie drückt es sich in der Welt aus oder wirkt es auf sie ein? Sieh das Wesen unverwandt an oder fühle in es hinein, bis sich deine Wahrnehmungen zu verschieben beginnen und du etwas an dem Wesen bemerkst, das du vorher nicht wahrgenommen hast: eine Form, einen Umriss und einen Eindruck oder einen Unterschied in der Tiefe. Vielleicht siehst du Licht, das anders mit dem Wesen interagiert. Vielleicht bemerkst du Energieverbindungen zwischen diesem Wesen und anderen Wesen um es herum. Bleibe bei dem Wesen, bis du etwas Neues an ihm wahrnimmst, etwas, das du bisher nicht wahrgenommen hast. Lade das Wesen ein, dir seine Natur zu offenbaren. Übe diese Meditation immer wieder, und du kannst überraschende und magische Beziehungen zwischen dir und den Wesen in der Natur aufbauen und Geschichten mit ihnen austauschen.

ÜBUNG
Die Ökophänomenologie der Gesteine

Zweck

Die Ökophänomenologie lädt zur sinnlichen Interaktion mit der Welt um uns herum ein. Diese Übung regt Geist und Körper an, unsere Annahmen zu hinterfragen und die Natur und die Welt aus einer neuen Perspektive wahrzunehmen. Die Teilnehmer sind eingeladen, sich mit den Wesen in der Natur zu verbinden, indem sie ihre Muster und Rhythmen in Raum und Zeit betrachten.

Die Phänomenologie bietet eine einzigartige Perspektive, die das ökologische Bewusstsein fördert. Sie bietet einen gedanklichen Rahmen, der uns ermuntert, unsere Unterteilung der Welt in »Objekte« aufzugeben. Das Aufgeben der Abstraktionen, mit denen wir unsere Erfahrungen filtern, öffnet uns für eine besser im Körper verankerte Achtsamkeit gegenüber der Welt.

Beschreibung

Als Moderatorin oder in meiner persönlichen spirituellen Praxis wähle ich für die Phänomenologie meist Steine. Sie bringen Jahrtausende von Mustern, Rhythmen und Beziehungen zu Raum und Zeit an jeden Ort oder in jeden Raum. Die Arbeit mit ihnen bietet vielfältige Möglichkeiten, unsere Vorstellung von natürlichen Rhythmen zu erweitern, wie nur wenige andere Wesen sie bieten.

Beginne damit, den Stein zu halten. Wenn ich diese Praxis begleite, habe ich zu Beginn einen Korb mit Steinen und lade die Teilnehmer ein, sich auf den eigenen Körper und die Intuition einzustimmen, sich zu erden und einen Stein auszuwählen. Für deine persönliche Übung kannst du eine eigene Sammlung anlegen, um damit zu arbeiten (siehe »Einen Satz heiliger Steine anlegen« in Kapitel 6).

Wenn wir eine phänomenologische Begegnung mit einem Stein (oder einem anderen Naturwesen) suchen, beginnen wir damit, unseren Geist von vorgefassten Meinungen zu lösen, indem wir uns etwa fünf Minuten lang mit dem Stein »verbinden« und dabei Textur, Farbe, Temperatur, Geschmack und Geruch erkunden. Wir denken an Wörter, die wir normalerweise nicht verwenden würden, um einen Stein zu beschreiben. In der Gruppe bitte ich die Teilnehmer, diese Wörter zu nennen.

Wenn wir zum ersten Mal einen Stein sehen, greifen wir oft auf die reduktionistischen Konzepte und Erklärungen zurück, die wir uns angewöhnt haben, um Phänomene zu kategorisieren. Wir denken bloß »Stein«, und das war es. Wenn wir geologisches Wissen haben, können wir das Gestein klassifizieren oder benennen. Im westlichen Sprachgebrauch neigen wir dazu, im Verstand automatisch gespeicherte begriffliche Abstraktionen zu verwenden. Wenn wir einen ökophänomenologischen Ansatz wählen, lassen wir diese vorgefassten Ideen los. Natürlich werden sie alle auftauchen. Nimm diese Ideen wahr, atme dann durch und betrachte und fühle deinen Stein erneut.

Beziehe dich auf den Stein. Meditiere über den Stein. Nimm Bilder wahr, die du in den Rissen, Spalten und Texturen des Steins siehst. Betrachte seine Zeit. Woher kommt er? Wo ist er gewesen? Stelle dir seine Geschichte und Entwicklung bis zum heutigen Tag vor. Spekuliere über sein Alter. Bemerkst du Muster im Gestein? Wie ähneln oder unterscheiden sich die Muster des Gesteins von den Mustern anderer in der Nähe lebender Naturwesen? Wie könnten diese Muster zusammenwirken? Was sind die natürlichen Rhythmen des Gesteins? Wie ähneln oder unterscheiden sich diese Rhythmen von anderen in der Nähe lebenden Wesen? Fördern sich die Muster und Rhythmen zwischen dem Stein und seinen nahen Nachbarn gegenseitig? Fällt dir eine mögliche Unterbrechung in den Mustern oder in der Bewegung, in der Zeit oder der Geschichte des Steins auf?[58]

Schließe diese Erfahrung ab, indem du alles in ein Tagebuch schreibst, zeichnest oder deine Erfahrungen mit der Gruppe teilst. Versuche, deine Erfahrung nicht vorschnell zu analysieren, sondern belasse sie im Zustand des Spürens. Als Moderator ist es eine gute Möglichkeit, das Gespräch mit der Frage zu eröffnen: »Was ist euch aufgefallen?«

Mein besonderer Ort: der Chagrin River

Ich springe von Stein zu Stein über zwölf Fuß tiefes Wasser. Die Steine liegen weit auseinander, und meine Füße werden jedes Mal nass. Dann, den unbefestigten Pferdepfad hinauf, überquere ich einen anderen rieselnden Bach. Ich gehe weiter einen Schotterweg hinauf. Meine Lungen dehnen sich im Rhythmus mit meinen Beinen und meinem Herzen, während ich mich emporschlängele, vorbei am Hirschpfad, durch die Kühle des Pinienhains. Umgestürzte Stämme liegen kreuz und quer zwischen den Bäumen zu meiner Rechten. Noch ein Stück weiter, die alten, moosbewachsenen Steinstufen hinunter in die Schlucht und über den hölzernen Steg, dann eine Kraxelei einen steilen Hügel hinab. Ich sehe ein paar kleine, runde Tümpel und rieche das gefallene Laub, weich und nass unter dem Nieselregen. Als ich um einen großen Stein herumklettere und über einen umgestürzten Baumstamm steige, vor Fäulnis schon alt, begrüßt mich das helle, nasse Grün der Farne im Kontrast zum Braun und Orange. Weiter hinunterklettern über rutschige Steine, die meisten so groß wie meine Hand, und ich bin da: ein nasser Felsen, bedeckt mit

Moos und regennass. Ich sitze da, die Feuchtigkeit dringt durch meine Jeans, und beobachte, wie das Wasser in eine Rinne hinabfällt und sich über die Schieferwand ausbreitet, sich trennt, wieder zusammenkommt, spritzt, wäscht, Blätter sammelt, sie zu Mustern verwirbelt.

Den Fluss beobachte ich gerne. Wenn ich »Fluss« sage, meine ich jeden Fluss, denn alle Flüsse haben etwas gemeinsam, das Fluss *ist.* Fluss *spricht zu mir, führt mich, lehrt mich, fließt durch mich. Ich schließe Freundschaft mit einzelnen Flüssen und besuche einen und seine zufließenden Bäche regelmäßig über die letzten zehn Jahre. Da meine Kinder jetzt älter sind, besuche ich den Fluss jede Woche, wenn ich Zeit habe. Letzten Sommer besuchte ich ihn einen Monat lang fast jeden Tag und saß stundenlang da, um ihn zu beobachten und sein Fließen zu spüren. Im Nordosten Ohios bedeutet die Beziehung zum planetarischen Geist des* Flusses *auch eine Beziehung zu Schiefer – zu Schiefer, über den sich das Wasser in weiten Bahnen ausbreitet und wieder sammelt, während der Fluss sich über das Antlitz unseres Wassereinzugsgebiets windet.*

Wenn ich den Fluss betrachte, versuche ich, das lange zu tun. Mindestens eine Stunde, wenn ich kann. Während ich den Fluss anschaue, beobachte ich auch mich selbst. Manchmal, wenn ich den Fluss betrachte, erkenne ich mich selbst viel klarer. Genau wie der Fluss fließen meine Gedanken über Unebenheiten und Rillen, neue Gedankenströme finden eine gemeinsame Richtung über die Furchen im Flussbett meiner Gedanken und Körpererinnerungen. Beim Fluss zu sein, hilft mir, bei mir selbst zu sein. Manchmal, wenn ich sehr ruhig werde, gehe ich tiefer in die Betrachtung des Flusses. Ich wähle eine Stelle im Fluss und konzentriere mich auf diese eine Stelle, solange ich sitzen kann, und schaue tief in den Fluss hinein, um seine Natur zu sehen. Mit der Zeit verschiebt sich meine Sichtweise. Ich komme zu der Erkenntnis, dass das, was ich zuerst im Fluss sah, nur ein sehr kleiner Teil war von dem, was da ist: in, auf und um den Fluss herum. Hier gibt es nichts Metaphysisches, nur dass ich, während ich erst nur die Gischt sah, beim genauen Hinsehen feststellte, dass es Schichten von Wasser gibt und Blätter und Konturen von Felsen, die ich lange Zeit nicht gesehen hatte. Das Licht bewegt sich auf neue Weise, bildet neue Muster und Reflexionen überall.

Wenn ich den Fluss betrachte, sehe ich, was ich sehen will. Wenn ich mit dem Fluss dasitze, beginnt der Fluss, mir die vielen Schichten zu offenbaren, die ich mit meinen vorgefassten Meinungen übersehen hatte. Als ich die Gischt anschaute, habe ich die Reihe winziger Blätter auf den Felsen direkt darunter übersehen. Nach einiger Zeit verschiebt sich die Sicht wieder, und ich sehe das kleine Rinnsal, das unter der Gischt in eine kleine Vertiefung läuft. Unter dem Rinnsal sind die nassen Steine, die dem Wasser seine Form geben, und so weiter, bis der kleine Kreis des Flusses als eine eigene tiefe, komplex vernetzte Welt erscheint.

* * *

Unseren Boden zu finden, unseren Boden zu kennen, wird durch eine schöpferische Beziehung zum Land gefördert. Das nächste Kapitel veranschaulicht die Überschneidung zwischen erdverbundenem Bewusstsein und Kreativität. Erdverbundene Kulturen verbinden Rituale mit Formen der Kunst, um ihr Einssein mit der Natur auszudrücken, zu fördern und daraus zu lernen. Die folgenden Übungen integrieren Kunst als Spiritualität in Ritualen, die eine Verbindung mit der Natur stärken. Durch diese Rituale kannst du Kreativität als ein Tor zum ökologischen Bewusstsein mit einbeziehen.

8

Naturkunstrituale: Erdverbundenheit durch Kreativität

Kreativität ist eine schöne Verwandte des erdverbundenen Bewusstseins. Beide sind eingebettet in die sich überlagernden Grundmuster unseres frühen Lernens. Sie sind ursprüngliche Formen der Beziehung, des Wissens, der Verbindung und des Ausdrucks. Kreativität kann eine »Hintertür« zum erdverbundenen Bewusstsein öffnen, indem sie eine Abkehr von rationalen Wegen des Wissens herbeiführt. Kreativität hat ihre eigene Logik, die den emotionalen, symbolischen, ästhetischen und sensorischen Bereich als Wege des Lernens nutzt. Kreative Momente sind eng mit der Erfahrung von Ehrfurcht verbunden und werden oft von Geistesblitzen begleitet, die neue Möglichkeiten bieten, die Welt zu sehen. Thomas Berry beschreibt in *The Dream of the Earth* die »spirituelle Kraft«, die sich eher durch Symbole als durch Worte ausdrückt:

> *Die neue kulturelle Kodierung, die wir brauchen, muss aus der Quelle aller Kodierungen hervorgehen, aus jener offenbarenden Vision, die uns in jenen besonderen übersinnlichen Momenten oder Zuständen erreicht, die wir als »Traum« bezeichnen. Wir verwenden diesen Begriff hier nicht nur in Bezug auf die seelischen Prozesse, die stattfinden, wenn der Körper schläft, sondern auch als Hinweis auf einen intuitiven, nicht-rationalen Prozess, der abläuft, wenn wir zu*

den numinosen Kräften erwachen, die in der Welt der Erscheinungen um uns herum immer vorhanden sind, Kräfte, die in unseren starken schöpferischen Momenten Besitz von uns ergreifen. Dichter und Künstler beschwören immer wieder diese geistigen Kräfte, die weniger durch Worte als durch symbolische Formen wirken.[59]

Die Rituale erdverbundener Kulturen beziehen künstlerische Formen ein. So drücken sie die Ehrfurcht aus, die sich einstellt, wenn wir das verwobene Gewebe der Lebenswelt spüren. Für viele dieser Kulturen ist die Verbundenheit mit der Natur, die sie feiern, keine »Verbindung«, die eine Trennung des Menschen von der Natur impliziert, sondern eine erlebte Tatsache des Selbst und der Gemeinschaft, die gleichfalls nicht voneinander getrennt sind. Gemälde, Musik, Tänze, Verkleidung als Tiere und andere Darbietungen, denen man gerne zuschaut, können Bestandteil unserer täglichen Rituale der Heilung und der Feier unserer Naturbeziehung werden.

Naturkunstrituale an heiligen Plätzen

Du kannst deine Verbindung mit deinem besonderen Ort oder mit jedem Ort stärken, indem du kleine Naturgebilde schaffst. Wenn du in der Natur etwas baust, wird der Akt selbst zu einem Ritual der Verbindung mit der Welt um dich herum. Berühren, Fühlen, Riechen, Sehen und das gelebte Bewusstsein des Raumes werden zu heiligen Bewegungen, die das Leben feiern. Das Erschaffen von Gebilden in der Natur verbindet uns auch mit archetypischen und instinktiven Erinnerungen daran, wie es ist, draußen zu leben. Beim schöpferischen Tun in der Natur können tiefe Gefühle von Verbundenheit, Rückerinnern und »Zuhause« auftauchen. Diese Gefühle können für jene, die sie zum ersten Mal erleben, neu und kraftvoll sein. Sie können sich zuerst auch ganz normal anfühlen und ihre transformative Kraft erst offenbaren, wenn wir in unsere »normale« Welt zurückkehren und merken, dass wir anders empfinden und wahrnehmen.

Kunstwerke in der Natur können groß oder klein sein. Wenn du sie baust und gestaltest, gehe sensibel mit den natürlichen Lebensräumen und den dort lebenden Bewohnern um. Es ist wichtig, dass der Eingriff respektvoll ist und rückgängig gemacht werden kann, wenn das notwendig ist.

Übung
Einfache heilige Naturkunst

Zweck

Das Sammeln von natürlichen Dingen für jede Art von Naturkunst besänftigt und befriedigt die Seele. Wenn man es mit der Absicht tut, jede Bewegung zu heiligen, wird der Vorgang zu einer spirituellen Praxis. Das Anlegen einer kleinen Sammlung von Naturdingen kann sehr schön für die Sinne sein und dich für einige Zeit »auf die Erde« bringen, mitten in die kleine Welt auf der Ebene des Bodens, der unsere Ökosysteme in Gang hält. Das Sammeln von Steinen, Blättern oder Stöcken, die für dich gemeinsame Muster oder eine Symmetrie haben, die deinem ästhetischen Empfinden entspricht, verbessert deine Verbindung mit deinem besonderen Ort ebenso wie mit jedem Ort und mit dir selbst.

Beschreibung

Das Schaffen von Naturkunst an deinem heiligen Ort in der Natur, drinnen oder draußen, regeneriert verkümmerte natürliche Sinne. Indem wir Muster und Rhythmen in der Natur berühren, riechen, neu anordnen und auf andere Weise mit ihnen in Beziehung treten, finden wir unsere eigenen natürlichen Rhythmen, die mit dem Leben verwoben sind. Wenn du nicht zu deinem besonderen Ort gehen kannst, kannst du diese Aktivität überall und jederzeit durchführen, um dich zu entschleunigen und dich neu auf das Leben auszurichten. Dieses Tun erfordert keine künstlerischen Fähigkeiten. Oft sind einfache und leichte Formen der beste Anfang. Einfach nur Kreise und Kreise in Kreisen zu zeichnen, ist schon heilsam und fördert unsere Teilhabe an unserer ökologischen Gemeinschaft.

Das Erschaffen sehr einfacher Formen kann unerwartet Ausgeglichenheit, Heilung und Klarheit bringen. Dies geschieht, weil es Bestandteile unserer Körper-Geist-Seele-Einheit anregt, die vielmals vernachlässigt werden. Sammle alle natürlichen Dinge, die dir gefallen. Baue einen Turm daraus oder lege sie als Skulpturen, Kreise oder Spiralen an. Dies ist eine der bereits erwähnten Aktivitäten, die so einfach erscheinen, dass man damit nicht viel erreichen kann. Aber wenn wir etwas tun, das nichts mit dem Erreichen von Zielen zu tun hat, zeitigt es ganz andere Ergebnisse. Respektiere bei der Arbeit das Wachsen der Lebewesen und ihre Heimat.

Wenn du Naturkunst in einem heiligen Raum in deinem Zuhause schaffst, gehe auf die Suche nach Dingen aus der Natur, die du ins Haus holen kannst, oder fertige einfache Naturkunst aus Sammlungen, die du bereits hast. Kreise und Mandalas oder andere Arrangements mit deinem Satz heiliger Steine zu bilden, ist eine schnelle und einfache tägliche Übung, um geerdet zu bleiben und den Kontakt mit den Steinwesen in deiner Obhut aufrechtzuerhalten.

Übung
Arbeiten mit alten Symbolen

Zweck

Naturkunstrituale beginnen oft mit uralten Symbolen, die das Verständnis des Menschen von der Welt und seine Beziehung zum Kosmos widerspiegeln. Türme, Kreise, Spiralen und Mandalas sind hochwirksame Sinnbilder für Heilung und Integration; sie sind es über die gesamte Menschheitsgeschichte gewesen. Sie sind symbolische »Botschaften von den Göttern«, die uns daran erinnern, dass wir im Kosmos sind und der Kosmos in uns ist. Sie erfassen die Essenz unseres Platzes in der Gemeinschaft mit allem Leben.

Türme: Das Auftürmen von Blättern oder Stöcken bringt einfache Freude und entwickelt viele Aspekte der gemeinschaftlichen Beziehung mit der Erde und, wenn man es in einer Gruppe macht, mit anderen. Das Arbeiten mit kleinen oder größeren Steinen, Tannenzapfen, Blättern, entweder in gleichen oder in unterschiedlichen Farben und Formen, sensibilisiert uns für die Rhythmen, die Beschaffenheit und die natürlichen Muster und Zyklen von Wachstum und Verfall. Du kannst auch in einem Bach bauen, wobei du darauf achten solltest, das Bachbett nicht zu sehr zu stören. Im Wasser etwas aufzutürmen, kleine Dämme und Wasserfälle zu bauen und zu beobachten, wie es das Verhältnis zur Erde, zur Luft oder zum Wasser verändert, öffnet Kanäle zu alten Archetypen der menschlichen Seele.

Kreise: Kreise sind ein ordnendes Element und geben Naturkunstprojekten eine ästhetische Bedeutung. Kleine Kreise, viele winzige Kreise innerhalb von Kreisen, sich überlappende Kreise oder weitere Kreise, die so groß sind, dass eine Person oder eine Gruppe sich hineinstellen kann, schaffen ein Energiezentrum, das nur für sich oder als »Behälter« für Rituale und schamanische Arbeit genutzt werden kann. Kreise sind eine uralte Darstellung des Selbst und vertiefen die Erfahrung des Bauens in der Natur. Du musst nicht versuchen, die Bedeutung zu verstehen, wenn du in der Natur einen Kreis baust. Tauche in die Erfahrung des Tuns ein und lasse deine Gedanken frei umherwandern. Oft werden sich beim Tun oder danach unerwartete Einsichten einstellen, wenn Kreativität und Natur sich verbinden.

Spiralen: Spiralen sind ein weiteres Symbol, mit dem man in der Natur arbeiten kann (denke an Labyrinthe). Das Bauen von Spiralen ist vielschichtiger, was das Sammeln und Bauen in der Natur zu einer tiefen Erfahrung machen kann. Jede Spirale ist ein energetischer Abdruck und hat ihre eigene Beziehung zur Landschaft. Jede Spirale erzählt eine Geschichte, und oft kommen während des Entstehungsprozesses starke Gefühle auf.
Spiralen können beliebig groß oder klein sein. Spiralen können aus Blättern, Stöcken, Tannenzapfen, Kieselsteinen, Steinen oder Erde gebildet oder in weichen Sand und Erde gezeichnet oder in den Schnee getreten werden. Beginne deine Spirale von innen und arbeite dich nach außen, indem du die Spirale mit deinen Händen, Füßen oder Stöcken gestaltest. Zur Vertiefung der Erfahrung schaffe eine Spirale, die so groß ist, dass man hinein- und hinausgehen kann. Große Spiralen können, wie Labyrinthe, meditativ begangen werden.

Mandalas: Um ein noch komplexeres Bild zu gewinnen, verwende entweder ähnliche oder unterschiedliche Objekte und erstelle ein Mandala. Mandalas haben eine tiefe symbolische und spirituelle Bedeutung und können unser Gewahrsein und unsere Empfindungen in Bezug auf die Natur stärken und entwickeln. Um ein Mandala zu erstellen, beginne mit einem Kreis, den du aus irgendwelchen natürlichen Dingen, die du gesammelt hast, bildest. Um die Verbindung des Mandalas mit den natürlichen Zyklen zu vertiefen, richte die vier »Ecken« des Mandalas an den Himmelsrichtungen (Norden, Süden, Osten und Westen) aus. Lege etwas, das du gesammelt hast, direkt in die Mitte und bilde vier Quadranten, die gleichmäßig um den Kreis herum angeordnet sind. Wir werden in Kapitel 15 bei der Besprechung der Medizinräder ausführlicher über das Erstellen von Meditationsmandalas sprechen.

Sei beim Erstellen deiner Mandalas auf intensive Gefühle vorbereitet, auf Freude, Traurigkeit, Erregung, Kummer. Mandalas können unerwartet klare Fenster in die emotionale und seelische Innenwelt sein. Wenn Traurigkeit oder andere »unangenehme« Gefühle auftauchen, lasse sie einfach da sein. Es besteht keine Notwendigkeit, sie in Ordnung zu bringen oder aufzulösen.

Das Anfertigen von Mandalas kann eine Form der selbstbestimmten Kunsttherapie sein und Aspekte des Selbst und Gefühle zum Vorschein bringen, die zuvor verborgen oder unerkannt waren. Du kannst deine Gefühle zeichnen und aufschreiben und sie durch dich hindurchgehen lassen, bis sie sich verschieben.

Wenn sie sich so überwältigend anfühlen, dass du damit nicht mehr zurechtkommst, oder wenn Erinnerungen an Traumata auftauchen, empfehle ich, professionelle Hilfe bei einem lizenzierten Psychotherapeuten zu suchen.

ÜBUNG
Spiralmeditation

Zweck

Das Schaffen großer Kunstwerke in der Natur ermöglicht die Interaktion mit unserem Körper innerhalb der Struktur des Kunstwerks. Eine meiner ständigen Übungen ist es, große Spiralen anzulegen, die für persönliche Gehmeditationen oder solche in der Gruppe verwendet werden können. Ich erstelle Spiralen aus Blättern, Steinen, Stöcken und Tannenzapfen oder indem ich Pfade auf dem Boden oder im Schnee mache. Das Erstellen einer Spirale ist heilsam, wenn man sie allein macht, und verbindet die Gemeinschaft auf eine spontane Weise zu einem Stamm, wenn man sie in einer Gruppe macht. Wenn du mit anderen arbeitest, könnt ihr gemeinsam eine Spirale bauen und einer nach dem anderen meditativ diese Spirale abgehen, während die anderen dabeistehen, um dem Vorgang beizuwohnen, oder jeder baut seine eigene Spirale in der Nähe der anderen.

Das Anlegen von begehbaren Meditationsspiralen ist eine vereinfachte Form der Labyrinth-Arbeit. Durch das Bauen von Spiralen in der Natur und das Gehen darin werden wir körperlich gewahr – und eingebettet in ein uraltes Symbol – für den Weg des spirituellen Erwachens. Die Bewegung zur Mitte der Spirale ist die Rückkehr zu unserem spirituellen Zentrum, zum Zentrum des Lebens und des Kosmos. Sie verkörpert die Wahrheit, dass es eine Landkarte gibt, die uns hilft, mit den Herausforderungen unserer Lebenszeit auf der Erde zurechtzukommen. Hinweise, wie man diesen Weg zu gehen hat, werden oft in Sinnbildern gegeben.

Beschreibung

Suche dir einen Ort in der Natur, an dem du dich sicher und verbunden fühlst. Du kannst die Übungen aus den beiden vorangegangenen Kapiteln verwenden, um einen besonderen Ort zu finden und eine Verbindung zu ihm aufzubauen. Wenn du dich niedergelassen hast und dich dort wohlfühlst, suche dir etwas, mit dem du eine Spirale bilden kannst. Du kannst Spiralen mit großen oder kleinen Steinen, mit Stöcken, Blättern, Tannenzapfen, in der Erde oder im Schnee anlegen. Ich stapfe mit meinen Stiefeln im Schnee, wobei ich in der Mitte beginne und mich nach außen bewege. Alternativ kannst du, von der Mitte ausgehend, die Naturdinge mit den Händen arrangieren oder Blätter oder Erde in Spiralform anlegen. Normalerweise versuche ich, die Spirale mindestens so groß zu machen, wie es meiner Körpergröße entspricht, mit einem Weg, der so breit ist, dass ich in die Spirale hinein- und hinausgehen kann.

Wenn die Spirale fertig ist, betritt den Weg von außen. Mit deinem ersten Schritt in die Spirale erkenne an, dass du einen heiligen Raum betrittst, und setze die Absicht, dass dieser Gang der Heilung deines Lebens und der Heilung der Welt dienen soll. Dann gehe von außen langsam zur Mitte, wobei du mit jedem Atemzug einen Schritt machst. In der Mitte kannst du dir Zeit nehmen, um Absichten zu verankern, Fragen zu stellen, Dankgebete zu sprechen, Segenssprüche zu äußern oder einfach die Erde unter deinen Füßen zu spüren. Wenn du bereit bist, gehe wieder hinaus, so wie du gekommen bist, langsam und im Einklang mit deinem Atem. Sprich beim Verlassen ein Dankgebet oder einen Segen, um diese Erfahrung und die Spirale als heilig zu ehren.

ÜBUNG
NATURCOLLAGE

Zweck

Manchmal ist der einfachste Weg der beste, vor allem, wenn unser Herz und unser Verstand sich von der Komplexität überwältigt fühlen. Das Erstellen einer Naturcollage ist ein sehr einfacher Weg, um zu entschleunigen und sich wieder mit sich selbst und der Natur zu verbinden. Das Erstellen von Naturcollagen ist ideal, wenn du keinen Zugang zu einem Platz in der Natur hast, der sich für ein Naturkunstritual eignet. Du kannst diese Übung entweder mit gesammelten Gegenständen aus der Natur oder durch Ausschneiden von Bildern aus der Natur durchführen. Wie jede Naturkunst beginnen auch Collagen mit dem Sammeln, einem Ritual der Freude und Ehrfurcht. Wenn wir in dem Bild, das wir erschaffen, eine Reflexion von Aspekten unserer selbst sehen, werden wir neu zusammengesetzt – ästhetisch sensibler und schöpferisch klarer.

Das Erstellen von Collagen kann Vergnügen machen und Erinnerungen an die Kindheit wachrufen. Wir alle haben die Gabe, Kunst zu machen. Damit beleben wir unsere fühlende Wahrnehmung und unsere »kindlichen« Sinne, die eigentlich unsere verkümmerten natürlichen Sinne sind. Wir werden mit ihnen geboren, aber viele von uns vergessen sie mit der Zeit. Diese Sinne sind essentiell für die Entwicklung eines ökologischen Bewusstseins, so dass die Rückbesinnung auf die kindlichen Freuden einfacher Naturkunst eine neue Bedeutung bekommt, wenn wir uns durch den Prozess des Erdseele-Träumens bewegen.

Beschreibung

Das Material für die Collage kann etwas so Schlichtes sein wie Blätter und Gras, kleine Steine und Stöcke und einige Basismaterialien wie Papier und Kleber. Bevor du deine Collage erstellst, solltest du etwas Zeit darauf verwenden, nach Dingen in der Natur Ausschau zu halten, die dir auffallen. Lasse dich darauf ein, intuitiv die richtige Zeit, den richtigen Ort und die richtigen Materialien für dein Vorhaben zu wählen. Achte auf natürliche Entsprechungen oder Muster, die dich anziehen. Versuche, deine »Gefühle« für dein Naturkunstritual nicht zu hinterfragen, auch wenn dir deine Gefühle albern erscheinen oder dir als zu schlicht vorkommen, um sinnvoll zu sein.

Wenn deine Collage fertig ist, kannst du damit meditieren und mit weichem Blick nach Zusammenhängen, Beziehungen, Farben und Formen Ausschau halten, wobei du dein Herz für alle Botschaften und Gefühle öffnest, die sich für dich ergeben.

Übung
Pflanzen und Naturkunst

Zweck

Ein zusätzliches Element, das Naturkunstwerke aufwerten kann, ist ihre Bepflanzung. Es gibt so viele Möglichkeiten, dies zu tun, wie es Situationen und Gruppen gibt, die daran mitwirken. Du kannst Naturkunst in unterschiedlichen Größen erstellen. Im Laufe der Zeit, besonders, wenn die Materialien nur lose zusammengefügt und durch Regen und Wind verstreut wurden, kannst du beobachten, wie die Pflanzen wachsen, während sich das Gebilde bewegt, verändert und sogar verrottet. Vielleicht beginnen kleine Tiere oder Käfer, an der Struktur zu knabbern oder darin zu leben, während die Pflanzen weiterwachsen und gedeihen. Dieses Nebeneinander von Leben und Verfall, Wachstum, Verwurzelung, Bewegung und Veränderung ist ein Aufeinandertreffen und eine Wechselbeziehung der Naturzyklen.

Beschreibung

Jedes Naturkunstwerk kann mit Pflanzen verbunden werden, die bereits wachsen oder die du als Teil deines Projekts anpflanzen möchtest. Du kannst temporäre oder dauerhaftere Naturkunstwerke mit Pflanzen in Töpfen oder in und um einen Garten schaffen.

Ein anderer Ansatz ist, ein Naturkunstritualgebilde zu schaffen, das dauerhafter ist, etwa eine Spirale oder ein Mandala-Garten für Gemüse, Kräuter oder Blumen. Hier ein persönliches Beispiel.

In diesem Frühjahr bin ich dabei, einen Heilmandala-Garten zu bauen. Das Mandala wird mit den vier Himmelsrichtungen in Beziehung gesetzt durch mittelgroße Steine, die das Mandala im Norden, Süden, Osten und Westen verankern. Kleinere Steine verankern die dazwischenliegenden Richtungen: Nordwest, Nordost, Südwest, Südost. Die Mitte des Mandalas bildet ein weiterer kleinerer Kreis aus Steinen. Die Absicht für das Mandala ist es, eine persönliche Heilungsreise von mir zu unterstützen sowie anderen Heilung zu bieten, die den Garten besuchen oder Steine hinzufügen, sowie die Heilung der Welt zu fördern. Ein weiterer Zweck des Gartens ist es, meinen Kindern ein Naturkunstritual und einen Garten zu bieten, an dessen Gestaltung und Pflege sie teilhaben können. Der äußere Ring des Gartens ist mit Grünpflanzen, einigen kleinen Gemüsesorten und Kräutern bepflanzt, während der mittlere Kreis des Gartens mit Blumen bepflanzt ist, die zu verschiedenen Jahreszeiten blühen.

Ich lade meine Kinder, Nachbarn und Besucher ein, in den Mittelkreis einen Stein zu legen und damit einen Wunsch, eine Absicht oder ein Gebet zu verbinden. Vor kurzem haben meine Kinder und ich damit begonnen, kleine Steine in vielen verschiedenen Farben zu bemalen und sie in den Garten zu legen. Was für eine lustige und kreative Art, mit dem Garten in Beziehung zu treten und daran zu wachsen! Die Steinkreise verändern sich in ihrer Haptik und Form, wenn die Samen sprießen. Die Kunst und die Energie verändern sich, wenn die Pflanzen wachsen. Es ist eine lebendige Einheit.

Wir balancieren auf den kleinen Pfaden, um die Steine zu plazieren, und finden so ein neues Gefühl für unser eigenes Gleichgewicht mit dem Leben. Diese Beziehung zum Gleichgewicht ist ein unbeabsichtigtes Lernen und führt zur Ganzwerdung des Mandalas, weil wir alle auf Zehenspitzen gehen und versuchen, nicht auf die winzigen neuen Pflanzen zu treten. Wenn jemand auf die Mitte des Gartens zugeht, scheint er zu tanzen, während er die kleinen Gehwege entlangmanövriert. Es ist nicht verwunderlich, dass dieser Balanciertanz im Garten für die Kinder fließender und leichter vonstattengeht als für mich. Ich beobachte die Kinder, wie sie sich im Garten bewegen, um herauszufinden, wie sie zur Mitte des Mandalas und wieder hinausgehen können. Es ist ihr Labyrinth des Lernens und Wachsens, und das ist es auch für mich.

* * *

Von der Erdverbindung gehen wir als nächstes zu dem Teil des Erdseele-Träumens über, der mit der Seele zu tun hat. Wenn wir unser ökologisches Bewusstsein entwickeln, indem wir langsamer werden und uns mit der Natur verbinden, schaffen wir im wörtlichen wie im übertragenen Sinne den Boden, um mit der Schwingungsrealität arbeiten zu können. Unsere neu entwickelten Erdsinne stärken den Fokus, der nötig ist, um unser spirituelles Bewusstsein zu erweitern und diese Sinne für die persönliche und planetarische Heilung zu nutzen. Das nächste Kapitel wird dir helfen zu verstehen, warum und wie wir in diesem Stadium des Erdseele-Träumens von erdverbindenden zu seelenverbindenden Übungen kommen. Als natürliches Wachstum vom einen zum anderen entwickelt sich das Gewahrsein der Schwingungsebene aus unseren natürlichen Sinnen und gehört es zu ihnen.

Teil III
Übungen zur Verbindung mit der Seele

9

Seelen-Verbindung: Arbeiten mit Licht und der Schwingungsebene

Als mir die Idee für dieses Buch kam, sollte es nur um Übungen zur Verbindung mit der Erde gehen. Ich sah noch nicht die Bewusstseinsveränderungen, die aus diesen Übungen folgten. Als meine spirituellen Praktiken in der Natur – neben dem Schreiben – weitergingen, entwickelte sich das, was die Erde mich lehrte, viel weiter, als ich je für möglich gehalten hätte. Ich entdeckte – es wurde mir offenbart –, dass die Wiederverbindung mit der Erde auf eine spirituelle Ebene führt, die ich noch nicht kannte: trotz meiner lebenslangen Beschäftigung mit Spiritualität und Religion. Im Laufe der Zeit und durch viele Erlebnisse enthüllte mir die erdverbundene Beschäftigung mit der Seele eine Sicht auf die menschliche Natur, die sich völlig von den westlichen Vorstellungen vom Selbst unterscheidet.

Indem ich mich der Lebenswelt jenseits des Rationalen öffne und meine Sensibilität für die natürliche Welt erweitere und entwickle, weitet die Realität, die ich »jenseits der Vernunft« entdecke, immer wieder meinen Horizont. Ich bin durch Blockaden und Ängste, durch Freuden und Staunen gegangen und begegne dem Leben nun oft mit einer rohen, nicht-linearen Wildheit, die ich nach und nach in meine »alltägliche« Erfahrung integriere. Jeden Tag entdecke ich, dass das, was ich für »Natur« halte, viel größer, überraschender und magischer ist, als es nach dem gegenwärtigen westlichen Konzept des »Realen« möglich scheint.

Diese Reise in das wilde Reich von Geist und Körper der Erde begann für mich mit einer einfachen Naturmeditation. Meine Intuition führte mich zu vielen der Übungen, die ich in diesem Buch weitergebe; sie zeigten mir meinen Weg zurück zu meinem ökologischen Bewusstsein. Dieses erdverbundene Bewusstsein enthüllte mir ein besseres kinästhetisches Erleben dessen, was wir als »Energie« der Natur und der Menschen bezeichnen könnten: Verbindungen aus Licht, Ausdruck der Geschichten und sich überlappenden Träume aller Wesen um uns herum, und dazu gehören Bäume, Felsen, Tiere, Moose, Flüsse und Menschen.

Ich verstehe die Verschiebung meiner Wahrnehmungen als direktes Ergebnis meiner vielen Stunden spiritueller Praxis in der Natur; ich verstehe die Erweiterung des Bewusstseins als Folge meiner Bitte an die Erde, mich zu lehren, wie ich am besten im Einklang mit dem Leben und für die Heilung der Welt leben kann.

In schamanischer Auffassung könnte man sagen, ich begann, mich einer Einweihung zu unterziehen; nicht absichtlich von mir gesucht oder wegen irgendwelcher äußeren menschlichen Einflüsse. Vielmehr war dies einfach die Folge, weil ich mich darauf eingelassen hatte, auf die Erde zu horchen. Ich zögere, das Wort »schamanisch« zu verwenden, weil ich keine Ausbildung bei einem schamanischen Lehrer, einem indigenen Heiler oder Medizinmann gemacht habe und auch nicht bei jemandem, der mir den Weg zur Entwicklung einer schamanischen Wahrnehmung hätte zeigen können. Obwohl ich nicht nach einem schamanischen Weg suchte und noch nicht einmal wusste, dass ich mich gewissermaßen selbst zu einem schamanischen Erwachen führen würde, ist es mir passiert. Meine Schlussfolgerung daraus ist, dass alle Menschen ihren Weg zu einer tiefen, bewusstseinsverändernden spirituellen Entwicklung finden können: durch intensiven Kontakt mit der Natur und der Erdengemeinschaft. Nicht jedermanns Weg führt zu dem, was ich nun als meine spirituelle Mission sah: als Heilerin und als Lehrerin dieser Wege zu leben. Dennoch können wir alle Empfindungen, Wahrnehmungen und Übungen der Erde und der Seele kennenlernen, die unser Leben zu verbessern und zu heilen vermögen.

Durch das Wiedererlernen des Wissens der Natur – was Joanna Macy »zurück ins Leben kommen« nennt – können wir am Ende mit Naturgeistern, Ahnen und geistigen Helfern zusammenwirken.[60] Um auf die Ebene einer Kommunikation mit diesen Wesen in parallelen und wechselwirkend verbundenen Realitäten zu gelangen, müssen wir zuerst lernen, das Netz aus Licht zu erfahren, das sich unter und zwischen all den Geschichten und Träumen der Erdenbewohner befindet. Unser Verstand wird nie in der Lage sein, alles zu verstehen oder zu wissen, was es in diesem gewaltigen, endlosen Netz gibt, da es sich über die Grenzen der Wahrnehmung hinaus bis in die äußeren Bereiche des Universums erstreckt. Wir können jedoch beginnen, dieses Netz wahrzunehmen und mit ihm zu arbeiten, wie es sich in der unmittelbaren Matrix unseres Lebens und unserer Gemeinschaften zeigt.

Wenn wir lernen, dieses Lichtgewebe zu fühlen und uns darin zu bewegen, können wir uns direkt mit den Dingen in diesem Bereich verbinden und sie beeinflussen. Wir alle haben es in uns, diese alten Wege der Weisheit zu finden, indem wir uns einfach mit den Kräften des Lebens um uns herum verbinden. Mit der Zeit und der rechten Absicht und dem entsprechenden Einsatz können wir alle aus der Trance unserer Industriekultur »erwachen«.

Portale zu Führern in der Schwingungsrealität

Nachdem ich über Monate und Jahre in Steinkreisen gesessen habe, mit innerer Ausrichtung, Liedern, schöpferischen Gedanken, Bewegung und Gebet, weiß ich jetzt, dass diese Kreise Portale zu anderen Ebenen sind, die die Kommunikation mit nicht-menschlichen Wesen ermöglichen. Das erste Mal, als ich diese Art Portal spürte, wusste ich mit einem sanft hervorsprudelnden Geistesblitz, dass Gestein den ursprünglichen Traum der Erde enthält; es hält den Raum für uns, damit wir unseren Weg zurück zur ursprünglichen Absicht des Lebens finden können: zu lieben, in Beziehung zu treten, zu erschaffen, zu vergehen und zu werden. Während dieses Erwachen für mich weitergeht, verwandelt meine neu gefundene Liebe zur Natur die Luft um mich her, und die Luft verwandelt mich. Heilige Kreise, wie ich sie jetzt erlebe, sind ein Feld, ein Portal und Tor, ein Kanal, ein Fluss erhöhter Schwingungen, die meine Wahrnehmungen von Zeit und Raum verändern sowie alles an dieser Wirklichkeit, was damit einhergeht. Diese »Frequenzerhöhung« – ein begrenztes Wort, das die Realität dieser Portale nicht wirklich erfasst – entwickelte sich über Monate und Jahre, in denen ich eine heilige Beziehung zu bestimmten Orten pflegte. Wenn diese Schwingungsportale mit uns wachsen und sich entwickeln, öffnen sie Kanäle, um mit Lichtwesen zu sprechen, die uns in unserem Leben und bei unserer Arbeit als Menschen unterstützen. Sie werden zu Kontaktpunkten, zu einem Ort, der die Verbindung mit geistigen Helfern, Naturgeistern, wohlwollenden Ahnen und den Körpererinnerungen der Erde ermöglichen.

Ich weiß, dass es wahr ist, weil auch andere den Unterschied spüren, wenn sie das Feld dieser Kreise betreten: das Schimmern an den Rändern der Wahrnehmung. Sie spüren und erkennen die Andersartigkeit in diesen heiligen, auf der Erde ruhenden, seelenerfüllten Räumen. Das Betreten eines gepflegten heiligen Kreises fühlt sich an wie das Betreten eines »Raumes« oder das Überschreiten einer Schwelle in ein anderes Wahrnehmungsfeld. So lernte ich, was mit »Medizinrad« gemeint ist: Medizin ist die Magie, die geschieht, wenn wir das Leben mit uralten Symbolen der Ganzheit und Verbundenheit auf heilige Weise lieben. Ich erkannte es durch jahrzehntelange Arbeit mit Mandalas, einer anderen Form des heiligen Kreises und unserer Beziehung zum Kosmos. Medizinräder, Gebetskreise, Labyrinthe, »Henge« und andere heilige Kreise sind kosmische Symbole, scheinbar so schlicht, und doch sind sie für den Menschen auf genetischer und seelischer Ebene Medizin; es sind magische Tore zum Fühlen, Wissen und Träumen neuer Träume; es sind Landkarten mit den Botschaften des Göttlichen, die zeigen, wie man mit den Herausforderungen des Lebens auf der Erde zurechtkommt.

In letzter Zeit hat sich in meinem Unterricht als schamanische Ökotherapeutin oft ein planetarischer Führer namens Joseph zu mir gesellt, um uns zu unterweisen, durch mich zu sprechen und meine Klasse zu führen.[61] Auch wenn ich auf schamanischen Reisen schon mit geistigen Helfern und planetarischen Führern zusammengearbeitet habe, ist dies das erste Mal, dass ich ihn so deutlich höre und spüre, während ich in meinem »normalen« Zustand bin, nicht in Trance oder allenfalls in einer sehr leichten Trance. Und meine Studenten, von denen einige in der Lage sind, »Energie« zu spüren, nehmen ihn ebenfalls sofort wahr. Menschen, die noch nie schamanische Erfahrungen gemacht haben, spüren, wie Joseph den Kreis betritt. Dann ist die Qualität der Schwingung auf einer so anderen Frequenz, dass wir es alle spüren. Ich bewege mich im Raum und arbeite mit den Energiekörpern meiner Studenten, um ihnen zu helfen, ihre persönliche Schwingung mit der von Joseph in Einklang zu bringen, damit sie sich wohlfühlen und sich auf die für sie beste Weise anschließen können. Mit Joseph in Verbindung zu treten, ist immer eine persönliche Entscheidung, und ich bitte alle dafür um ihre Erlaubnis. Joseph hat Respekt, einen Sinn für Humor, eine Persönlichkeit und kommt in der Absicht, Teil unseres Kreises zu sein. Doch er kommt auch mit dem Anliegen, seine Botschaft zu überbringen, die er als Übermittlung seiner Seelengruppe für den Planeten und unsere Spezies beschreibt.

Joseph sagt Dinge, die keiner von uns wissen oder sich innerhalb der Grenzen unserer menschlichen Erfahrung vorstellen kann. Ich hatte nicht erwartet, dass es passieren würde, als ich das Erdseele-Träumen zum ersten Mal praktisch lehrte. Ich setze immer die Absicht, dass meine geistigen Helfer kommen, um mir beim Lehren zu helfen und den Raum für die Heilung der Welt zu halten. Ich singe und spiele auf einer Tonflöte ein persönliches Geistlied und lade Lichtwesen ein, ihre Weisheit zu teilen. Offensichtlich hat Joseph mich gehört und ist der Einladung gefolgt. Wieder einmal brachte mich die Absicht, mich mit der Erde und den geistigen Reichen zu verbinden, an Orte, die weit jenseits der Vernunft und meiner eigenen Erwartungen lagen. Dass Joseph auftauchen würde, hatte ich mir niemals vorstellen können. Als es passierte, wollte ich mich erst gar nicht darauf einlassen. Dann erzählte ich meinen Studenten von Josephs Anwesenheit, outete mich als »so verrückt«,[62] und teilte diese völlig unerwartete Erfahrung mit ihnen. Dann fuhr ich mit dem Unterricht fort.

Humorvoll nennt Joseph sich »Co-Lehrer« und bewundert uns dafür, dass er direkt mit uns kommunizieren kann. Joseph ist lustig, intensiv, kraftvoll, sexy und freundlich. Jetzt sitzt Joseph bei mir, um mir zu helfen, die Worte zu finden, oft seine Worte, mit denen ich meinen Studenten helfen kann, das Wesentliche der Lichtarbeit zu verstehen: dass diese Arbeit schnell, einfach und sanft ist, verglichen mit dem Funktionieren oder Erschaffen in der physischen Realität; dass diese Arbeit augenblicklich ist, außerhalb von Zeit und Raum; wie die heilende Lichtarbeit, die wir jetzt tun, sich hinter und vor uns in der Zeit und durch die Geschichte erstreckt, um die Welt der Gegenwart zu verändern. Wenn ich mich bei der Schwingungsarbeit vom Visionieren in die schamanische Realität bewege, tritt Joseph zur Seite, um andere Führer mit mir und durch mich arbeiten zu lassen. Menschen beim schamanischen Reisen zu unterstützen, ist nicht sein Gebiet oder seine spirituelle Mission. Er respektiert bescheiden die anderen Führer.

Wenn Joseph mit uns arbeitet, bewegen wir uns alle nach und nach in immer intensivere Trancezustände. Meine Schüler sagen, dass sie sich anders fühlen, und ich sage ihnen, dass wir uns in veränderte Wahrnehmungszustände bewegen. Es geschieht allmählich, und sie wissen, dass sie sich anders fühlen, aber sie wissen nicht genau, wie oder warum. Für Menschen, die so etwas noch nie erlebt haben, fühlen sich die meisten erstaunlich wohl und sicher. Joseph ist ein hervorragender Lehrer, der mit der Gruppe arbeiten kann und uns alle dort abholt, wo wir sind. Was ich meinen Schülern nicht erzähle, ist, dass wir, während Joseph da ist, manchmal Zeitverschiebungen erleben. Er trägt mir Dinge auf, die ich in der letzten halben Stunde des Unterrichts tun soll, um die Arbeit abzuschließen und alle wieder in »diese Welt« zu bringen. Ich weiß, dass wir dafür gar keine Zeit haben. Nach 30 Minuten Arbeit schaue ich auf meine Uhr und sehe, dass in unserer

Welt vier Minuten vergangen sind. Wir hatten Josephs Welt betreten, in der die Zeit fließend ist.

Was also als Meditationspraxis damit begann, die Natur zu beobachten und der Erde zu lauschen, ist jetzt ein tägliches Erwachen zu einer Ebene von Wildheit und Magie, die mich überrascht und mich über meine Erwartungen hinaus und aus meinem Verstand drängt, jeden Tag mehr und mehr. Das ist möglich, weil ich zusammen mit vielen anderen eine neue Kultur und eine neue Geschichte erschaffe; wir sind dabei, uns neu zu erfinden. Durch die Liebe zum Ort, durch die Wertschätzung unserer Vorfahren, durch das Sprechen mit der Erde, durch das Erzählen von Geschichten in einer initiierten Gemeinschaft wacher Erwachsener geschehen diese Dinge. Dies ist das Ergebnis der Arbeit mit der Schwingungsrealität; unsere Körper verschieben sich durch die Arbeit mit dem Licht, so dass wir Stimmen hören können, von denen wir uns nie haben vorstellen können, dass sie existieren.

Die Offenbarung in den »Alltag« einbinden

Die Informationen und Erfahrungen des erhöhten spirituellen Bewusstseins fühlen sich in meinem »alltäglichen« Leben weit weg an, vielleicht nicht einmal als wirklich. Zweifel und Infragestellung sind normal, wenn man sich der Magie öffnet. Das wird mit der Zeit besser, und die Schleier werden mit jedem Monat und Jahr, das ich praktiziere, dünner. Die Realitäten vermengen sich, obwohl Blockaden aus bestimmten Übereinkünften einen erheblichen Widerstand gegen die Veränderung meiner Gedankenformen und Glaubensstrukturen darstellen. Die alten Gedankenformen sind verführerisch. Mein Körper hat sich an sie gewöhnt und kehrt schnell wieder in seine Denk- und Empfindungsstrukturen zurück. Es ist die Arbeit eines ganzen Lebens und erfordert ständige Wachsamkeit, einen heilenden Traum zu träumen. Ich gerate oft aus dem Tritt, vergesse es und bringe mich dann immer wieder zurück, indem ich mir Erinnerungshilfen setze und konsequent meine täglichen Übungen verrichte.

Sich auf eine spirituelle Praxis für eine heilige Erde einzulassen, ist eine echte Herausforderung. Wir haben nicht die Institutionen oder Gemeinschaftsstrukturen, die solche Gewohnheiten und Rituale fördern. Der Aufbau meiner Gemeinschaft hilft mir, diese Absichten zu halten und die Arbeit fortzusetzen. Durch die Gründung eines Instituts zur Kultivierung von ökologischem Bewusstsein und Gemeinschaft bin ich nun oft von Menschen umgeben, die sich auf einem ähnlichen Weg befinden. Gemeinsam schaffen wir die Zeit, den Raum und die Rituale, um uns gegenseitig dabei zu unterstützen, unser kollektives Bewusstsein zu verändern. »Gemeinsam« ist das entscheidende Wort dafür, unser Bewusstsein zu verändern und neue Träume für die Erde zu träumen. Alles ist verbunden, und auch wir müssen untereinander verbunden sein, um zu heilen und neue Erzählungen zu schaffen. Die neue Geschichte für den Planeten handelt von Gemeinschaft, kann nur in Gemeinschaft geschehen und baut unsere Gemeinschaften wieder auf.

Da ich in meinen Meditationen und spirituellen Übungen nun regelmäßig mit Licht arbeite, werde ich für Schwingungen immer sensibler: in jeder Begegnung und Situation. Ich merke, dass ich aus dem liebevollen Raum oft hinausfalle: durch Ärger, Frustration, Sorge oder Angst. Wenn das passiert, werde ich, wie Joseph lehrt, von Gedankenformen und Glaubenssätzen umströmt, die in unserem kollektiven Bewusstsein um negative, dunkle, dichte Emotionen vorhanden sind, was diese schweren Zustände verstärkt. Dann verliere ich den Glauben und fühle mich verloren. Ich verliere die Fähigkeit, die Musik des Göttlichen in meinem Herzen zu fühlen.

Ich stelle fest, dass die Gewohnheiten von Geist und Körper, die meine Schwingungen verdichten, tief verankert waren und sind. Wenn ich mir das nicht immer wieder bewusst mache, falle ich in diese gewohnten Muster zurück. In einer Schwingung des Lichts, des Friedens und der Freude zu bleiben, ist das Schwierigste überhaupt; es erfordert ständige Achtsamkeit und ist die wichtigste Arbeit meines Lebens.

Meine derzeitige Praxis ist der Versuch, mit allem, was ich tue, heilendes Licht in die Welt zu bringen. Dafür sind Achtsamkeit und Meditation wesentlich. Ich muss meine Gedanken so oft wie möglich beobachten, fühlen und wahrnehmen, denn jeder einzelne ist schöpferisch und webt sich in das Gewebe der Geschichten ein, die unser kollektiver Traum sind. Mit der Zeit wird es einfacher, auch wenn das »Leben« oft in die Quere zu kommen scheint. Manchmal ist das Beste, was ich tun kann, morgens beim Aufwachen an alles in meinem Leben und an die ganze Welt Licht zu senden. So rufe ich mir in Erinnerung, was ich hier tue. Fragen, Sorgen, Ängste, Zwickmühlen, Hoffnungen, Träume, Verstrickungen, Krankheiten, sie alle bekommen ihre Behandlung mit Liebe und Licht. Früher fand ich die Begrüßung »mit Liebe und Licht« abgedroschen, doch jetzt verstehe ich wirklich und zutiefst, was sie meint. Mit Licht zu arbeiten, um unsere Realität zu verändern und die Welt zu verändern, bedeutet nicht, dass wir unsere schwierigen Gefühle beiseiteschieben oder uns vor ihnen verschließen. Die Fähigkeit, unser Herz für alle Gefühle zu öffnen, ist wesentlich für den Weg des Erwachens. Wenn wir mit dem Licht arbeiten, lernen wir, unsere Trauer, unseren Schmerz, unsere Angst, unsere Liebe, unsere Freude, unsere Hoffnung und alle anderen Emotionen liebevoll in unseren Armen zu halten.

Schwingungen anheben: ein Fulltime-Job

Unsere Schwingungen auf Liebe einzustellen, mag ein Vollzeitjob sein, ist aber unerlässlich, damit wir in unsere Schöpferkraft gelangen. Wir erschaffen unser Leben und die Welt in jedem Moment. Aus meiner Praxis und Erfahrung weiß ich, dass wir jedes Mal, wenn wir keine liebevolle, friedliche Schwingung aufrechterhalten – wenn wir uns in den Ängsten, dem Ärger und den Frustrationen unserer Welt verfangen –, Gedankenformen fördern, die schädlich sind. Ich kenne den Schmerz und die Verwundungen der Welt aus meinen traumatischen frühen Jahren, aufgrund meiner Sensibilität für den Schmerz anderer und eines manchmal lähmenden Maßes an Empathie, das ich als Heilerin und Lehrerin zu handhaben und zu kanalisieren gelernt habe. Und ich kenne diesen Schmerz durch meinen Aktivismus für soziale Gerechtigkeit und die Umwelt. Ich sage nicht, dass wir diese Gefühle nicht sehen oder fühlen sollen, sondern dass wir liebevoll tief in ihnen leben sollen, um sie umzuwandeln. Indem wir unser ganzes Selbst in Liebe annehmen, können wir unseren Verstand von vielen Dingen abrufen, die uns von uns wegziehen. Auf diese Weise können wir lernen, so oft wie möglich in unsere volle Kraft zu gehen. Wenn wir unseren »Spirit«, unsere Energie, in eine Situation schicken, zieht das unsere Seele von unserem Zentrum fort und schränkt unsere kreativen Fähigkeiten ein. Wir können also den Schmerz anerkennen und Mitgefühl haben, dann unsere Seele zurückziehen und unsere Macht umarmen, um diese Situationen durch die Lichtarbeit in der Schwingungsrealität zu transformieren.

Mir zeigte Joseph die Vision eines Flusses. Meine Arbeit mit dem Geist der Flüsse stammt aus einer Zeit vor vielen Lebenszeiten, als meine Bedeutung für meinen Stamm vor allem darin bestand, die Verbindung zum Fluss zu halten. Joseph zeigt mir, dass ich der Fluss sein kann, wenn ich mich in Gedanken verstricke. Als Fluss berühre ich diese Gedankenformen nur leicht und bleibe in Bewegung, gleite vorbei, lasse mich an die Ufer drücken, wenn es nötig ist, um durch die Engstellen und Wildwasser zu gelangen. Die Erde hält mich, wenn ich mir meinen Weg zum Eriesee und schließlich zum Meer bahne, zum Himmel und in das Netz von Gaia, das Bewusstsein der Biosphäre.

Ich bin manchmal immer noch genervt von meinem Mann oder sauer auf meine Kinder, auch krank und deprimiert, aber ich weiß jetzt, dass ich diese Erfahrungen nicht unterdrücken muss, sondern einfach im Licht halten kann. Ich weiß aus 25 Jahren Therapie, dass das Unterdrücken meiner Gefühle nichts bewirkt. Es kommt darauf an, Traurigkeit, Wut, Krankheit, Unzulänglichkeiten und die Menschen, die mich verletzen und zurückweisen, voll und ganz zu lieben.

Diese Liebe und diese Arbeit mit dem Licht erlauben mir, meine Seele zu mir zurückzurufen. So können die Erde und die uns umgebenden Lichtwesen diese Energie durch das Feuer des Lichts verwandeln und in die Kraftquelle zurückbringen, die von meinem Herzen ausgeht. Aus buddhistischer Sicht können wir dies als Sanftheit und Mitgefühl gegenüber allem Rohen in der Welt verstehen, aber es gibt auch eine Schwingungsebene der Realität, durch die wir diese Energien tatsächlich in etwas anderes umwandeln können. Mein lebenslanges Trauma mit meiner Mutter wird nun in neue Energie und Kraft verwandelt und durch die großen weiblichen Energien des Planeten geheilt, und ich beginne sogar, die gesunden männlichen Energien zu verstehen und einzubeziehen. Auf eine neue Art auf dem Planeten zu sein, ist jeden Tag eine neue Entscheidung. Ich bin oft versucht, in alte Muster und Geschichten zu verfallen. Den Rest meines Lebens werde ich daran arbeiten, in dieser vibrierenden Weisheit zu wohnen, in dieser großen Gabe von erleuchteten Wesen, für die ich über die Maßen dankbar bin.

Karmische Wirbel

Eines Tages, wie es oft passiert, wenn ich meditiere, kam ich auf eine neue Ebene des Gewahrseins. Ich erhielt ein Bild, das mir half, meinem Ziel, meine Schwingungen zu erhöhen und heilendes Licht in die Welt zu bringen, einen Schritt näherzukommen. Ich habe es mir nicht ausgedacht: Diese Idee ist ein Geschenk. Sie hilft mir, viele der disharmonischen, unausgewogenen, traumabedingten Muster meines Körpers, meines Herzens und meines Geistes aufzulösen. Es ist das Bild von den karmischen Wirbeln.

Wie so oft bei Gaben der geistigen Weisheit, empfing ich dieses Bild, als ich einen Fluss betrachtete. Ich bin eng mit der Intelligenz des Flusses verbunden. Aus diesem Grund war ich besonders offen für diese neue Art, im Fluss einen Führer zu sehen. In dem Bild des karmischen Wirbels sehe ich mein Leben als einen Fluss aus Licht, der durch einen ruhigen Wald fließt. An den Seiten des Flusses befinden sich Strudel, in denen meine Energie fließt, umherwirbelt und manchmal auch steckenbleibt, um Themen zu umkreisen, die ich in diesem

Leben durcharbeiten und auflösen muss. Einige habe ich mitgebracht und andere sind Schmerzen und Rätsel, um meine Seele auf der jetzigen Reise auf der Erde wachsen zu lassen. Obwohl die Arbeit an dem einen Wirbel getan sein mag, finde ich mich immer noch in diesen Ausbuchtungen des Flusses, der ich bin, im Kreis drehen und herumwirbeln. Karmische Wirbel können mich davon ablenken, meine spirituelle Mission voll und ganz zu erfüllen. Dieses Bild hat mir geholfen, Wege zu finden, um diese Themen in meinem Leben zu bearbeiten und dann loszulassen. Im nächsten Kapitel beschreibe ich spezifische Übungen, um den Griff dieser Wirbel etwas zu lösen. Ich habe sie in der Meditation entdeckt. Ich zwinge mich nicht, aus den Wirbeln herauszukommen, sondern versuche bloß, ihrer gewahr zu werden; denn oft sind sie unbewusst. Nun, da ich mit meinen karmischen Wirbeln arbeite, wird mir immer klarer, wie sie mich von der Aufgabe ablenken, mir meines Schwingungszustandes bewusst zu sein.

Achtsames Erschaffen in der Schwingungsrealität

Je länger ich das Schwingungsnetz des Lebens erforsche, desto mehr nehme ich das sich überlagernde Geflecht der Schwingungen wahr, das unsere persönlichen und kollektiven Geschichten erzeugt. Manchmal gelingt es mir über lange Zeit, mir meiner Rolle in diesen Schwingungsinteraktionen gewahr zu sein. Wenn ich gestresst bin und unbewusst nach alten Mustern lebe, bete ich, dass meine Geistführer mich anstupsen, um mich daran zu erinnern, mich auf bewusstes Träumen auszurichten.

Eine weitere Erkenntnis, die ich durch die kontinuierliche Arbeit auf der Schwingungsebene der Welt erfahren habe, ist, dass wir in der Schwingungsrealität entweder senden oder empfangen. Schon früh in meinem Leben habe ich einen Kurs über psychische Grenzen belegt, der mir helfen sollte, mit meiner starken Sensibilität für das »Material« von anderen Menschen, Energiefeldern und Wesenheiten umzugehen. Ich kenne Methoden, um mich vor Energien zu »schützen«, die versuchen, an meine Lebenskraft anzudocken und sie abzusaugen. Das neue Bild und das Verständnis von karmischen Wirbeln lehren mich etwas Nützliches und Wichtiges: Dieses neue Verständnis geht über die Vorstellung des Schutzes hinaus und führt zu meiner Verantwortung, meiner Mitwirkung an der Geschichte im Netz des Lebens, die es in jedem Moment anzuerkennen gilt. Ich weiß jetzt, dass ich daran mitwirke, das Gewebe der Welt aktiv ins Sein zu träumen. Auch wenn es in Ordnung und sogar gut ist, sich zu schützen, ist mir klargeworden, dass ich in jedem Moment die Schwingungen um mich herum beeinflussen kann. Meine geistigen Helfer haben mich gelehrt, dass, wenn ich mich neutral verhalte oder mich schütze, ich im Grunde meine Macht als bewusster Träumer und Mitschöpfer der Geschichte der Erde abgebe. Anstatt Schwingungen an meinen hart erarbeiteten Grenzen abprallen zu lassen, kann ich sie aktiv transformieren, indem ich sie mit meinem offenen und wahrhaftigen Herzen im Licht halte. Ich kann die Welt in jedem Augenblick verändern, und das ist atemberaubend, ehrfurchtgebietend und einschüchternd. Um Heiler der Welt zu sein, können wir uns nicht verstecken; wir träumen den Traum der Erde – die Geschichte der Menschen auf und mit der Erde – genau jetzt, gestern, morgen, in Vergangenheit und Zukunft, immer.

Sich auf einen Pfad des erwachten Träumens begeben

Die Arbeit mit Schwingungen erfordert, dass wir unsere Geschichten in jedem Moment bewusst gebären, denn das Netzwerk von Energie in unserer »normalen« Realität und dahinter ist eine Ansammlung von miteinander verwobenen Geschichten aller Wesen überall. Wenn du dich berufen fühlst, die Welt zu heilen und daran mitzuwirken, unsere Spezies wieder ins Gleichgewicht mit der Erde zu bringen, ermutige ich dich nachdrücklich, dich zu erden, mit der Erde zu sprechen und dich für die Lehren und lebensverändernden Verwandlungen zu öffnen, die durch diese kraftvolle Praxis entstehen. Die plötzlichen Veränderungen im Gewahrsein und in den Gefühlen, die entstehen, wenn wir unsere Geschichten und damit unsere Schwingung verändern, können sehr intensiv sein. Wenn wir uns erden und lernen, auf unseren Verstand achtzugeben, indem wir eine Verbindung mit unserem spirituellen Selbst herstellen, dem Zeugen und Führer unseres

Erdenkörpers, können wir diesen Veränderungsprozess voranbringen, der jeden Aspekt unseres Seins verwandelt. Gleichzeitig führt unser Erdenkörper-Selbst unsere Seele und zeigt uns den Grund, warum wir zu dieser Zeit hier auf dem Planeten sind.

In der westlichen Kultur wollen wir schnell zu neuen Erfahrungen, neuen spirituellen Welten, neuen Bewusstseinsebenen kommen ohne die Grundlagen, die diese Aktivitäten dauerhaft, sicher und wirkungsvoll machen. Unsere innere und äußere Welt zu verändern, ist eine tiefgreifende Verpflichtung, die eine persönliche Transformation auf tiefsten Ebenen erfordert. Da die westliche Kultur die Entwicklung dieser Fähigkeiten nicht fördert, müssen wir einsehen, dass wir hier wie Kinder sind, verglichen mit vielen indigenen Kulturen, die dieses Wissen durch ihre täglichen persönlichen und gemeinschaftlichen Traditionen und Rituale erhalten. Diese Fähigkeiten, diese Kraft und Erdung und diese Bewusstheit zu entwickeln, ist wesentlich, um die für uns selbst und die Welt heilsame Arbeit zu tun.

Nach 20 Jahren erdverbundener spiritueller Praxis bin ich immer noch nur eine Anfängerin bei meiner Arbeit mit nicht-alltäglichen Wirklichkeiten. Ich bin durch meine Erfahrungen in schwingenden und spirituellen Realitäten (diese sind nicht getrennt) sehr demütig geworden und bewege mich mit großem Respekt und Dankbarkeit in dieser Arbeit, indem ich regelmäßig um Führung, Schutz und Unterstützung bitte und dafür großen Dank ausspreche. Ich weiß mehr denn je, dass es eine tiefgreifende Arbeit ist, ein Großes Werk, wie Thomas Berry sagt, die Arbeit von Lebenszeiten, um den Kurs der Menschheit in dieser Zeit ausweglos erscheinender Herausforderungen zu verändern.[63]

* * *

Das Gewahrsein von Schwingungen und Techniken zur Energieerhöhung kann dein Leben und die Welt unmittelbar verändern. Es ist verblüffend, die Veränderungen zu erleben, die sich allein dadurch ergeben, dass wir die Richtung und Qualität unserer Geschichten, unsere Überzeugungen und unser energetisches Einlassen auf die Welt verändern. Lasse es langsam angehen, wenn du durch die Übungen zur Schwingungswahrnehmung in den kommenden Kapiteln dieses Buches gehst. Denke daran, dich immer wieder mit deinem Körper und der Erde zu verbinden, um die Erweiterungen und manchmal schnellen Veränderungen, die unweigerlich auftreten, zu erden.

In den folgenden Kapiteln vermittle ich Methoden, um die Schwingung zu erhöhen, heilendes Licht in alle Situationen – ob groß oder klein – zu bringen, mit karmischen Wirbeln zu arbeiten und durch das fortwährende, bewusste Erschaffen unserer Geschichten bestimmte Situationen zu transformieren. Diese Übungen bereiten dich auf den Umgang mit energetischen, schwingungsmäßigen und schließlich schamanischen Erfahrungen vor. Das nächste Kapitel gibt klare Richtlinien für die Anwendung der bisher beschriebenen erdverbundenen Übungen, welche die Arbeit mit Schwingung und die spirituelle Praxis sicher und wirksam unterstützen.

10

Heiliger Raum und Vorbereitung für die Lichtarbeit

Ein Mensch, der bewusst in den Schwingungen des Lichts lebt, kann die Welt wahrhaft verändern. Ein Mensch, der voll und ganz in neuen und heilenden Geschichten lebt, in Liebe und Ausrichtung auf das Leben, kann viele negative, destruktive Gefühle, Glaubenssätze und Gedankenformen fortspülen und verwandeln. Sobald wir im Licht sind, verbinden wir uns mit anderen, die die Welt aus ähnlichen Schwingungen heraus erträumen, und wir erschaffen ein Bewusstsein, einen Kanal des visionären Träumens, der es uns allen leichter macht, heilende Träume zu halten. Ich kann nicht oft genug die tägliche Arbeit, die Achtsamkeit und die konsequente Praxis betonen, die nötig sind, um diese Visionen für eine neue Welt aufrechtzuerhalten. Krankheit, Erschöpfung, Trauer, unvorhergesehene persönliche und äußere Ereignisse können uns aus der Bahn werfen; sie werfen auch mich immer wieder aus der Bahn. Trotzdem stehen wir wieder auf und beginnen wieder mit einem Lichtgedanken.

Im Zweifelsfall beginne ich mit dem Übergang zu einer höheren Schwingung, indem ich all das Gute aufzähle, das mir widerfahren ist. Wenn es manchmal kaum auszumachen ist, beginne ich damit, Gott für meinen Atem zu danken, dann für die Luft, dann für die Bäume, dann für die Sonne und die Erde, die die Bäume nähren: ein dankbarer Gedanke und dann noch einer. Selbst für Schmerz, für Dunkelheit und für den Schatten drücken wir Dankbarkeit aus. Alles Leben ist in all seinen Formen heilig. Wir würdigen es durch die große Tat der Bewusstseinserweiterung, immer und immer wieder.

Die folgenden Übungen unterstützen die Verbindung von Erde und Seele. Wenn wir als mit unseren Erd- und Seelengemeinschaften verbundene Wesen zu unserem vollen Potential erwachen, können wir mit klarer Absicht ein Leben und eine Welt der Schönheit, Fürsorge, Kreativität, Gerechtigkeit und Liebe visualisieren. Wenn wir zu unserem vollen Selbst erwachen, wissen wir aus tiefstem Inneren, dass wir die Welt in jedem Moment, mit jedem Gedanken und jeder emotionalen Prägung, der wir Gestalt verleihen, ins Sein träumen. Dieser Abschnitt des Buches lädt dazu ein, achtsam daran zu arbeiten, eine Vision der Verbindung mit der Erde zu halten. Wir entscheiden uns bewusst dafür, uns auf Dankbarkeit, Liebe und Heilung auszurichten, um die Welt ins Licht zu bringen. Die vorherrschenden Energien auf unserem Planeten sind oft nicht förderlich für diese Visionen der Heilung. Wir müssen aufpassen, dass wir uns nicht auf die Nachrichten, den Klatsch, die Familiendramen und die negativen Gedankenmuster einlassen, die ständig aus allen Richtungen auf uns eindringen. Je mehr wir das Licht und die Schönheit sehen, desto mehr ziehen wir sie an und bringen wir sie in die Welt.

Wie man die Schwingungsrealität erkennt

Das Praktizieren der erdverbundenen Übungen im zweiten Teil dieses Buches wird die Arbeit mit der Schwingungsrealität voranbringen. Je länger und konsequenter wir mit den erdverbundenen Übungen arbeiten, desto mehr Leichtigkeit entwickeln wir für die Arbeit mit Schwingungsenergie. Wenn wir uns in die Arbeit mit der energetisch schwingenden Realität begeben, können wir ein Bild von uns erschaffen, wie wir in der Erde verwurzelt sind und uns mit der Seele verbinden. Die Visualisierung dieser Wahrheit hilft uns, das Wissen in uns zu verankern, dass wir Wesen der Erde und der Seele sind und uns daher mit Empfindung und Absicht durch diese Bereiche bewegen können. Indem wir diese Übungen vertiefen, bewegen wir uns von der unbewussten zur bewussten Schöpfung.

Unser rationaler Verstand lehnt die mit diesen Übungen einhergehenden Empfindungen ab; wir haben einen kleinen Descartes in unseren Köpfen, der uns sagt, dass unsere mentalen Konzepte der Realität die Wahrheit sind und dass wir dem nicht-rationalen Wissen unseres Körpers und unseren spirituellen Wahrnehmungen misstrauen sollen, die oft nicht in dieses rationale Konstrukt passen. Ironischerweise zeigt uns die konkrete spirituelle Erfahrung, dass unsere Gedanken die Wirklichkeit erschaffen; in diesem Sinne hatte Descartes recht: »Ich denke, also bin ich« ist wahrer, als ihm klar war, wenn auch in einem völlig anderen Sinne. Anstatt dass unsere Gedanken die objektive Realität »da draußen« widerspiegeln, ist es die Wahrheit unserer inneren Erfahrung, die sich in Gedanken ausdrückt und uns befähigt, die Welt »da draußen« durch absichtliches, vom Herzen geprägtes Denken mit zu erschaffen. Noch einmal Joseph: »Eure gegenwärtigen Probleme entstehen, weil euer Verstand gekommen ist, um eure Herzen zu instruieren. Die Veränderung besteht nun darin, dass eure Herzen eurem Verstand Anweisungen geben.«[64] Das bedeutet, dass wir in unseren Körper und in unser Herz zurückkehren und unseren rationalen Verstand an ihnen ausrichten.

Worte sind für die Beschreibung von Erfahrungen mit Energie und Licht ziemlich unzureichend und können unsere Vorstellungen von diesen Bereichen verzerren. Darum müssen wir uns über die Grenzen unserer Sprache hinausbewegen, um das besondere Wissen aufzunehmen, das uns in der schwingenden geistigen Wirklichkeit zur Verfügung steht. Dennoch sind Worte das, was wir haben, um diese Erfahrungen mitzuteilen, bis wir so weit sind, dass wir uns in jenen Bereichen miteinander verbinden können, die schamanischen Heilern und langjährig spirituell Praktizierenden zugänglich sind. Nach langer Übung setzt sich unser Verständnis mehr und mehr in unserem Herzen fest, das in Sinnbildern, Gefühlen, Intuitionen und Geschichten spricht. Nur dieser sinnbildhafte Teil von uns, unser Weisheitsselbst (archetypisches Selbst), kann energetische und spirituelle Kräfte »verstehen«. Während das westliche Paradigma das rationale Denken fördert, welches das menschliche Wissen auf wertvolle Weise erweitert hat, ist es nun an der Zeit, unsere sinnbildhafte, erdverbundene Herzensweisheit wieder zum Leben zu erwecken.

Vorbereitung auf die Arbeit mit Licht in der Schwingungsrealität

Unser Schwingungsbewusstsein ist mit unserem emotionalen, mentalen und physischen Körper untrennbar verbunden, ist eins mit ihm. Wenn wir versuchen, uns in verschiedene Aspekte und Systeme aufzuspalten – Geist, Körper, Seele, Spirit –, ist das eine Einschränkung durch unsere westliche Sprache, die eine nützliche Landkarte darstellt. Diese Landkarte ist jedoch lediglich Wegweiser und nicht in der Lage, unsere Ganzheit als integrierte Wesen zu erfassen. Wenn wir ein ökologisches Bewusstsein entwickeln, verstehen wir, dass letztlich nichts in der Welt von etwas anderem getrennt ist; ebenso wenig sind unsere »Bestandteile« voneinander getrennt. Wenn wir uns vollständig im Erdseele-Träumen bewegen, verkörpern wir die Wahrheit, dass alles miteinander verbunden ist. Indem wir Ehrfurcht vor dem Leben kultivieren – durch Zeremonien, Kreativität, das Erlernen eines heiligen und intuitiven Fließens mit der Erde –, schaffen wir einen heiligen Raum, der Tore zu Schwingungserfahrungen öffnet.

Unser feinstoffliches Energiesystem, der Ursprung unserer Fähigkeit, Schwingungsfelder wahrzunehmen, ist tief mit allen anderen Systemen unseres Körpers sowie mit den Lebenssystemen des Planeten verbunden. Die Wahrnehmung von Schwingungen ist mit unserer Sensibilität für körperliche und emotionale Empfindungen verknüpft. So führen uns diese zu einem tieferen Verständnis der Schwingungsrealität. Letztendlich verändert dies die Art, wie wir unser Denken erleben und verstehen. Deshalb ist es hilfreich und dringend angeraten, immer mit einer verkörpernden, erdverbundenen Übung aus dem vorherigen Abschnitt des Buches zu beginnen, bevor wir uns aktiv mit Schwingungsfeldern beschäftigen. Es ist wichtig, Schwingungsarbeit mit so viel Klarheit und bewusster Absicht wie möglich zu tun und durch unseren Körper eine so starke Verbindung mit der Erde herzustellen, wie wir es in der jeweiligen heiligen Traumerfahrung vermögen. Es ist unbedingt erforderlich, stark geerdet zu sein und den physischen und emotionalen Raum zu klären, bevor wir mit Schwingungsfeldern arbeiten. Ohne diese Vorbereitung werden wir unweigerlich in einer tief verwurzelten Tendenz landen und uns mit den vorherrschenden, uns umgebenden Feldern verbinden, anstatt das Bewusstsein in uns und in der Welt zu transformieren und zu erhellen.

Vorbereitung und klare Absicht führen zu einem aktiven Erwachen zu unseren schöpferischen und heilenden Fähigkeiten als geistige Wesen. Nimm dir Zeit für die Vorbereitung; ich wiederhole: Nimm dir Zeit für die Vorbereitung. Die Grundlage des Erdseele-Träumens ist, dass wir uns mit unserem evolutionären, genetischen ganzen Selbst in Übereinstimmung bringen: dass alle unsere Gaben und unser Wissen auf die anstehende, tiefgreifende Aufgabe abgestimmt sind. So treten wir in die Arbeit des Träumens ein, eingeweiht in die Fülle als Mensch und in so vollständiger Ausrichtung auf Erde und Seele, wie wir sie im jeweiligen Moment aufbringen können. Obwohl wir nie so weit sind wie beim nächsten Mal, üben, üben und üben wir mit der hingebungsvollen Absicht, eine neue Welt hervorzubringen. Die Vorbereitung ist der wichtigste Teil der Arbeit: das Tor zu erschaffen, zu lernen, es offen zu halten und hindurchzugehen, um bewusst zu träumen und sich die Welt neu vorzustellen.

Michael Laitman fängt in seinem Buch *A Glimpse of Light: The Basics of the Wisdom of Kabbalah*[65] [Ein Lichtschimmer: Die Grundlagen der Weisheit der Kabbalah] das Mysterium und das demütig machende Wunder der Arbeit in schwingenden Lichtfeldern wunderschön ein:

Ich befinde mich in einem großen, sich weitenden Gebilde, das ich weder fühle noch verstehe. In diesem gewaltigen System lebe ich an einem winzigen Ort namens »diese Welt«. Wie können wir das gesamte System enthüllen, alles wissen, alles fühlen und sein Besitzer werden?

Das Licht in das System zu ziehen, ist die Kraft, die meine Sinne und meine inneren Kanäle öffnen wird, die Kraft des Lebens, die mein Bewusstsein wiederherstellen wird.[66]

Wir beginnen unsere Vorbereitung für das Eintreten in die lichten Ebenen mit Gewahrsein und Absicht, indem wir einen heiligen Raum schaffen, der die Grundlage für das Öffnen von Toren bildet, durch die wir die Schwelle des Verstandes überschreiten und in die bewusste Wahrnehmung des Lichts gelangen.

Übung
Einen heiligen Raum schaffen

Zweck

Um deine Arbeit mit Heilschwingungen und Licht tun zu können, schaffe dir zunächst einen heiligen Raum und setze eine klare Absicht. Es gibt viele Möglichkeiten, einen heiligen Raum zu schaffen, und es ist wichtig, einen Weg zu finden, der sich für dich richtig anfühlt. Vertraue deiner Intuition und all deinen voll entwickelten, natürlichen Sinnen; das bringt dich zu den Methoden, die für dich persönlich kraftvoll sind. Erprobe Rituale zur Schaffung eines heiligen Raums, improvisiere, bis du die rituellen Elemente findest, die für dich funktionieren. Finde deine heiligen Gegenstände, Rituale und Orte, die deinem Körper und Geist sagen, dass du jetzt einen tiefen spirituellen Ort betrittst, an dem du dich für das Schwingungsbewusstsein öffnest, für eine Praxis, um dein Leben und die Welt neu zu sehen.

Durch regelmäßiges Üben werden dein heiliger Raum und deine persönlichen zeremoniellen Zeichen dir helfen, die Tore zur geistigen schwingungsmäßigen

Wirklichkeit schneller und zuverlässiger zu durchschreiten. Außerdem werden der Raum und der Ort, den du für diese Arbeit wählst, immer weiter »aufgeladen« – für dich und für jene, die du in die heilige Arbeit einbeziehst. Deine Rituale, dein heiliger Ort und deine zeremoniellen Gegenstände werden für dich zu einem Quell von Kraft und Einsicht.

Beschreibung

Schaffe dir den heiligen Raum an dem Ort und mit jenen Werkzeugen, mit denen du bei den erdverbundenen Übungen weiter oben in diesem Buch gearbeitet hast. Die Verbindungen mit deinem Körper und deine Signale an ihn, aufzuwachen und sich auf das ökologische Bewusstsein einzulassen, sind das erste Element einer effektiven Schwingungsarbeit zur Heilung der Welt. Schließlich wird dein heiliger Raum zur Landschaft für schamanische Visionen. Das Schaffen eines heiligen Raums entspringt der Absicht, die Dinge auf eine heilige Weise zu tun.

Stelle einen Altar mit heiligen Gegenständen zusammen: Dinge, die dir positive Gefühle der Freude, Dankbarkeit und Liebe vermitteln; besondere und bedeutungsvolle Erinnerungen und Andenken an geliebte Orte.

Sammle auch Dinge aus der Natur. Stelle deinen Altar an einen Ort, der sich für dich sicher und besonders anfühlt. Wähle ein schönes Tuch für ihn. Arrangiere den Altar mit großer Sorgfalt, spüre die Beziehung zwischen all den heiligen Dingen, halte jedes einzelne in Dankbarkeit und lasse sie ein Netzwerk bilden.

Du kannst Kreise aus Gegenständen und Steinen bilden, die die Himmelsrichtungen würdigen, und Dinge hinzufügen, um die Erde, den Wind, das Feuer und das Wasser zu ehren; ebenso die Bewohner der Welt, etwa Federn für die Geflügelten, Muscheln für die Wasserwesen, etwas für die Vierbeiner, etwas für Kräuter, heilige Pflanzen und Bäume oder andere Wesen der Erdengemeinschaft. Und es ist in Ordnung und genau richtig, dort anzufangen, wo du bist, sogar mit nur ein paar heiligen Dingen und einem kleinen Regal oder Platz auf dem Boden. Altäre wachsen und verändern sich mit der Zeit. Das Wichtigste ist, mit eben den Dingen und an dem Platz, den du hast, zu beginnen und es dann fortzuführen.

Halte die Objekte und diesen Ort heilig und behandele sie mit Ehrerbietung und Wohlwollen. Sende diesem Raum Licht, Liebe und Dankbarkeit, so oft du kannst. Derartige Dinge zu lieben, verändert die Ladung und Bedeutung dieser Dinge in unserem Leben und bei unserer heiligen Arbeit. Verwende diese Gegenstände und diesen Platz möglichst nur für spirituelle Arbeit.

* * *

Schließlich werden dein heiliger Raum und deine Objekte deinem Körper, deinem Geist und deiner Seele signalisieren, dass es an der Zeit ist, mit deiner spirituellen Arbeit zu beginnen. Mit der Zeit wird dein Körper lernen, sich schneller und tiefer mit den Dingen zu verbinden. Wiederholung hilft dir, schnell und effektiv in den entsprechenden Bewusstseinszustand zu gelangen. Routinen, die einen geerdeten und klaren Raum schaffen, unterstützen die Praxis der Schwingungsarbeit.

An dieser Stelle kommen Rituale ins Spiel. Die Komponenten und die Reihenfolge der Aktivitäten, die ein Vorbereitungsritual für die Schwingungs-Energiearbeit bilden, werden für jeden anders sein, beginnen aber oft mit heiligen Plätzen und heiligen Gegenständen. Du kannst mit verschiedenen Übungen und Ideen aus den vorherigen Kapiteln arbeiten sowie mit jenen, die folgen, und andere Aktivitäten einflechten, die deinen Sinn für Ehrerbietung aktivieren.

Probiere aus, was sich gut für dich anfühlt, und improvisiere dann innerhalb dieses Rahmens, um ihn immer wieder neu und im Einklang mit deinem Wachstum auszubilden. Kläre deine Gedanken durch Zeiten der Stille, der Meditation oder durch Tagebuchschreiben – was auch immer für dich funktioniert, um Klarheit zu gewinnen. Wenn du Anleitung brauchst, versuche es mit den Vorschlägen für Zeremonien im zweiten Kapitel dieses Buches.

ÜBUNG
VERANKERUNG IN DER ERDE

Zweck

Die Wichtigkeit der Erdung und warum sie Teil unserer integrierten spirituellen Praxis ist, ist der erdverbundene Aspekt dieser Methode. Es ist wichtig, sich jedes Mal zu erden, wenn wir den heiligen Raum für die Schwingungsheilungsarbeit öffnen. Letztendlich ist es das Ziel, sich während unseres gesamten Lebens in der Erde verankert zu fühlen, aber vor allem, wenn wir spirituell arbeiten. Die Erdung wird zu einem täglichen Teil eines ökologisch bewussten Lebens. Um sich zu erden, kannst du eine der Übungen aus dem Abschnitt über Erdverbundenheit in Teil 2 dieses Buches nehmen.

Im Zuge der Entwicklung eines Bewusstseins für Erdung in deinem Leben und deiner spirituellen Entwicklung, ehre bei jeder Zeremonie die Erde und alles Leben ganz bewusst. Normalerweise mache ich das in jeder Zeremonie ein paar Mal auf unterschiedliche Weise. Wo du es tust, ist nicht so wichtig, aber es zu tun, ist entscheidend, um mit der Schwingung und der schamanischen Realität sicher und wirkungsvoll arbeiten zu können.

Beschreibung

Bevor ich einen heiligen Raum schaffe oder betrete, spüre ich meine Füße auf dem Boden und gehe barfuß auf der Erde, wenn ich draußen bin; oder ich stelle mir eine Schnur vor, die von der Basis meiner Wirbelsäule von da, wo ich sitze, hinunter in den Kern der Erde reicht: mit Hilfe einer einfachen Visualisierung, die mir in dem Moment einfällt. Außerdem arbeite ich mit Steinen als heiligen Objekten, um mich zu erden, wie in diesem Buch beschrieben, und lege Steine auf meinen Körper oder stelle meine Füße bei Ritualen und bei der Heilarbeit auf Steine.

Ich erde mich bewusst, wenn ich eine Zeremonie oder ein Ritual beginne, und oft schon vorher. Wenn ich eine Zeremonie an einem neuen Ort vorbereite, bitte ich die Erde, mir zu zeigen, wo und wie ich mich mit den energetischen Mustern und Elementen an einem bestimmten Ort verbinden kann. Bleibe in der Erdungsabsicht, so oft du kannst; das wird sich durch regelmäßige Übungen der Erdverbindung von selbst einstellen. Finde in deinen Zeremonien immer einen Platz, um deinen heiligen Raum bewusst in der Erde zu verankern. Je mehr Zeit wir uns für die Vorbereitung nehmen – Erdung, Klärung, Festlegung der Absicht –, desto wirkungsvoller werden sich unsere Schwingungs- und Visionserfahrungen mit der Zeit in die Welt übertragen.

Übung
Klare Absichten in die Welt setzen

Zweck

Wie die physische Welt ist auch die Welt der Schwingungen von einer großen Vielfalt an Informationen, Erfahrungen und Dramen angefüllt. Auf dieser Ebene aktiv und bewusst zu agieren, ist wesentlich, um unser Leben und unsere Welt zu verändern und zu heilen. Bevor du dich auf eine schwingungsmäßige energetische Erfahrung einlässt (nach der verkörperten Erdung), solltest du dir über deine Absicht im Klaren sein.

Im Bereich der Schwingungen sind viele von uns durch ihre Erfahrungen in der westlichen Kultur darauf programmiert, durch unser Wollen und Verlangen Energie zu beanspruchen oder abzuziehen. Eines unserer kulturellen Leitbilder ist es zu konsumieren, und wir denken oft darüber nach, was wir bekommen können und was wir brauchen, selbst wenn wir nicht merken, dass wir darüber nachdenken. Das Abziehen von Energie geschieht oft unbewusst: Ich brauche mehr Geld; wer wird sich um mich kümmern, wenn ich krank bin; wo werde ich leben. Diese unterschwellige und tückische Ungewissheit, die durch das vorherrschende globale Bewusstsein aufrechterhalten wird, kann unsere Arbeit mit Schwingungen beeinflussen. Ob wir es wissen oder nicht, wir bewegen uns immer in der Welt der Schwingungen. Es scheint paradox, aber wir sind in der Lage, unsere Energie auf der Schwingungsebene zu erhellen und zu klären, indem wir geben, anstatt zu nehmen.

Die Energie des Gebens – Liebe, Licht, positive Absicht – erhöht (hebt) unsere Schwingung und erlaubt uns, uns mit anderen Seelen mit hoher Schwingung zu verbinden und einen Kanal zu höheren Wesen zu öffnen, die unser spirituelles Wachstum fördern wollen. In diesem Sinne wird deine Arbeit effektiver sein, wenn deine Absicht das Geben ist.

Prüfe deine Absichten für die spirituelle Arbeit sorgfältig. Durch falsche Absichten können wir ungewollt unsere alten Geschichten und Muster aufrechterhalten. Wenn wir um bestimmte Dinge bitten, ist es wichtig zu wissen, dass wir uns womöglich unserer Seele gar nicht anheimgeben – im Sinne unseres Wachstums und unserer Heilung. Oft fühlt sich das, was das Beste für unsere spirituelle Entwicklung und unser Wachstum ist, unangenehm und beängstigend an. Doch wir müssen auch unser tägliches Leben im Gleichgewicht halten. Es ist also eine echte Gratwanderung, die Absicht zu haben, uns und die Welt zu heilen, und zugleich unsere Handlungsfähigkeit zu bewahren, so dass wir uns auf eine Weise öffnen, mit der wir umgehen können. Unsere Geistführer warten nur darauf, uns beim Wachsen zu helfen, und hier unterwegs zu sein, mag sich überwältigend anfühlen und uns überfordern. Es erfordert Zeit, unsere Fähigkeit zu entwickeln, viele der Dinge loszulassen, die wir in unserem Leben für gewiss und wichtig halten.

Es ist in Ordnung, nein zu sagen und Grenzen zu setzen, und es ist auch gut, Absichten zu haben, die die Heilung unterstützen. Manchmal, wenn uns das zu schwer erscheint, können wir in unserer spirituellen Arbeit neutral bleiben und einfach um Unterstützung und Weisheit bitten, um durch einen Tag oder eine Periode unseres Lebens zu kommen. Wenn ich eine Absicht setze, tue ich mein Möglichstes, um mich von den Ergebnissen zu lösen. Dabei weiß ich um die Quintessenz meiner Absicht. Zum Beispiel ist es meine Absicht, meine spirituelle Mission auf dem Planeten nach besten Kräften zu erfüllen. Die Quintessenz für mein irdisches Selbst ist, meinen Kindern ein sicheres Zuhause zu bieten und in einem warmen, behaglichen Haus zu leben und mit Freunden in der Nähe.

Beschreibung

Ersinne dir ein tägliches Gebet, das eine allgemeine Absicht für dein Leben ausdrückt, und kläre dann die darin enthaltenen, individuellen Absichten, wenn du bestimmte Arbeiten erledigst. Wenn du dir die Zeit nimmst, eine allgemeine Absicht zu formulieren, die dein Leben bestimmt, ist das ein guter Leitfaden, auf den du dich stützen kannst, wenn das Leben sehr geschäftig ist oder unerwartet schwierig wird. Mein tägliches Gebet der Absicht war viele Jahre lang: »Göttliche Schöpferkraft des Universums, was kann ich sein, um dich zu verherrlichen?« Mein ständiges Gebet ist jetzt: »Ich bete, dass mein Leben mit meiner Seelenmission und der Heilung der Welt im Einklang ist.« Das Gebet kann einem Angst machen, denn Dinge, an denen mein Ego sehr hängt, sind weggefallen oder bis zur Unkenntlichkeit verändert worden. Aber diese Veränderungen in meinem Leben haben mich für Ebenen der Heilung, des Friedens und der Freude geöffnet, die ich nie für möglich gehalten hätte. Anstatt also darum zu bitten, dass dieses oder jenes klappt (was wir natürlich sowieso alle immer wieder tun), hilft es, die Sorge um einzelne Probleme in einen gebenden, flexiblen Ansatz zu verwandeln, wenn dies möglich ist. Abgesehen davon, falle ich manchmal, wenn es wirklich schwierig wird, auf die Knie und flehe um Hilfe und um bestimmte Ergebnisse.

11

Sich der Schwingungsrealität öffnen

Unsere persönlichen Schwingungen gehen von uns aus: von unseren bewussten und unbewussten Überzeugungen über uns und andere und die Welt. Sehr oft senden wir Energie in Bereiche unseres Lebens und der Welt oder empfangen sie von dort, ohne uns dessen bewusst zu sein. Nichtsdestoweniger haben wir durch diese Entscheidungen, auch wenn wir um sie nicht wissen, teil an der Erschaffung unseres Lebens und der Welt, wie wir sie kennen. Auch vergeuden wir oft unsere geistige Kraft, die Lebenskraft unseres Energiekörpers, indem wir unsere Energie und Lebenskraft auf Gedanken, Gefühle und Situationen lenken, die uns auslaugen. Indem wir lernen, bewusst mit unseren Schwingungen zu arbeiten, können wir unsere Gesundheit und spirituelle Kraft wiederherstellen und aktiv an der Heilung der Welt mitwirken.

Ebenso wie wir fließende Grenzen für unser physisches und emotionales Selbst entwickeln müssen, ist es wichtig zu lernen, die Grenzen unseres Energiekörpers zu handhaben, wenn wir uns bewusst in der Schwingungswelt einbringen. In der schwingungsmäßigen und energetischen Realität sind Grenzen nicht wie Mauern. Vielmehr ergeben sich energetische Grenzen daraus, dass wir klare Entscheidungen treffen, wie, wann und wo wir unsere Schwingungen nach außen in unseren Energiekörper ausdehnen und wieder zurückziehen. Nichts auf der Ebene von Schwingung und Energie ist jemals statisch. Es gibt immer eine Art Bewegung und Fluss. Zu lernen, unsere Macht in der Matrix der Schwingungen bewusst einzusetzen, ist eine wesentliche

Aufgabe, um den Traum unseres Lebens und der Erde bewusst zu erschaffen.

Nachdem du einen heiligen Raum geschaffen hast, beginnt die Schwingungsarbeit damit, in deinen spirituellen Körper hineinzuspüren und zu lernen, energetische Blockaden zu lösen sowie deinen energetischen Seelenleib wiederherzustellen. Wir müssen gesund sein, bevor wir die Welt heilen können; und wenn wir uns selbst heilen, heilen wir die Welt. Wir sind Teil des Körpers der Erde, also hilft jede Arbeit, die wir tun, um uns selbst wieder in eine schwingungsmäßige Ausrichtung und Ganzheit zu bringen, der Erde und allen Menschen. Oft können die Besonderheiten unserer Schwingungsprägungen, wie sie sich in unserem Leben manifestieren, einen Mikrokosmos größerer Themen darstellen, mit denen wir und der Planet als Ganzes zu tun haben. Da wir Geschichten miteinander teilen und erschaffen – überall auf dem Planeten existiert ein Netz aus Träumen – spiegeln sich unsere Geschichten, unsere Ungleichgewichte, unsere Herausforderungen und unsere Heilung in den Geschichten anderer.

Übung
Versenkung mit den vier Richtungen

Zweck

Du hast vielleicht schon erlebt, dass Menschen als einen Weg der Erdung zu Beginn von Zeremonien die vier Himmelsrichtungen anrufen. Oft finde ich, dass ihre Anrufung in einer Zeremonie ein Punkt ist, an dem Teilnehmer aus westlichen Kulturen unsicher oder unbeteiligt sind und nicht wissen, warum wir dies tun. Es gibt viele Gründe, sich auf diese Praxis einzulassen: die Ehrung der Geister der Erde und unserer elementaren Naturenergien, die Würdigung der Ahnen, der Geschichten und vieles mehr.

Viele Jahre lang habe ich absichtlich Praktiken gemieden, die indigene Wurzeln zu haben schienen. Die vier Richtungen anzurufen, erschien mir ohne Gefühl und wahres Engagement; der Prozess schien mir geliehen und nicht echt. Ich musste einen Weg finden, um meine Beziehung zu den Himmelsrichtungen zu fühlen, und über dieses Bemühen fand ich neue Wege, Rituale für die Richtungen zu praktizieren.

Beschreibung

Ich habe zwei Methoden, um mir und anderen dabei zu helfen, mit den vier Richtungen eine konkrete Verbindung einzugehen. Die erste ist, längere Zeit mit jeder Richtung zu verbringen, mit dem Wind, den Naturwesen und den Geistern zu sprechen, die von dort kommen und dort wohnen. Ich fordere dazu auf, die Richtungen einzuladen, sich zu offenbaren, immer mit großer Dankbarkeit für alles, was kommen mag.

Am Anfang ermittele die Himmelsrichtungen und wende dich jeder Richtung zu. Ich beginne mit dem Norden. Auch dies habe ich nicht von Menschen übernommen, sondern von der Erde; ich habe mich in die Praxis eingefühlt. Wenn du hinsichtlich der Himmelsrichtungen einem bestimmten Glaubenssystem anhängst, beginne mit der Richtung, die diesem entspricht. Setze dich mit Blick in jede Richtung für eine längere Zeit hin. Ob allein oder in einer Gruppe können das Minuten, Stunden oder sogar ein ganzer Tag sein. Wenn du dir für jede Richtung einen Tag Zeit nimmst, dann wirst du ein tiefes Verständnis für die Richtungen entwickeln. Da die meisten von uns kaum einen ganzen Tag Zeit haben, um jede Himmelsrichtung kennenzulernen und sich mit ihr zu verbinden, empfehle ich eine Zeitspanne zwischen 15 Minuten und einer Stunde. Eine Möglichkeit ist, sich eine Woche Zeit zu nehmen, um jeden Tag Zeit mit einer der Richtungen zu verbringen.

Ich bekomme sehr interessante Reaktionen von Gruppen, wenn ich zwei Stunden eines Workshops auf die vier Richtungen verwende. Sie sind eher daran gewöhnt, dass das Einlassen auf die vier Richtungen höchstens fünf bis 20 Minuten dauert, daher sträuben sie sich oft gegen diese zeitliche Ausdehnung. In manchen Fällen ist die Beziehung zu den Richtungen schon die gesamte Zeremonie. Wie bei den meisten Praktiken, die uns wieder in Kontakt mit unseren natürlichen Empfindungen bringen, zeitigt diese einfache Verpflichtung zur Verlangsamung überraschende Erkenntnisse und Ergebnisse: eine vertiefte Verbindung mit der Lebenswelt. Es gibt zwei Möglichkeiten, diese Praxis zu erweitern. Die erste besteht darin, sich bedeutsame Naturwesen oder Sinnbilder in jeder Richtung vorzustellen oder andere zu bitten, sich diese vorzustellen, und sie aufzufordern, Fragen zu stellen und Dankbarkeit zu erweisen, und sie um Hinweise zu bitten, wie wir sie ehren und durch unsere Beziehungen zu ihnen Heilung bringen können. In meiner Region ist der Eriesee das größte bedeutende Naturwesen im Norden, also beginnen wir damit, mit dem See zu sprechen. An vielen meiner Rückzugsorte gibt es einen wichtigen Fluss im Osten. Ich kenne auch alle Bäche und Bäume und Schluchten oder andere Wesen in jeder Richtung in unserer unmittelbaren Umgebung.

Eine andere Methode, um die Praxis der Verbindung mit den Richtungen zu erweitern, besteht darin, während du mit den anderen in jede Richtung schaust, dir vorzustellen, dass du dich vom Licht in deinem Herzen aus in einem Lichtband um die ganze Erde herum erstreckst, bis sich dieser Strahl durch deinen Rücken wieder mit dir verbindet. Bei einer Gruppe tut dies jede Person in die Richtung, in die sie schaut. Das Ergebnis ist die Erfahrung eines Lichtnetzes, das von dem Kreis ausgeht und sich in alle Richtungen um den Körper der Erde ausbreitet.

Übung
Den heiligen Raum klären

Zweck

Um die Heilung mit Schwingungen zu unterstützen, ist es hilfreich, schwingungsmäßig klare »Zonen« zu schaffen. Viele Rituale, die wir in unseren Religionen oder spirituellen Praktiken für selbstverständlich halten, entstammen einer unbewussten (oder bewussten, aber längst vergessenen) Sensibilität für die Förderung von Schwingungs- und Bewusstseinsveränderungen, die spirituelle Erfahrungen hervorrufen. Das Erschaffen von Ritualen zur Öffnung unserer schwingungsmäßigen und energetischen Fähigkeiten hilft uns, den Raum zu schaffen, der unsere Arbeit, mit Licht Heilung und Transformation zu bringen, trägt.

Beschreibung

Obwohl die Praxis jedes Menschen persönlich und unterschiedlich sein kann, sind allgemeine Praktiken, die auf der ganzen Welt Anwendung finden, ein guter

Anfang. Später in diesem Buch werden wir über die Bedeutung von Musik und Tanz sprechen, um die Schwingungen zu erhöhen, aber im Augenblick möchte ich über einige sehr einfache zeremonielle Elemente sprechen. Oft ist es einfacher, in einer friedlichen Umgebung in der Natur den Raum zu klären und die Schwingungen zu erhöhen, da diese Umgebung uns hilft, ein Gefühl der Ruhe zu entwickeln und uns in einen ehrfürchtigen Zustand zu versetzen.

Ich verwende Steine, um in Ritualen das Gleichgewicht zu halten und den Schwingungsraum zu klären. Ich habe viele Jahre lang Steine für die spirituelle Praxis verwendet, ohne zu verstehen, was sie bewirken. Durch ausgiebiges Üben empfinde ich jetzt Kreise aus Steinen als Wirbel von schwingungsmäßig gereinigter und offener Energie. Steine in einem Kreis können unsere Kommunikation mit dem Göttlichen unterstützen, weil Botschaften von elementaren Erdenergien und geistigen Helfern durch unsere üblicherweise dichte Schwingungsrealität schwer wahrzunehmen sind. Es ist ein Mysterium, das viele Kulturen sich im Laufe der Zeit erschlossen haben: Kreise aus Felsen und Steinen stärken als Tore zu anderen Ebenen unsere Verbindung und öffnen unser Bewusstsein für Wahrnehmungen von »anderen Welten«. Auch Kreise, die mit anderen natürlichen Gegenständen gezogen oder errichtet werden – wie in den erdverbundenen Übungen weiter oben in diesem Buch beschrieben –, können unser spirituelles Bewusstsein und unsere Entwicklung unterstützen.

Andere Elemente, die du deinem Ritual hinzufügen kannst, sind Feuer, Rauch von brennenden Kräutern oder Weihrauch und Wasser. Ich habe gesehen, dass diese in vielen Religionen und spirituellen Praktiken verwendet werden, aber ich habe es nicht verstanden, bis ich anfing, mich in ein tieferes Schwingungsbewusstsein zu bewegen: Feuer, Wasser und Rauch klären den Schwingungsraum. Rauch trägt unsere Gebete zum Himmel und hilft uns, auf die Weisheit zu hören, die zurückkommt, denn er erhöht die Schwingung, so dass ein die Schleier überschreitender Austausch geschehen kann.

Zu Beginn meiner Zeremonien arrangiere ich einen Kreis aus kleinen, großen oder sehr großen Steinen, je nachdem, wie groß die Fläche ist, mit der ich arbeiten kann, und wie ich im Raum arbeiten möchte. Ich will vielleicht innerhalb oder außerhalb des Mandalas an einer bestimmten Stelle sitzen oder mich um das Mandala herumbewegen. Ich folge meiner Intuition und verbinde mich mit dem Ort, um herauszufinden, wie groß der Kreis sein soll. Ich arrangiere meine heiligen Steine und andere Wesen und Objekte, mache ein Feuer, wenn es an einem sicheren Ort im Freien ist (oder drinnen nehme ich Kerzen) und stelle auch sicher, dass eine Schale mit Wasser da ist. Ich beräuchere meinen Körper im Kreis und stelle mir so die Reinigung meines Kreises vor. Ich habe zu vielen dieser Praktiken meinen eigenen Weg gefunden und erst später ein Verständnis dafür entwickelt, warum sie Teil traditioneller religiöser Praktiken in westlichen und vielen anderen Kulturen sind.

Auch hier bedarf es konsequenter Übung, um diese Methoden zu verstehen und zu verinnerlichen. Du musst nichts Besonderes fühlen, damit diese Zeremonien wirken, und oft beginnen die Menschen erst mit der Zeit, die Veränderungen zu spüren, die diese Praktiken auslösen.

Du kannst den Raum auch mit Gesang, mit Trommeln, mit Klangschalen, Glockenspielen und Kristallen zur Visualisierung klären. Wenn du mit Klängen oder Bildern klärst, stelle dir vor, dass ein göttliches Licht durch den Scheitel deines Kopfes und durch dein Herz in den Klang oder das Bild strömt und es erhellt. Stelle dir dann vor, wie sich dieses Licht in alle Richtungen ausbreitet und ein Zentrum der Klarheit und des Friedens in deinem zeremoniellen Raum bildet.

Übung
Das Herz öffnen

Zweck

Nachdem wir einen heiligen Raum geschaffen, uns geerdet und einen umfassenden Vorsatz verankert haben, besteht der nächste Schritt zur Erhöhung unseres Schwingungsbewusstseins darin, uns mit unserem eigenen Licht zu verbinden, das durch unseren Herz-Geist ein und aus geht. Unser Herz ist ein Zentrum der Erfahrung, bietet uns aber auch eine Quelle des Wissens und der Orientierung, die heilende Botschaften an unseren Kopf, an Gehirn und Verstand, senden kann.

Wenn du mit der Schwingungswahrnehmung beginnst, bist du bestens vorbereitet und in deinem Körper präsent, weil du dich mit erdverbundenen innerlichen Praktiken beschäftigt hast. Wenn wir uns voll und ganz in unseren

Körper hineinfühlen, fördert dies unsere Wahrnehmung der Energieflüsse und Schwingungen in unserem Körper. Um diese Praxis zu beginnen, öffnen wir die Lichtquelle unseres Körpers: unser Herzzentrum.

Beschreibung

Werde zunächst langsamer – immer langsamer –, damit du deinen Herzschlag spüren kannst. Höre auf dein Herz und spüre die Energie des Blutes, das dein Herz verlässt und durch deinen Körper strömt. Während du dich auf diese Bewegung konzentrierst, stelle dir vor, dass jeder Schlag deines Herzens nicht nur Blut, sondern Ströme von Licht durch deine Adern schickt. Spüre, wie sich das Licht in konzentrischen Kreisen von deinem Herzen zu den umliegenden Bereichen deines Körpers bewegt. Stelle dir dann jemanden vor, den du liebst. Spüre das Gefühl tiefer Liebe, das du für diese Person empfindest. Stelle dir vor, wie sich diese Liebe im Universum ausbreitet und zu dir zurückfließt. Stelle dir vor, dass du von einer liebevollen Kraft umgeben bist, die dich mit einem hellen, weißen Licht umgibt. Spüre, wie die Liebe dieser Kraft in deinen Körper gelangt, dich hält und dich genau so liebt, wie du bist, ohne Erwartungen.

Du bist vollständig, und für dich ist im Licht dieser Liebe alles richtig und in Frieden. Stelle dir nun einen Lichtstrahl vor, der von dieser göttlichen Quelle der Liebe ausgeht und auf dich zukommt. Wenn dieses Licht dich erreicht, durchdringt es dein Herz, das zu wachsen beginnt und deinen Körper mit der Kraft der Liebe umstrahlt. Dein Herz ist jetzt voll, rund, pulsierend, sanft und doch hell leuchtend von dieser Liebe. Die göttliche Liebe ist in deine Brust gedrungen und hat die Kerze deines Geistes entzündet. Du bist jetzt wach für die Wirklichkeit des Zentrums aus göttlichem Licht, das in deinem Körper lebt.

ÜBUNG
Deinen Energiekörper aufwecken: deine Lichtkugel bilden

Zweck

Diese Übung hilft dir, mit Schwingungen in deinem Energiekörper zu arbeiten, sie zu spüren, zu erhöhen und zu klären. Am Anfang spürst du vielleicht nichts. Das Wunderbare an der Schwingungsarbeit ist, dass sie wirksam ist, ganz gleich, ob du sie spürst oder nicht; sie geschieht durch die schöpferische Kraft von Gedankenformen und Geschichten. In dieser Übung wirst du dir eine Lichtkugel vorstellen, die sich durch deinen Körper bewegt und dir hilft, dein persönliches Schwingungsfeld zu sehen und zu spüren.

Diese Übung ist ähnlich wie ein »Körperscan«, etwas, das du vielleicht schon einmal ausprobiert hast. Das Ziel ist es, deinen gesamten Körper aufzuwecken; zuerst die physische Ebene, dann die emotionale und energetische.

Beschreibung

Suche dir einen bequemen, sicheren Platz zum Sitzen oder Liegen. Mit etwas Erfahrung wirst du in der Lage sein, diese Übung überall zu machen, aber für den Anfang solltest du dir Ruhe und Privatsphäre gönnen, wenn du kannst. Und denke daran, dass jede Schwingungsarbeit durch direkte Erdung verstärkt und unterstützt wird. Wenn du dich also draußen hinsetzen oder hinlegen kannst, wobei ein Teil deiner Haut die Erde berührt, ist diese Übung noch wirkungsvoller. Es ist hilfreich, aber nicht notwendig, entspannende, meditative Musik zu hören, vorzugsweise ohne Worte. Musik hilft, unsere Gehirnwellen zu verändern, damit wir einen leichteren Zugang zu den Vorstellungswelten bekommen.

Sobald du dich wohlfühlst und zur Ruhe gekommen bist, lege eine Hand sanft auf deinen Bauch und spüre, wie du atmest, fünf oder zehn Mal. Wenn du dich im Einklang mit deinem Atem fühlst, stelle dir vor, dass jedes Einatmen deinen Atem zu einer bestimmten Stelle in deinem Körper schickt – rechte Zehen, rechter Fuß, rechtes Bein und so weiter –, bis du in deiner Vorstellung in jeden Teil deines Körpers geatmet hast. Wenn du möchtest, kannst du dies noch genauer tun, etwa in jeden Zeh einzeln atmen, dann in jeden Teil deines Fußes, deines Knöchels, deiner Wade und so weiter.

Sobald du in deinen Körper atmest, stelle dir vor, dass sich eine Kugel aus weißem Licht über deinem Kopf befindet, die ein paar Zentimeter über und hinter dir ruht. Stelle dir vor, dass diese Lichtkugel die Größe einer mittelgroßen Orange hat. Nimm dir Zeit, das Bild dieser Lichtkugel sichtbar werden zu lassen. Welche Temperatur hat sie, wie groß ist sie? Wie sieht die Oberfläche aus? Kannst du durch sie hindurchsehen? Glüht sie? Ist die Oberfläche verwirbelt oder ruhig? Kreist oder rotiert sie oder ist sie nur eine feste, unbewegte Masse?

Auf diese Fragen gibt es keine richtige oder falsche Antwort. Du stellst dir dieses Licht vor, also kann es sein, was immer du willst.

Sobald du diese Lichtkugel mühelos vor deinem geistigen Auge halten kannst, lasse sie sich langsam deine Wirbelsäule hinauf- und hinabbewegen. Stelle dir vor, dass sie mit sanftem Druck gegen deine Wirbelsäule den Rücken hinabgleitet. Die Lichtkugel ist noch nicht in deinem Körper, sondern in leichter Berührung deiner Wirbelsäule auf dem Weg zum Steißbein. Lasse sie dort kurz ruhen, bevor sie deine Wirbelsäule wieder hinauf bis über deinen Kopf wandert. Wenn du dies siehst, stelle dir in deinem Geist klar vor, dass die Lichtkugel durch deinen Scheitel eintritt und sich durch deinen gesamten Körper bewegt, in welcher Reihenfolge oder auf welche Weise auch immer du möchtest. Mache diese Übung oft, damit du lernst, dir deinen Körper als Energie vorzustellen.

Wenn du mit der Lichtkugel-Übung gut zurechtkommst, kannst du beginnen, den Raum in deinem Körper zu klären. Erspüre in deinem Körper Verspannungen, Schmerzen, Unbehagen oder Krankheiten. Wenn du eine Blockade im Energiefluss deines Körpers lokalisierst, fühle hinein und lasse sie zu einer Farbe, einer Temperatur, einer Textur oder einer Form werden, wie auch immer sie sich für dich darstellt. Bewege deine Lichtkugel zu dieser Stelle in deinem Körper und stelle dir vor, dass die Lichtkugel sie umschließt. Versuche nicht, etwas zu verändern, sondern halte sie einfach im Licht: so, wie sie ist. Das Annehmen dessen, was in unserem Energiekörper festgehalten wird, setzt einen Umwandlungsprozess in Gang, weil dies die Heilungsprozesse in Fluss bringen. Es ist das Loslassen von Blockaden durch Liebe und Lichtschwingungen.

ÜBUNG
Den Geist zu sich zurückrufen

Zweck

Wir setzen unseren Geist für viele Dinge in der Welt ein. Themen und Ereignisse in unserem Leben, in unseren Familien und unseren Gemeinschaften sowie Ereignisse und Probleme in der Welt ziehen unsere Energie an. Wenn wir spirituelle Arbeit tun, ist es wichtig, unseren Geist zu uns selbst zurückzurufen, zumindest für den Moment. Andere Möglichkeiten, dieses Konzept auszudrücken und zu verstehen, beinhalten: »unsere Sorgen vor der Tür lassen« oder »im Jetzt sein«.

Unseren Geist zu uns zurückzurufen, ist jedoch mehr als das. Es erfordert die Entwicklung eines Bewusstseins dafür, welche Themen unsere spirituellen Ressourcen aus uns herausziehen, ob gut oder schlecht. Die Teile unseres Lebens, die an unserem Geist zerren, können wie Ranken empfunden werden, die von unserem Geistkörper in die Welt hinausreichen. Um alle unsere Ressourcen für eine bestimmte spirituelle Arbeit zu nutzen, müssen wir unseren Geist so oft wie möglich zu uns zurückrufen, auch wenn das nur für kurze Zeit gelingt.

Beschreibung

Nutze die karmischen Wirbelübungen, um dir bewusst zu machen, was deinen Geist im Allgemeinen oder ganz speziell zu einem bestimmten Zeitpunkt in die Welt hinauszieht. In letzter Zeit erlebe ich wieder alte Muster der übermäßigen Fürsorge für andere. Das zieht einen großen Teil meiner physischen und spirituellen Ressourcen ab. Ich gebe tatsächlich meinen Geistkörper an andere ab.

Manchmal ist das eine gute Sache, obwohl wir es bewusst tun müssen, sonst wird es uns auslaugen. Manchmal tue ich das zum Wohl anderer Menschen, und manchmal, um mich zu beruhigen oder meine Angst zu bewältigen. Was auch immer die Gründe sind, dies ist ein Bereich, an dem ich im Moment mit meinen karmischen Wirbeln spirituell arbeiten muss.

Wenn du dich darauf vorbereitest, deinen Geist zu dir zurückzurufen, betrachte alle alten Geschichten oder Muster, die in deinem Leben auftauchen. Diese werden oft durch sich ständig wiederholende Gedanken oder Sorgen oder Zwänge repräsentiert (einer von meinen ist Überarbeitung). Andere Dinge, die meinen Geist gerade jetzt rufen, sind wichtig für mich und Teil meiner heiligen Arbeit: meine Familie nach dem plötzlichen Tod eines geliebten Menschen unterstützen; meinen Kindern helfen, die Herausforderungen des Heranwachsens in schwierigen Zeiten zu meistern; meine Ehe über Jahrzehnte hinweg gesund und stark zu halten.

Ob gut oder schlecht: Wenn wir unseren Geist zurückrufen, sind Gewahrsein und Freundlichkeit mit uns selbst die Grundlage. Wir kennen vielleicht nicht alle Dinge, die an uns zerren, und wir müssen in diesem Moment auch nichts auflösen oder in Ordnung bringen. Manchmal wachen wir plötzlich auf und bemerken etwas, das sich schon seit geraumer Zeit am Rande unseres Bewusstseins befindet. Diese Dinge können zeitweise mehr Aufmerksamkeit erfordern, da sie eventuell mit unerwarteten und intensiven Gefühlen einhergehen. Es ist wichtig, sich um diese Dinge zu kümmern, und sie sind es oft wert, dass wir andere Vorhaben so lange beiseitelassen.

Sobald du dir bewusst bist, was nach deinem Geist ruft, stelle dir ein sanftes weißes Licht rund um deinen Körper vor und sieh oder fühle, wie sich Lichtranken mit jedem der Dinge verbinden, die während deiner Innenschau bei dir hochgekommen sind. Stelle dir vor, dass du diese Ranken loslässt und siehst, wie diese Energie zurück in deinen Lichtkörper gelangt. Wenn du das starke Gefühl hast, dass du eine dieser Ranken länger halten musst, lasse es geschehen. Manchmal sind die aktiven Verbindungen, die wir zu anderen halten, Teil einer heiligen Verpflichtung. Manchmal können wir etwas noch nicht loslassen, nicht einmal für kurze Zeit. Sei mit Sanftheit und Geduld dort, wo du bist.

Sobald du deine Ranken zu dir zurückgerufen hast, spüre, wie sich dein Lichtkörper entspannt und sich mit der erneuerten Energie deines zurückkehrenden Geistes ausdehnt. Sitze ein paar Minuten lang im Gefühl der Vollendung und Fülle.

* * *

Das nächste Kapitel vermittelt Fähigkeiten, um Schwingungsfelder auf persönlicher und globaler Ebene zu schaffen, zu aktivieren und zu beeinflussen, indem wir mit unseren karmischen Wirbeln arbeiten und sie verändern. Bei der Arbeit mit unseren karmischen Wirbeln ist es wichtig zu verstehen, dass wir im Bereich der Schwingungen entweder senden oder empfangen. Vor Jahren lernte ich, aufgrund meiner intensiven Sensibilität für übersinnliche Phänomene eine Blase um mich herum zu erschaffen, die unerwünschte Schwingungen anderer Menschen, Geister, Gedankenformen und das Feld des menschlichen Bewusstseins ganz allgemein abstieß.

Jetzt weiß ich, dass es um viel mehr geht, als herumzulaufen und sich zu schützen, und dass die Vorstellung, mich schützen zu müssen, den gegenteiligen Effekt hat, weil das meine Ängste schürt. Anstatt mich für den Kampf mit dunklen und bösartigen Kräften als gerüstet vorzustellen, weiß ich jetzt, dass ich eine aktive Rolle bei der Heilung und Transformation der Schwingungsfelder anderer Menschen und der Welt übernehmen kann, indem ich ihnen Licht sende. Es scheint zu einfach, um wahr zu sein, weil unser Verstand alles verkompliziert und in Frage stellt, denn er kennt unsere eigene Macht nicht, aber das Senden von Licht und Liebe an Menschen, Situationen und den ganzen Planeten ist Quelle und Ausdruck dieser Macht.

Sobald genug von uns Liebe und Licht in das Schwingungsfeld des menschlichen Bewusstseins senden, werden wir die Richtung der westlichen Kultur und unseres Planeten verändern. Dies geschieht bereits in einem riesigen Ausmaß auf der ganzen Welt, und wenn ich Menschen treffe, die diese Arbeit tun, erkennen wir uns sofort. Wenn auch die Trance der Menschen auf dem Planeten und unser gemeinsamer Kummer und Schmerz oft unüberwindlich erscheinen, müssen wir daran glauben, dass der Einfluss eines Menschen, der in Frequenzen der Liebe und des göttlichen Lichts schwingt, die Welt tatsächlich verändert. Dies geschieht jetzt; diese Bewusstseinserhöhung wächst; wir können uns zusammentun, um diesen Bewusstseinswandel weltweit zu fördern und so in eine neue Geschichte für die planetarische Ära zu gelangen.

12

Karmische Wirbel: Persönliche Schwingungsheilung

Die Geistführer schenkten mir das Konzept des karmischen Wirbels, eine kraftvolle Metapher für die aktive Arbeit mit Licht in der Schwingungsrealität. Meine Guides lehrten mich, dass karmische Wirbel bestimmte Orte sind, die ich mit meiner Körper-Geist-Energie aufsuche. Ein Wirbel in einem Fluss oder Strom wird durch Felsen oder andere Formationen verursacht, die das Wasser – wirbelnd oder still und manchmal stinkend – an Ort und Stelle halten, anstatt es mit der Strömung fließen zu lassen. Meine karmischen Wirbel halten meine Lebenskraft fest. Manchmal sind diese Strömungen in meinen Seelenpfad integriert, und manchmal blockieren sie meinen Geist. Bestimmte Wirbel ziehen meine Energie von der wesentlicheren Arbeit der Präsenz in der Welt ab und von dem Gewahrsein der Geschichten, die ich in jedem Moment erschaffe.

Einige meiner karmischen Wirbel sind älter als andere, aber alle halten Teile von mir an bestimmten gewohnten Orten fest, manche sind förderlich, andere einschränkend und hinderlich für den »Fluss« meines Lebens und meines spirituellen Wachstums. Viele karmische Wirbel sind durch unsere eigenen bewussten oder unbewussten Entscheidungen entstanden. Einige werden von höheren Wesen in unsere Erfahrung eingewoben, um unser Lernen zu begleiten. Alle erfordern Aufmerksamkeit und Gewahrsein, um unseren Geist, falls nötig, zu uns zurückzurufen, um uns vollständig mit der Erde zu verbinden, in der Schwingungsrealität zu arbeiten und durch waches Träumen zu sehen.

Karmische Wirbel sind wichtige Lernbereiche. Wir bewegen unsere Lebenskraft in stille Buchten entlang des Stroms unseres Lebensflusses, um uns um Verletzungen, Verwicklungen, heilige Aufgaben und Wachstumsmöglichkeiten zu kümmern. Oft handelt es sich bei karmischen Wirbeln um unerledigte Angelegenheiten, die wir mit in dieses Leben gebracht haben, oder um Dinge, die uns widerfahren sind und über die wir keine Kontrolle haben. Manchmal sind es Erinnerungen, die wir aus vergangenen Leben mitbringen oder die uns helfen, Fähigkeiten für die Aufgaben eines zukünftigen Lebens zu erwerben. Karmische Wirbel können uns an Orte in der Zeit oder außerhalb der Zeit bringen.

Oft kehren wir immer wieder zu einem karmischen Wirbel zurück, auch wenn er seinen Zweck schon längst erfüllt hat: durch Erinnerungen, Vorurteile, Ängste oder Wiederholungen von Mustern und Geschichten, die unsere Identität formen. Während karmische Wirbel einen wichtigen Platz in unserer Entwicklung als Seele haben, ist es ebenso wichtig zu lernen, sie zu vollenden und die Energie dieser Wirbel in den Fluss unseres Lebens zurückzurufen.

Übung
Ein karmisches Wirbelmandala zeichnen

Zweck

Viele unserer karmischen Wirbel liegen außerhalb unseres Bewusstseins oder sind ein so gewöhnlicher Teil unseres Bewusstseins, dass wir sie gar nicht bemerken. Das Zeichnen eines Mandalas mit den Wirbeln in unserem Leben kann uns helfen, ein Bewusstsein für die Bereiche zu entwickeln, die unseren Geist anziehen. Wir verwenden das uralte Symbol eines Kreises, um unsere karmischen Wirbel als Symbol darzustellen. Der Kreis als Symbol lenkt bewusst oder unbewusst die Aufmerksamkeit auf unseren Platz in der größeren Gemeinschaft des Lebens und des Kosmos. Wir verwenden den Kreis, um das Gleichgewicht oder Ungleichgewicht zu spüren, das karmische Wirbel in unser Leben bringen.

Beschreibung

Beginne, indem du die nötigen Utensilien zusammensuchst, um etwas zu zeichnen. Du benötigst Papier und Bleistift oder Kugelschreiber, Buntstifte, Marker oder Farbe. Halte es einfach. Bei dieser Übung geht es darum, deine Selbstwahrnehmung zu verbessern, also lasse jegliche Ängste los oder den Druck, »Kunst« machen zu wollen. Die Verwendung einfacher Materialien kann dir helfen, dich von Erwartungen zu lösen und zu einem »kindlichen Geist« in Bezug auf dein karmisches Wirbelmandala zu gelangen.

Um diese Einfachheit zu betonen, verwende ich einfach Filzstifte oder Buntstifte und ein beliebiges Stück normales Papier. Du kannst diese Übung auch auf einer Seite in deinem Tagebuch oder auf einem Stück Altpapier machen. Ein karmisches Wirbelmandala zu zeichnen, ist etwas, das man immer wieder tun sollte, da sich die Strömungen unseres Lebens ständig verschieben und verändern. Um uns unserer Geschichten und Muster bewusst zu bleiben, müssen wir sie regelmäßig neu in den Blick nehmen.

Die Aufgabe, ein karmisches Wirbelmandala zu erstellen, ist einfach, während die Erkenntnisse und Gefühle, die dabei entstehen, oft überraschend und intensiv sind. Beginne, indem du einen Kreis zeichnest. Male Symbole, Bilder, Worte oder sogar Kritzeleien in verschiedenen Farben, die die karmischen Wirbel in deinem derzeitigen Leben darstellen. Wenn ich diese Übung mache, zeichne ich oft je eine Spirale für die karmischen Wirbel in meinem Leben. Beim Zeichnen können die Spiralen ineinander übergehen, oder es können neue Spiralen und Ableger entstehen. Deine karmischen Wirbel können sich überall auf dem Blatt befinden. Bei der Wahl der Situationen, die du auf dem Mandala darstellen willst, höre auf deinen Körper und deine Intuition. Dies ist keine Denkübung, sondern eher wie freies Schreiben: Lasse es fließen. Du kannst es immer wieder tun, es ist also nicht nötig, es »richtig« zu machen.

Beginne, Bilder oder Symbole von Dingen in deinem Leben zu zeichnen, die sich anfühlen, als würden sie Raum einnehmen oder immer wieder deine Aufmerksamkeit auf sich ziehen. Das können gute oder schlechte Dinge sein, oder sie liegen irgendwo dazwischen. Wenn du deine karmischen Wirbel zeichnest, kannst du Verletzungen aus der Vergangenheit mit einbeziehen, die dich oft beschäftigen oder bei denen du zu verhindern suchst, dass sie sich wiederholen, etwa kleine oder große Ärgernisse mit Familienmitgliedern, Freunden und Arbeitskollegen. Du kannst wichtige Erinnerungen einzeichnen, die deine Gegenwart und deine Vorstellung von der Zukunft beeinflussen, große Traumata und die besten Momente, an die du dich erinnern kannst. Du kannst auch deine Sorgen hinsichtlich deiner Leistung, deiner Arbeit, deines Körperbildes oder deiner finanziellen Situation einzeichnen.

Viele meiner karmischen Wirbel werden vom Bewusstsein unserer westlichen Industriekultur geteilt und aufrechterhalten (einige Beispiele: Geldsorgen, Körperscham, Angst um die Umwelt, Wut auf politische Zustände, viele »-ismen« und Sorgen um humanitäre Krisen und Kriege in der Welt). Du kannst auch Lebensthemen einzeichnen: Dinge, über die du immer wieder nachdenkst oder zu denen du ein Gefühl hast.

Kultiviere liebevolle Güte dir selbst gegenüber, wenn du die Wirbel und Pfade im Fluss deines Lebens immer besser wahrnimmst. Jeder dieser Wirbel repräsentiert wichtige und heilige Aufgaben für deine Zeit auf der Erde. Du kannst entscheiden, wann diese Arbeit getan ist, und du kannst deinen Geist aus diesen Energiewirbeln zurückholen, wann immer du dazu bereit bist. Viele unserer karmischen Wirbel drücken Muster unserer Gesellschaften und Kulturen aus.

Wenn ich sie (behutsam) erkenne und darangehe, mich aus meinen karmischen Wirbeln herauszubewegen, um eine andere Perspektive einzunehmen, erlebe ich immer öfter den offenen Fluss eines schönen, seelenvollen Lebens. Wenn ich freier im Fluss des Lebens schwimme, finde ich jeden Tag mehr Raum für Freude, Dankbarkeit und Magie. Wenn wir uns unsere karmischen Wirbel bewusst machen, in sie hineinfühlen und sie entwirren, tun wir diese Arbeit auch für die Welt. Wenn wir unsere Geschichten ändern, bringen wir neue Träume für die Erde hervor.

Übung
Reinigung karmischer Wirbel

Zweck

Ein karmisches Wirbel-Clearing ist eine künstlerische und imaginäre Meditation zur Klärung emotionaler Blockaden. Diese Übung kann eine Atempause verschaffen, eine Lösung von gewohnheitsmäßigen Mustern in Körper und Geist. Die Klärung dieser Muster kann in unserem Leben Heilung und Verbundenheit fördern und uns in vielerlei Hinsicht neue Wege eröffnen.

Einige karmische Wirbel sind alt und bereit, losgelassen zu werden, manche sind Bereiche, an denen wir noch arbeiten. Einige karmische Wirbel sind klebrig und anhänglich und erfordern es, dass wir regelmäßig zu der Arbeit mit ihnen zurückkehren. Harmonie mit und zwischen unseren karmischen Wirbeln zu schaffen, erlaubt uns, in den »Fluss« der Seele einzutauchen, der sich insgesamt als Fluss der Lebensquellenenergie ausdrückt. Meine Geist-Körper-Gewohnheits-Wirbel sind mir vertraut: viele so vertraut, dass ich mir ihrer kaum gewahr bin. An ihnen allen habe ich wichtige Wachstumsarbeit geleistet.

Beschreibung

Wenn du das Gefühl hast, dass deine Zeichnung aus der vorherigen Übung vollständig ist, suche dir eine bequeme Position, um deine karmische Wirbelzeichnung einfühlsam anzuschauen. Lade deine Intuition ein, indem du die Meditation »Das Herz öffnen« aus Kapitel 11 verwendest. Nimm dir vor, dich mit deiner Zeichnung der karmischen Wirbel zu verbinden, um heil zu werden. Während du dich intuitiv mit deiner Zeichnung verbindest, stimme dich auf die Empfindungen in deinem Körper ein, die sich in Verbindung mit bestimmten karmischen Wirbeln zeigen mögen, die du in deiner Zeichnung identifiziert hast.

Spüre in die Körperempfindung hinein. Wenn es hilft, kannst du deine Augen schließen und dir vorstellen, dass du über deinem Körper schwebst, um die Empfindung zu »sehen«. Wie sieht sie aus, wie fühlt sie sich an? Hat sie eine Farbe, eine Form, eine Beschaffenheit? Frage dich, ob du sie vielleicht in irgendeiner Weise verändern willst. Wenn du einen Widerstand spürst, versuche nicht, diese Veränderung sogleich vorzunehmen. Bleibe einfach bei dem Gefühl. Wenn du dich bereit fühlst, eine Veränderung vorzunehmen, stelle dir eine neue Farbe, Temperatur, Form oder Textur für diese Empfindung vor und stelle dir vor, wie die Veränderung stattfindet.[67]

Klären von karmischen Wirbeln mit Menschen und in der Welt: Eine Variante des karmischen Wirbel-Clearings besteht darin, Licht einzusetzen, um Situationen mit bestimmten Menschen oder in der Welt zu klären oder umzuwandeln, die deine Energie an sich reißen oder blockieren. Ich danke dem planetarischen Führer Joseph für diese Übung, die ich im Laufe der Zeit etwas abgewandelt habe.[68] Nochmals: Es bedeutet nicht, dass wir die Gefühle blockieren, die wir in Bezug auf die jeweiligen Situationen haben. Stattdessen fluten wir sie mit Licht und segnen sie mit der Absicht der Heilung der Welt. Von da an ist es nicht mehr unsere Verantwortung, sie in Ordnung zu bringen oder unsere Gefühle zu steuern, sondern wir lassen zu, dass sich unsere Geschichten verändern, während das Licht, das wir einbringen, diese Situationen für uns und durch uns umwandelt.

Oft tun wir dies, ohne eine unmittelbare Wirkung zu spüren; dann akzeptieren wir, dass unsere Arbeit vielleicht erst in vielen Jahren Früchte trägt. Interessanterweise kann das Visualisieren mit Licht Situationen jenseits der Zeitlinie beeinflussen, so dass sich etwas plötzlich drastisch verändert, als seien wir in der Zeit rückwärtsgegangen, um die Zukunft zu verändern.

Um bei Menschen Veränderungen zu bewirken und Ängste zu lindern, schließe die Augen und stelle dir vor, dass die Person, das Problem oder die Situation etwa eine Armlänge vor deinem Gesicht erscheint. Visualisiere den karmischen Wirbel mit so vielen Einzelheiten wie möglich. Sobald du ein klares Bild hast, stelle dir vor, dass göttliches Licht als heller Strahl durch deinen Scheitel und durch dein Herz hereinströmt. Stelle dir vor, wie dieser Strahl göttlichen Lichts das Bild des karmischen Wirbels durchdringt. Paradoxerweise müssen wir bei dieser Übung jede Absicht loslassen und die Situation nicht reparieren oder verändern wollen. Segne sie stattdessen so, wie sie ist; sprich ein Gebet, etwa: »Mögen alle Beteiligten an diesem Tag vom Großen Geist gesegnet sein.« Dann stelle dir vor, dass die Person, das Problem oder die Situation von diesem Strahl göttlichen Herzenslichts durchdrungen ist und heller wird, bis es in weißem Licht erstrahlt.

Fahre fort, das Bild mit Licht zu fluten, und achte auf alle Verschiebungen oder Blockaden, die auftreten. Unsere Anhaftungen an karmische Wirbel werden während dieser Übung überdeutlich. Wenn du wütend oder sehr abweisend bist, tue dein Bestes, indem du einen Segen der Liebe oder ein Gebet sendest, damit diese dich schützen und dir Freude bringen und dir helfen, die Ziele deines Geistes und deiner Seele in diesem Leben zu erfüllen. Wenn du auf einen Politiker wütend bist oder das Gefühl hast, dass einer der Mächtigen Zerstörung oder Unheil bringt, kannst du die Übung ebenfalls machen. Stelle dir Menschen oder Orte auf der Welt vor, die großes Leid erfahren, und sende Licht aus deinem Herzen und flute sie mit Liebe und Licht. Ich weiß, dass es so aussieht, als würden wir nichts tun, wo doch so viel mit der Welt nicht stimmt. Aber du wirst mit der Zeit des Übens feststellen, dass die Lichtheilung deine Geschichten verändert, die dann in konzentrisch wirkenden Kreisen in die Welt fließen.

Ich sende Licht auch an Menschen, die ich liebe und mit denen ich keine Konflikte habe, an Situationen und vor allem an meine geistigen Helfer und an den göttlichen Geist des Universums – jeden Tag. Wir sind nicht getrennt von irgendjemandem oder irgendetwas, und wenn wir unser Herzenslicht mit anderen teilen, fallen Barrieren weg, derer wir uns vielleicht nicht bewusst waren, und wir erfahren tiefere Innigkeit.

Beende diese Meditation, indem du die Augen öffnest, mit den Zehen wackelst und leicht auf deinen Scheitel klopfst. Kehre vollständig in den Raum zurück, in dem du dich befindest, und nimm deine Umgebung wahr. Schließe diese Übung mit Dankbarkeit gegenüber dir selbst und deinen Geistführern dafür, dass du dich auf diese wichtige Arbeit eingelassen hast. Gehe davon aus, dass in den nächsten Tagen und Wochen Gefühle auftauchen, wenn die Veränderung, die du eingeleitet hast, in deinem Körper und Geist Gestalt annimmt. Wenn du dich an irgendeinem Punkt überwältigt fühlst, erde dich über deine Füße und lasse alle starken Emotionen durch deine Füße in die Erde abfließen.

Licht an alle Dinge senden

Licht zu allen Wesen, zu allen Menschen, zu allen großen und schönen Dingen, aber auch zu allen Sorgen, Traumata, Schrecken und Ängsten zu senden, ist eine kraftvolle Praxis der Heilung, die jeder durchführen kann. So, wie du deinem Körper, deinen Gefühlen, deinen Gedanken Herzenslicht sendest, so kannst du auch Menschen, Orten und Situationen auf der ganzen Welt Licht senden.

Dieses Vorgehen mag vielleicht als zu einfach erscheinen, als dass es funktionieren könnte, doch kann diese Praxis erstaunliche Ergebnisse zeitigen. Ich habe erlebt, dass sich tief verwurzelte Konflikte und

Verletzungen auf ganz unerwartete Weise transformiert haben, und obwohl es – vor allem aufgrund unserer kollektiven Überzeugungen – nicht so aussieht, als ob sich die Welt schlagartig verändert, bringt diese Praxis tiefgreifende Heilung auf eine Weise, die wir oft nicht nachvollziehen können. Wenn wir es regelmäßig tun, beginnen sich unsere Wahrnehmungen und Gefühle gegenüber den andauernden Kämpfen in unserer Gesellschaft und in der Welt zu verändern.

In jedem Moment – immer, wenn wir uns daran erinnern – können wir eine Tür in unserem Herzen öffnen, um der Welt Licht zu bringen. Stelle dir immer wieder vor, wie sich eine Lichtkugel sanft von deinem Herzen in das Herz eines anderen Menschen, eines Ortes oder einer Situation bewegt. An guten Tagen mache ich das mit jedem Menschen, dem ich begegne. Mauern fallen, Menschen öffnen sich, Gefühle werden geheilt, wenn sich die Menschen gesehen fühlen. Das kann sehr schwerfallen, wenn ich abgelenkt, wütend oder gehetzt bin oder auf irgendeine andere alltägliche Weise in meinem Erleben festhänge. Doch unweigerlich verändert das Geben von Liebe uns und die Welt, selbst in unseren schlimmsten Momenten und in unserem größten Schmerz.

Versuche einen Tag lang, jeden und alles von Herzlicht umgeben zu sehen. Das ist ein sehr schneller Weg, um herauszufinden, wie unbewusst wir sein können, wie einfach es ist, unsere Realität zu verändern und wirklich alles um uns herum zu beeinflussen.

Teil IV
Übungen zur Verbindung mit dem Traum

13

Traumverbindung: In der Schwingungsrealität neue Geschichten schaffen

Die Traumverbindung ist das Tor des Erdseele-Träumens zu den geistigen Ebenen – der letzte Schritt auf dem Weg, sich wieder mit den geistigen Helfern dieses Planeten und darüber hinaus zu verbinden. In dieser entscheidenden Zeit der Menschheitsgeschichte warten die geistigen Helfer der Erde, unsere Vorfahren auf den geistigen Ebenen und die, die wir »Engel« nennen könnten, darauf, dass wir sie um Hilfe bitten. Sie sind bereit, uns den Weg zu zeigen, damit unser Leben wieder hell werden und uns in Einklang mit dem ursprünglichen Traum von Gaia bringen kann. Diese geistigen Helfer umgeben unseren Planeten und versuchen fortwährend, die Dichte und Schwere zu durchbrechen, die uns umgibt. Diese werden von den Glaubenssätzen und Gedankenmustern erzeugt, die wie mit dicken Kissen unseren Geist ersticken. Wenn unsere geistigen Helfer zu uns kommen, ist es für sie, als wären wir in Decken gehüllt und unfähig, sie zu spüren; wir tragen Augenbinden, unfähig, den Weg zu sehen, den sie uns zeigen; unsere Ohren sind mit Watte verstopft, unfähig, ihre Führung und Weisheit zu vernehmen. Es ist an der Zeit, unsere spirituellen Sinne wiederzubeleben und Zugang zu den Schwingungsfrequenzen zu bekommen; wir brauchen diesen Zugang, um mit unseren geistigen Helfern zu kommunizieren. Alle Übungen des Erdseele-Träumens führen zu dieser zentralen Aufgabe: uns zu unseren geistigen Helfern, unseren Vorfahren, den elementaren Naturgeistern und dem Göttlichen Geist des Universums zurückzuträumen; jetzt ist es an der Zeit, uns wieder vollständig mit unserem genetischen Erbe der verkörperten geistigen Erkenntnis zu verbinden.

Mit diesem Kapitel beginnt die Reise zum krönenden Abschluss der beiden vorherigen Teile des Erdseele-Träumens. Traumübungen leiten dich an, die Erd- und Seelenintelligenz zu entwickeln, die jetzt durch neu geöffnete körperliche Sinne verfügbar ist. Von diesem Tor des heraufdämmernden Bewusstseins aus helfen uns Traumverbindungsrituale, in die symbolischen und imaginären Erfahrungsbereiche zu gelangen. Träumen kann im Kontext dieser Methode als eine Form des Visualisierens und Miterschaffens der Welt verstanden werden. Durch die Übungen der Traumverbindung gelangen wir auf die imaginären Ebenen, ohne durch das Festhalten am Verstandesdenken begrenzt zu sein. Durch bewusstes Träumen erheben wir unser Leben und die Welt in einen Zustand der Klarheit, der aus unserer Erdung hervorgeht: aus unserer Einbettung in die Erdengemeinschaft. Durch diesen Prozess entdecken wir das Geheimnis und die tiefe Magie wieder, die uns in jedem Augenblick des Lebens umgeben.

Träumen als Mitschöpfung

Das Erträumen einer heilsamen Geschichte für die Menschen und den Planeten hat seinen Ursprung in unserer Vorstellungskraft. Wir sind zutiefst schöpferische Wesen, und was wir in unserem Geist-Herz-Körper sehen und fühlen, ist das, was wir in der Welt hervorbringen. Dieses Verständnis unserer Rolle als Mitschöpfer der Wirklichkeit passt nicht zu den gegenwärtig akzeptierten Vorstellungen von einer objektiven Realität »da draußen«. Für ein begriffliches Schema, das unserem Geist hilft, sich auf diese Erfahrung einzulassen, können wir uns auf die Perspektive von Wissenschaftlern stützen, die ein ganzheitliches und partizipatorisches Verständnis von Realität haben. Ein Beispiel dafür ist Ervin Laszlos Ansicht über den Unterschied der beiden Realitätsebenen: der inneren subjektiven und der äußeren objektiven. Laszlo bezeichnet das Bewusstsein als den »inneren Aspekt« des Systemzusammenhangs.[69]

Ontologisch (seinsmäßig) gesehen, hat in einer relationalen (auf Beziehung aufgebauten) Sicht der Wirklichkeit weder die äußere noch die innere Erfahrung mehr Wert als die andere. Der Zugang zu den spirituellen Ebenen durch die Tore unseres inneren Selbst ist nicht weniger »real« als die gemeinsame Realität einer äußeren, »objektiven« Welt. Gesellschaften, die die innere Beziehung zu den »Traum«-Reichen würdigen, machen die erleuchtete und magische Erfahrung auch in der äußeren, »objektiven« Welt. Wie Laszlo in seinem Buch *The Systems View of the World: A Holistic Vision for our Time* [Systemtheorie als Weltanschauung: eine ganzheitliche Vision für unsere Zeit] beschreibt, sind unsere Imaginationen eine subjektive Erfahrung der miteinander verwobenen Systeme des Lebens und des Kosmos:

> *Das Phänomen des Geistes ist weder ein Eindringen von außen in den Kosmos noch das Entstehen von etwas aus dem Nichts. Der Geist ist nur der interne Aspekt der Konnektivität von Systemen innerhalb der Matrix. Sie ist da als Möglichkeit innerhalb des undifferenzierten Kontinuums und entwickelt sich in explizitere Formen, wenn sich die Matrix in relativ diskrete, sich selbst erhaltende Systeme differenziert. Der Geist als der Wissende ist fortwährend mit dem Rest des Universums als Gewusstem verbunden. Daher gibt es in dieser Metaphysik keine Kluft zwischen Subjekt und Objekt.*[70]

Die erd- und seelenverbindenden Übungen der vorangegangenen Kapitel sind ganz bewusst darauf ausgerichtet, sich mit der mehr-als-menschlichen Welt innig zu verbinden. Die Linse der kreativen Gedanken und der Vorstellungskraft wird dann mit dem Traum von Erde und Kosmos verbunden, so dass wir durch die Beziehung mit der Schwingungsrealität achtsam werden für andere Wesen im Gewebe des Bewusstseins.

Durch schamanische Erfahrung, die Folge des Durchschreitens von Portalen in die Schwingungsrealität, kommen wir in Beziehung zu Wesen, von denen wir in unserem Herzen wissen, dass sie »real« sind: elementare Naturenergien, Ahnen, geistige Helfer und andere. In der Beziehung und wahrhaftigen Gemeinschaft mit diesen Wesen entzünden sich unsere neuen Träume von Wirklichkeit. Von dieser verschachtelten Teilhabe aus öffnet sich die Linse unserer ursprünglichen Kreativität auf eine Landschaft des allgegenwärtigen Überflusses und der Erneuerung, eingebettet in eine Ethik der Fürsorge für die Erde und alles Leben. Die Träume, die wir in die Welt bringen, werden unmittelbar aus dem gewoben, was wir in jedem Moment denken und erleben. Die Erfahrung von Trennung erzeugt Geschichten und Träume von Wut, Furcht, Angst und Gier; die Erfahrung von Beziehung erzeugt Geschichten von Verbundenheit, Liebe und dem Einssein mit dem Fluss des Lebens. Tragische und schmerzhafte Dinge geschehen in der Welt; Verlust und Trauer gehören zum Leben. Unser Mittun an der Schöpfung ergibt sich aus dem, wie wir mit diesen Momenten umgehen. Uns jederzeit unserer Teilhabe als Mitschöpfer bewusst zu sein, bedeutet nicht, dass wir für alles, was passiert, verantwortlich sind, sondern dass wir uns unseres tiefgreifenden Einflusses in der Welt bewusst werden, indem wir uns auf alles beziehen, was in der Welt passiert.

Es ist einerseits beängstigend, aber andererseits auch ermächtigend, auf einer instinktiven Ebene zu entdecken, dass wir in jedem Moment und durch jeden bewussten oder unbewussten Gedanken an der Erschaffung der Welt beteiligt sind. Wir haben uns ermächtigt, alle Geschehnisse und Erfahrungen zu transformieren und hell zu machen, indem wir sie mit offenem Herzen gutheißen. Unsere Erfahrung in bewusster und wahrhaftiger Offenherzigkeit zu erträumen, macht Freude und ist berauschend, roh und wild. Das ist der Zustand »wacher« Menschen auf der Erde; wir schwimmen im wilden Fluss und in der aufkommenden Spontaneität von Beziehungen: in der verwobenen Schwingungsrealität des Universums.

Schwingungserfahrungen im westlichen Kulturkreis

Da in der westlichen Kultur alles auf Trennung ausgerichtet ist, verhilft uns die Verbindung mit »all unseren Beziehungen« zu neuen Informationen, so dass wir, über die Grenzen unserer derzeitigen Fähigkeiten hinaus, Dinge verstehen und annehmen können. Indem wir uns in Kontakt mit elementaren Naturenergien begeben, die Verbindung mit geistigen Helfern suchen und mit der Erde sprechen und ihr zuhören, eröffnen sich neue Möglichkeiten. In dieser neuen Welt einer partizipatorischen Wirklichkeit und den entsprechenden Glaubensmustern ist die Anerkennung der Mitschöpfung durch das Träumen im Schwingungsbereich von zentraler Bedeutung, um für die Erde Heilung zu bewirken.

In der kartesischen Weltsicht sind die Substanz vom Prozess, das Selbst vom Anderen und das Denken vom Fühlen getrennt. Eine ganzheitliche Perspektive hingegen sieht die scheinbar getrennten, »aus sich selbst existierenden« Entitäten als sich wechselseitig bedingend.[71] Joanna Macy, eine Systemdenkerin, bezieht sich auf das Bild von Nervenzellen in einem neuronalen Netz, um die Natur von Informationsflüssen darzustellen. Dieses Bild deutet auf eine wichtige systemische Erkenntnis hin: Der Geist ist nicht von der Natur getrennt, sondern vielmehr in den »Schaltkreisen« des Informationsflusses allgegenwärtig. Dieser Fluss findet auf der Ebene der Schwingungen statt, die sowohl der Ursprung als auch das Hintergrund-»Feld« unserer gemeinsamen Wirklichkeiten sind.

In der Geschichte des abendländischen Denkens gibt es viele Versuche, die numinose Erfahrung innerhalb der Grenzen der Annahme einer objektiven Realität zu fassen zu bekommen. Immanuel Kant bemüht sich in seiner ersten Kritik darum, indem er betont, dass »transzendental und transzendent keine austauschbaren Begriffe sind ...«.[72] Transzendent bedeutet jenseits der Grenzen der Erfahrung, während transzendental die notwendigen Bedingungen der Erfahrung bezeichnet. Der amerikanische Transzendentalist Ralph Waldo Emerson unterstützt Kants Ansicht, indem er meint, dass transzendent jenseits der *üblichen* Grenzen der Erfahrung bedeutet. In Anlehnung an einige romantische Denker, die in der Geschichte des westlichen Denkens die Möglichkeit eines Wissens jenseits der Vernunft behaupteten (Goethe, Schelling, Swedenborg, Coleridge, Blake, Hugo), hofft Emerson, andere zu ermutigen, Zugang zu Offenbarungserfahrungen zu finden, die sich aus einer tiefen Anteilnahme an der natürlichen Welt ergeben.

Der weltliche amerikanische Philosoph Charles S. Peirce beschreibt seine Erfahrungen »jenseits der Vernunft« als Verbindung zu einem höheren Prinzip im Universum, einfach dadurch, dass er seinem Geist erlaubt, sich für lange Zeiträume frei zu öffnen. Er meint, dass jeder Geist, wenn er die Möglichkeit dazu hat, seinen Weg zum Einssein mit dem Universum finden kann: durch die natürliche Fähigkeit des Geistes, auf diese höheren Sphären zuzugreifen. Für Emerson kam die Erfahrung des »Jenseits« aus mitfühlenden Erfahrungen in der Natur; sie waren sein Zugang zu den imaginären Erfahrungsbereichen. Wenn die Wahrnehmungsbrücke, die die Erfahrung von Einheit in Wechselseitigkeit ermöglicht, überquert werden konnte, kam es zu anderen Erfahrungen und Empfindungen und einem anderen Sinn für Zeit und Raum und andere Wesen.

Die visionäre Nonne Hildegard von Bingen bot der westlichen Welt durch ihre numinose Erfahrung Einsichten in die Schwingungsrealität, lange bevor die Aufklärung die Tür zu dieser Art von Wahrheiten verschloss. Wie im gesamten westlichen Denken und in den traditionellen Religionen kehrt die Weisheit der Mystiker immer wieder zum Gewebe des »Geistes« zurück, das der Realität zugrunde liegt: eine göttliche Kraft, die geheimnisvoll ist, sich immer wieder verändert und wandelt, die man irgendwie kennen kann, aber nie ganz verstehen wird. Cynthia Overweg beleuchtet in ihrem Artikel »Hildegard von Bingen: The Nun Who Loved the Earth« (Die Nonne, die die Erde liebte) Hildegards Verständnis, dass eine intime Kenntnis der Natur und der Liebe zu ihr das Tor zu der dem Kosmos zugrunde liegenden Matrix ist:

In Hildegards Weltbild waren ein Sonnenstrahl, der Duft einer Blume oder die anmutige Bewegung eines Schwans allesamt Stimmen im heiligen Chor der Schöpfung. Nicht im Einklang mit der Schönheit und Fruchtbarkeit der Natur zu sein, bedeutet, die göttliche Kraft zu leugnen, die Körper und Seele belebt. Sie nannte diese Kraft ***viriditas****, wobei sie das lateinische Wort für »Grünkraft« verwendete.*

Sie stellte sich diese »grünende Kraft« als eine Kraft vor, die die Erde und alle ihre Geschöpfe ständig nährt. Die Farbe Grün symbolisierte für Hildegard die Lebendigkeit, die Reife und das ewige Werden der Natur. Sie machte deutlich, dass wir nicht getrennt von der Natur sind, sondern ein inniger Teil von ihr. Wenn sie das Wunder und die Pracht der Natur betrachtete, sah sie einen göttlichen Urgrund, der nicht nur die Erde, sondern den gesamten Kosmos aufrechterhält. »Die Schöpfung ist das Lied Gottes«, sagte sie.[73]

Die Natur als Tor zur Schwingungsmatrix des Lebens

Wenn wir uns dem Tor zur Schwingungsebene nähern – dem Ort der Geschichten, Symbole, des Geistes und der »Magie« –, hilft es uns über die Schwelle, wenn wir unseren bohrenden Verstand mit Wissenschaft besänftigen. Um eine Geschichte von tiefer Verbundenheit zu erschaffen, müssen wir unserem rationalen Verstand begreiflich machen, warum diese Seinszustände möglich sind. Neben der Systemtheorie, wie sie von Laszlo, Macy und anderen wichtigen ganzheitlichen Denkern vertreten wird, ist die Quantentheorie ein Weg.

In einem Interview, das in *The Holographic Paradigm and Other Paradoxes*[74] veröffentlicht wurde, argumentiert David Bohm, dass die Herausforderung für den »individuellen Bewusstseinsort« darin besteht, die Bedingung zu schaffen, die es der universellen Kraft ermöglicht, die partizipative Erfahrung zu wecken.[75] In Bohms Fall wäre dies eine Wahrnehmung der impliziten (innewohnenden) Ordnung – ein anderer Begriff für Schwingungsrealität –, die durch die erwachte Erfahrung der expliziten Welt manifestiert wird. Das Ergebnis ist für Bohm kein Wissen im kantischen Sinne, sondern unmittelbares nicht-duales Gewahrsein. Bohm argumentiert, dass nicht-duales Gewahrsein die

Aufhebung der kantischen Vernunft und der dreidimensionalen Raum-Zeit bewirkt.[76]

Nach Bohms Ansicht kann die numinose Intelligenz unmittelbar durch das Individuum wirken, wenn wir aufhören, uns als »die Wissenden« zu betrachten. Dies ist eine andere Art, den Träumer als Mitschöpfer zu verstehen durch seine bewusste Auseinandersetzung mit der numinosen Intelligenz, dem kosmischen Bewusstsein, wie es sich in der Schwingungsmatrix ausdrückt, die allem Leben zugrunde liegt.

In seinem Buch *The Visionary Window: A Quantum Physicist's Guide to Enlightenment* beschreibt Amit Goswami die Quantenmechanik als eine Möglichkeit, Erfahrungen zu verstehen, die »jenseits der Vernunft« zu liegen scheinen.[77] Er schlägt vor, dass in jedem von uns ein Quantenselbst existiert; ein Teil von uns, der Zugänge jenseits der Grenzen dessen hat, was wir als unsere physikalische Realität verstehen. Er spricht sowohl von der Erfahrung der Quantenrealität als auch vom Begriff des Quantenselbst: »Ein spektakulärer Aspekt jeder Quantenmechanik ist die Möglichkeit einer nicht-lokalen Korrelation – Teile eines Systems, die durch die Entfernung getrennt sind, tanzen in einer koordinierten, kohärenten Weise in der Phase.«[78] Und später im Buch führt Goswami denselben Gedanken fort und behauptet: »Wenn wir zu einem Quantenselbst werden, werden wir in ein nicht-lokales Fenster von Erinnerungen eingeweiht – Vergangenheit, Gegenwart und Zukunft.«[79]

Emerson erlebte Momente »transzendenten« Bewusstseins und stark einfühlsame Zustände. Er glaubte, dass diese für eine Vision nötig wären und bloßes Beobachten nicht ausreiche. Die Erfahrung, die mich in Kontakt mit der Schwingungswahrnehmung brachte, kam, wie bei Emerson, durch ausgiebige Meditation und Versenkung in der Natur. Während ich die Welt beobachtete und vom höheren Bewusstsein dieses »Beobachters« beobachtet wurde, verschmolzen die Ränder der »objektiven Realität« mit etwas anderem. Da ich schamanisch und als Energieheilerin gearbeitet habe, ist es meine Vermutung, dass wir auf der Ebene der Schwingungsrealität wahrnehmen, erfahren und erschaffen können, die den Physikern als die Ebene der

Quanten bekannt ist: ein nicht-lokales Subsystem der Realität, das sich über riesige Entfernungen und in der Zeit ausdehnt und im Grunde unvorstellbar ist; man kann es nicht beobachten, ohne den Einfluss des Beobachters zu berücksichtigen. Und doch erkennen wir in diesen Momenten, dass wir jenseits der Grenzen der Kognition mit dem Leben in Beziehung treten können.

Gemeinsam mit Philosophen, Wissenschaftlern und verschiedenen Denkern ringen Psychologen darum, Vorstellungen vom Selbst und von der Psyche in objektive und »vernünftige« Begriffe zu fassen. Der analytische Philosoph W. V. O. Quine hat in seinem Essay »Ontological Relativity« [Ontologische Relativität] die Erfahrung, an die Ränder der Realität zu stoßen, brillant eingefangen, soweit sie denn in Begriffen gefasst werden kann.[80] Quine verwendet das Bild einer glatten Oberfläche mit ausgefransten Rändern, um die flache, ebene Landkarte des westlichen Wissens über die Welt zu beschreiben. Diese Ränder werden ständig neu gewebt und gestaltet, reißen aber auch immer wieder ein, während wir uns mit Vernunft und Konzepten bis zu dem Punkt vorarbeiten, an dem wir wahrnehmen, dass etwas existiert, wohin der Verstand allein nicht gelangen kann.

C. G. Jung, der selbst darum rang, seine Begegnungen mit Geisthelfern durch sein tiefes Eintauchen in imaginäre und symbolische Erfahrungen zu verstehen, beschreibt in den Reflexionen und im *Roten Buch* Erfahrungen an den Rändern der begrifflichen Realität.[81] Jung spürte und sah das zugrunde liegende Gewebe von etwas, das größer ist als die menschliche Vernunft, und schuf eine psychologische Metaphysik des kollektiven Unbewussten, um seine Erkenntnis in Worte zu fassen.

Jungs Engagement für die Arbeit mit Mandalas führte sein Bewusstsein über die Grenzen der rationalen Erfahrung hinaus. Er wusste, dass da etwas existierte und erkannt werden konnte, aber nur durch nichtwissenschaftliche und nicht-rationale Methoden. Seine Sensibilität für die zugrunde liegende Matrix des Kosmos führte ihn schließlich in eine dunkle Nacht der Seele – eine spirituelle Notlage, einen emotionalen Zusammenbruch oder eine psychotische Episode –, eine typische Initiationserfahrung schamanischer Persönlichkeiten. In meiner Teenagerzeit und meinen Zwanzigern erlebte ich viele spirituelle Notlagen, und es waren das Hören sprechender Bäume und die Träume mit Botschaften von kürzlich verstorbenen Familienmitgliedern, die eine Reihe von Einweihungen einleiteten, die ich erst im Nachhinein einordnen konnte. Ich achte diese Zeiten mit tiefem Respekt für das, was sie in meiner Seele bewirkt haben: Sie haben mich zu einem neuen Gefäß der Wahrnehmung geschmiedet durch innere und äußere Feuer, die ich so nicht noch einmal durchleben möchte. Dennoch sind dies die Schmelztiegel, die uns zu Sehern machen, geistig wach und bereit, um mit den Intensitäten des Daseins in all seinen Formen zu leben.

Im *Roten Buch* verarbeitet Jung die tiefe Erforschung seiner Seele, wobei er aus dem Diesseits in das Jenseits schlüpft. Er hält seine Visionen und Begegnungen in Schriften und Kunstwerken fest. Das *Rote Buch* ist ein Tagebuch über Jungs Prozess, sich jenseits der Vernunft in das gänzlich Nicht-Rationale zu bewegen, sogar bis hin zum »psychotischen« und wohl auch schamanischen Erleben anderer Wesen. Es sind Jungs Erinnerungen an ein schamanisches Erwachen, an die Auflösung der linearen Wirklichkeit in die Ebenen der Magie. Er erkennt früh im Buch, dass es ihm deshalb widerfährt, weil er den Tiefen und Sehnsüchten seiner Seele ausgewichen ist.

Indem er sich ganz in die Realität seiner Träume fallen lässt, forscht Jung weiter im Leben seiner Seele und stellt alle Annahmen seines kulturellen und religiösen Erbes in Frage. Er beschreibt, wie er, über Gott nachsinnend, von einem alten Mann träumt, den er einen Propheten nennt. Eine schwarze Schlange liegt vor ihm auf dem Boden, und eine schöne blinde Jungfrau tritt aus der Tür eines Hauses mit Säulen. Schließlich tritt er über eine Schwelle in andere Welten:[82]

Der alte Mann winkt mir und ich folge ihm zum Hause ... Im Inneren des Hauses herrscht Dunkel. Wir sind uns in einer hohen Halle mit glitzernden Wänden. Im Hintergrund liegt ein hellwasserfarbener Stein. Wie ich in seine Spiegelung blicke, erscheint mir das Bild der Eva, des Baumes und der Schlange. Darauf erblicke ich Odysseus und seine Gefährten auf weitem Meer. Plötzlich öffnet sich zur Rechten Seite eine Tür in einen Garten voll hellen Sonnenscheins. Wir treten hinaus und der Alte spricht zu mir: »Weißt du, wo du bist?«[83]

Magie, Vorstellungskraft und das Quantenselbst

Manche der Energien, Empfindungen und Erfahrungen, die sich durch eine Rückkehr zu Wissen und Erfahrung in der Schwingungsrealität einstellen, fühlen sich uralt und dramatisch wild an. Dazu können nicht-lineare Ereignisse und Begegnungen gehören, die außerhalb der Zeit zu sein scheinen oder in äußerst ungewöhnlichen und neuen Erfahrungen von Zeit und Raum existieren. Wenn wir uns über die mechanistisch-kartesischen und industriellen Glaubenssysteme hinausbewegen, finden wir einen Weg zu einem Wissen jenseits des uns vertrauten Gefüges von Zeit und Raum. Wir entdecken, dass Kommunikation über immense Entfernungen hinweg möglich ist und die Grenzen der »objektiven« Realität durchlässig und fließend sind. Wir verschmelzen mit der Quantenrealität, spüren die ganzheitliche Natur des Kosmos, erfahren, dass jeder Teil im Ganzen enthalten ist. Wir entdecken, dass wir im Ganzen sind und dass das Ganze in uns ist; das Universum scheint in einem Sternenhimmel zu wohnen, zu dem wir Zugang haben, wenn wir das Tor unseres Herzens durchqueren.

Wenn wir über die Grenzen der Vernunft hinausgehen, wird unsere Vorstellungskraft der Weg zur schamanischen Erfahrung. Am Anfang, und oft auch später, haben wir Selbstzweifel und fragen uns, ob wir »verrückt« sind. Die Wahrnehmungen und Ereignisse liegen jenseits der Synchronizität und können nur als magisch bezeichnet werden. Eine Art Meta-Synchronizität zieht uns in ein riesiges Netzwerk des Bewusstseins hinein, von dem wir jetzt wissen, dass es da ist, wir es aber nicht verstehen oder in seinen Ausmaßen wahrnehmen können.

Wir wissen nur, dass wir Knotenpunkte in einem riesigen Netz sind; wir sind getrennt und doch vollständig mit wundersam verwobenen Flüssen aus Schwingungen verschmolzen. Ich erkenne jetzt, dass wir zwar nicht verstehen können, warum oder wie die Schwingungsrealität existiert, aber innerhalb der Schwingungsrealität können wir Beziehungen pflegen. Auch wenn die Grenzen unseres menschlichen Verstandes diese riesige Lichtmatrix nicht umfassen können, unsere Herzen können über die Liebe auf die Schwingungsrealität zugreifen und mit ihr zusammenwirken.

Die schamanische Praktikerin und Lehrerin Sandra Ingerman betont die Bedeutung der Vorstellungskraft für den Zugang zu den Energiefeldern des Schamanen: »Die Vorstellungskraft ist ein weiteres Schlüsselelement, um das Wunder der Transmutation zu vollbringen. Wir müssen in der Lage sein, uns eine Umgebung vorzustellen, die rein und sauber ist und alles Leben trägt. Mit der Kraft der Imagination haben wir die Fähigkeit, die Welt, in der wir leben, zu gestalten.«[84]

Wie Ingerman und so viele andere uns gemahnen, »träumen wir den falschen Traum«. Wir glauben, dass wir von der Natur getrennt sind; also sind wir es dann auch: wegen unserer Gedanken und Handlungen und durch unsere angeborene kreative Natur als Lichtwesen. Unsere Vorstellungskraft ist durch unsere Kultur und die unzureichende Verbindung mit der Erde und dem Geistigen so verkümmert, dass die Visionen, die wir aus dieser Abgetrenntheit heraus entwickeln, bestenfalls blutleer und schlimmstenfalls gefährlich und zerstörerisch sind. Ingerman fährt fort: »Diese Illusionen sind Samen, die zu Pflanzen der Angst, der Wut, des Hasses, der Verzweiflung und der Dunkelheit heranwachsen. Wir brauchen einen neuen Traum, um eine neue Erde zu schaffen.«[85]

Die Vorstellungswelten sind der Ort, an dem wir die Grenzen der Vernunft und der Konzepte verlassen und in die sinnbildhafte Wirklichkeit eintreten. Die schamanische Erfahrung, dort, wo wir visualisieren, stimmt überein mit dem Weg der Wissenschaft, die zu den Grundlagen des Lebens und zum Herzen des Kosmos vorgedrungen ist. So wird ein Wissen offenbar, das über die Grenzen der eingefahrenen mentalen Strukturen hinausgeht; es ist an der Fähigkeit zu erkennen, sich der Strukturen selbst bewusst zu werden.

In *An Encyclopedia of Shamanism*[86] erfasst Christina Pratt den Weg der westlichen Wissenschaft, der wieder zurückführt zur grundlegenden Natur der Realität: Es ist eine Welt der Schwingungen, Visionen, Träume, Geschichten und der Matrix des kosmischen Bewusstseins:

> *Wir leben in interessanten Zeiten. Unsere führenden Wissenschaftler, die die Aufgabe haben, die materielle Natur unseres Universums zu erklären, beschreiben jetzt ein Universum, wie es die Schamanen seit Jahrtausenden beschrieben haben. Die Wissenschaftler sind durch Fakten und Experimente dorthin gekommen, die Schamanen durch ihre Erfahrungen in veränderten Bewusstseinszuständen. Hier schließt sich der Kreis. Es ist, als ob die Schamanen stehengeblieben sind und die entwickelte Welt durch gründliche wissenschaftliche Forschung den langen Weg um den Kreis herum gegangen ist und nun dort ankommt, wo die Menschheit begonnen hat: im Universum der Schamanen.*[87]

Der Fluss Licht

Auf meiner inneren Reise gehe ich einen Hügel hinauf und trete über eine Schwelle mit Blick auf den Ozean. Über mir sind Treppen, die zu den »höheren Welten« führen. Auf dem Hügel stehend, spüre ich eine Brise, während ich über die atmenden Wellen schaue und das Muster der Wasserströme fühle, das Blut der Erde, das sich über den Globus bewegt, sich in die Atmosphäre erhebt, um wieder zu Flüssen und Strömen zu werden und in die pulsierende Mutter, die See einzugehen, angezogen vom Sog des Mondes und wieder losgelassen. Die See streckt sich nach mir aus, und ich fühle, wie sich ihre Adern in die Berge strecken, Finger, die über die Zeit hinweg bis zum Himmel reichen, um das Wasser in ihren Bauch zu ziehen, immer ausgreifend und empfangend. Immer atmend. Dies ist ein Ort, den ich oft besuche, um meine geistige Schwester zu treffen;

eine fürsorgliche Freundin und Helferin und eine Schwester aus einem vergangenen oder zukünftigen Leben. Jetzt schaut sie von ihrem Pavillon aus Licht, der über dem weißen Strand schwebt, auf mich herab.

Ich erinnere mich an einen längst vergessenen Wachtraum, in dem ich meinen Körper als eine alte Frau fühlte, die durch die Bäume lief. Schnell, stark, Leder um die Sehnen meiner Arme gewickelt; ich weiß, dass ich diese Frau war, vor sehr langer Zeit. Ich weiß, dass meine Rolle in meinem Dorf darin bestand, mit dem Fluss zu leben und mit ihm in Beziehung zu treten, seine Kraft zu spüren und seine Geschichten zu hören und zu fühlen, die mit den Träumen meines Volkes verwoben sind.

Als ich auf meiner inneren Reise über dem Ozean stehe, wird eine Hälfte meines Körpers zu dieser Frau: dunkles Haar, braune Haut, tief verwittert, während die andere Hälfte in ein vergangenes und zukünftiges Selbst reicht, das das tanzende Licht auf dem Wasser lenkt und weiß, dass in den bewegten Wassern mein Zugang zum Bewusstsein der Erde und des Kosmos liegt. Der Fluss ist meine geistige Schwester, und mein geistiges Selbst ist in der Lage, das Licht aller Flüsse zu lenken. Ich fühle, wie die beiden Gesichter aus meinem Traum verschmelzen. Ich bin der Fluss Licht; dies ist meine Kraft, meine Mission, meine Arbeit für die Welt in diesem Leben.

14

Heilige Rituale: Wege, die Welt neu zu erträumen

Durch Rituale begegnen wir dem göttlichen Mysterium und reisen wir zum innersten Kern des menschlichen Bewusstseins. Rituale sind ein grundlegender Ausdruck unseres Menschseins auf dem Weg durch die Verwicklungen und Herausforderungen des Lebens. Sie drücken Andacht und Absicht aus und schaffen ein geheiligtes Gewahrsein, über das wir uns gemeinsam in Ehrfurcht vor den Momenten des Lebens verbinden, die am wesentlichsten, aber am schwersten zu kontrollieren und zu verstehen sind. Rituale markieren kultur- und zeitübergreifend gemeinsame menschliche Erfahrungen: Geburt, Tod, Heirat, Erwachsenwerden, die Jahreszeiten, Ehrung unserer Schöpfungsgeschichte und der Rhythmen und Muster der Natur sowie der kosmischen und göttlichen Spiralen des Seins.

Viele von uns spüren es, wenn wir ein Ritual erleben, denn Rituale haben übereinstimmende Elemente: eine gemeinsame Bedeutung für die Mitglieder der Gemeinschaft, eine bestimmte Reihenfolge bei der Zeremonie, Wiederholung von Glaubensinhalten, Gebete, heilige Geschichten und Objekte, Klagelieder, Ehrung von Lebenszyklen und oft auch Rauchelemente wie Weihrauch, das Verbrennen von Kräutern, Kerzenlicht und Feuer. Rituale werden oft an Orten abgehalten, die heilig sind für die Kultur, in die sie eingebettet sind, und finden an diesen Orten immer wieder statt, wodurch diese Orte mit immensen und gut zu spürenden Einprägungen des Heiligen versehen werden.

Sakramente sind je nach Kultur und Tradition sehr unterschiedlich, haben aber die Aufgabe, durch zeremonielle Wiederholung die grundlegende Botschaft der Glaubenssysteme auszudrücken. Sakramente veranschaulichen wesentliche Glaubenssätze und Lehren einer Religion oder spirituellen Tradition. Alle Rituale beinhalten auch sakrale Kreativität in einer Vielzahl von Kunstformen: Musik, Tanz, bildende Kunst, schöne und ehrfurchtgebietende Kleidung und in vielen Kulturen Körperbemalung und Masken, um die verehrten Geister und Wesen der Natur darzustellen. Rituale in jeder Tradition erzählen die großen Geschichten und Mythen, in denen es um das Ringen um Macht und Stärke für das Volk geht. Alle Rituale geben uns das Gefühl, dass wir Teil sind von etwas Größerem als wir selbst und dass die Verbindung damit unserem Leben und unseren Gemeinschaften einen Sinn und ein gewisses Maß an Sicherheit verleiht.

Als Konvertitin vom Christentum zum Judentum und als Vermittlerin von ökospirituellen Traditionen über alle kulturellen Schranken hinweg ist mir aufgefallen, dass in vielen Kulturen die Rituale traditionelle Elemente enthalten, die bei den Teilnehmern innere Bewegung auslösen und Trancezustände fördern können, sei es leicht oder intensiv. Diese Handlungen verändern die Gehirnwellen und verursachen bei den Teilnehmern Bewusstseinsveränderungen, die oft so subtil sind, dass die Menschen nichts davon merken. Man spürt vielleicht nur eine Art »Verbindung«, eine Gefühlswelle oder eine Regung im Raum.

Für viele Christen ist das vorrangige Sakrament das Abendmahl, bei dem Brot und Wein den Leib und das Blut Christi repräsentieren. Dieses Sakrament drückt den zentralen Glauben des Christentums aus, dass Jesus für unsere Sünden gestorben ist. In der jüdischen Tradition ist das zentrale Sakrament die Thora, und die Rituale des Thora-Gottesdienstes gipfeln darin, dass die Thora auf sehr heilige Weise aus der Arche hervorgeholt und mit großer Ehrfurcht daraus gelesen wird. Die Thora fasst viele Glaubensvorstellungen des jüdischen Volkes zusammen, von denen die zentrale ist, dass, obwohl ihr Tempel vor über 2.000 Jahren zerstört wurde und sie aus ihrem Heiligen Land vertrieben wurden, das Volk weiterleben wird, weil es seine Geschichten und

Traditionen in Form der Thora mitführt. Alle religiösen Traditionen haben heilige Handlungen und Überzeugungen, die für Außenstehende unglaubwürdig oder sogar abwegig erscheinen, für die Anhänger aber völlig normal sind. Ich werde meine Erfahrung mit dem Judentum als Beispiel heranziehen, da mein Wechsel von einer Religion zur anderen meinen Blick für die Bedeutung der Rituale geschärft hat, die im Christentum, in dem ich aufgewachsen bin, für mich ganz normal waren. Im Judentum fielen mir sofort Bräuche auf, die offensichtlich irgendwann aus indigenen Praktiken hervorgegangen sind und direkt zu Bewusstseinsveränderungen führen: das lange Singen und Schaukeln beim Beten (*davening*), das siebenmalige Umwickeln der Arme mit dicken Lederbändern (*tefillin*) und das Blasen großer Schafshörner in verschiedenen Rhythmen (*shofar*). Juden schütteln am Feiertag Sukkot vier Arten von heiligen Pflanzen zu Ehren der vier Richtungen.

Es ist bei jeder Religion dasselbe: Meine jüdischen Freunde finden den Osterglauben bizarr, den wichtigsten christlichen Feiertag. Es erscheint den meisten von ihnen überaus seltsam, dass irgendjemand glauben kann, Jesus sei gekreuzigt worden, gestorben, begraben, in die Hölle gegangen, um sich Satan zu stellen, dann von den Toten auferstanden und als Gott in Menschengestalt in den Himmel aufgestiegen; er habe im Grunde die Erde verlassen, ohne zu sterben. Das erscheint Außenstehenden unsinnig, kann aber Christen inspirieren und sie bis in die Tiefe ihrer Seele bewegen. Alles, was ich beschrieben habe, kann in einem schamanischen Kontext verstanden werden und geht zweifellos auf eine Zeit zurück, in der Erfahrungen, die wir heute als schamanisch bezeichnen, übliche heilige Vorgänge waren.

Alle westlichen religiösen Traditionen enthalten Elemente, die in irgendeiner Weise schamanisch sind. Die meisten dieser »magischen« Elemente werden in fortschrittlicheren religiösen Gruppen heute als Mythen betrachtet, als Dinge, die nicht wirklich passiert sein können. In der hebräischen Bibel gibt es einige Beispiele für schamanische Erfahrungen: die Stimme, die aus einem brennenden Dornbusch zu Mose sprach, Heilungswunder, Blitze göttlichen Lichts, direkte Kommunikation mit Ahnen und Engeln, große prophetische und wegweisende

Träume und Visionen und vieles mehr. Im Neuen Testament gehört zu diesen schamanischen Elementen auch der Glaube an besondere geistliche Gaben, »die vom Heiligen Geist gegeben werden«, die vor allem vom Apostel Paulus genannt werden. Einige dieser Gaben, wie sie in 1. Korinther 12: 8-10 aufgelistet sind, beinhalten: die Gabe der Heilung, Wunder, Prophetie und das Beten in Zungen. Und die Geschichte von Jesus ist im wesentlichen schamanisch: Er war ein göttliches Wesen, ein Teil Gottes, das den Tod überwand, sich zwischen den Welten bewegte, um mehreren Geistern zu begegnen und dem größten bösartigen Geist der Erde, Satan, gegenübertrat und mit einem großen Heilsversprechen für die Menschen zurückkehrte, indem er das negativste Bewusstsein besiegte, das die Menschheit kennt, genauso wie die großen Schamanen und Medizinmänner sich in die Reiche der Geister begeben, um sich den dunkelsten Elementen im Leben des Einzelnen und der Gemeinschaft zu stellen und die Macht und den Einfluss dieser Dunkelheit und dieser zerstörerischen Kräfte zu erlösen.

Beim Erdseele-Träumen und allgemein, wenn Westler ihren Weg zurück zur individuellen Verbindung mit der unmittelbaren Offenbarung finden und zu einer religiösen Orientierung, die die Erde ehrt, suchen wir nach Sakramenten und neuen Ritualen für die zentralen Lehren der entstehenden Geschichte der Fürsorge für die Erde. Zu diesen zentralen Grundsätzen gehören die Wahrheiten des visionären Umweltdenkens: dass alles miteinander verbunden ist, dass die Erde heilig ist und dass wir alle direkt mit Geisthelfern, elementaren Naturenergien und Ahnen sprechen können. Weiterhin geht visionäres Umweltdenken davon aus, dass jeder von uns Offenbarungen und numinose Zustände erleben kann.

All diese Aspekte erdverbundener Rituale finden sich tief vergraben – oder ganz nah an der Oberfläche – in den traditionellen westlichen Religionen, und es gibt große Unterströmungen in den religiösen Gemeinschaften aller abrahamitischen Religionen, die in ihren heiligen Texten und Vorgaben die erd- und geistverbundenen Elemente zur Heilung der Umwelt und unserer Verbindung mit der Natur suchen und aktivieren.[88]

Die besten Rituale jeder Tradition führen uns über die Grenzen unseres Verstandes hinaus und in das kollektive Wissen, und sie nutzen dafür viele Mittel. Sie zapfen unsere Sinne und kraftvollen Emotionen an und bringen uns in Kontakt mit unseren Vorfahren, unseren Engeln, dem Kosmos und dem Göttlichen, die darauf warten, uns in Empfang zu nehmen, während wir zwischen den inneren und den äußeren Sternen dahinschweben. Schritt für Schritt bewegen wir uns über die Grenzen unseres Verstandes hinaus in das göttliche Mysterium.

Unser Herz-Verstand führt uns dorthin, wo unser Hirn-Verstand nicht hinkommt. Dann instruiert unser Herz-Verstand unseren Hirn-Verstand, anstatt umgekehrt, und wir erschaffen die Welt neu: durch die Sehnsucht unserer Seele und das Wirken unseres Geistes. Durch das Erschaffen von Ritualen zum Neu-Erträumen der Welt kommt die Dreischritt-Methode des Erdseele-Träumens zur vollen Entfaltung. Diese drei Schritte kommen in Ritualen zusammen, die eine kreative Visualisierung auslösen. Sorgfältig vorbereitete Rituale aktivieren die Visualisierung im Einklang mit dem ursprünglichen Traum der Erde und dem Bewusstsein einer neuen Geschichte, die in dieser Zeit unter den Menschen auf der Erde entsteht.

Westliche die Erde ehrende Sakramente

Einer der kompliziertesten Aspekte beim Auftauchen re-indigenisierter spiritueller Rituale ist die Entwicklung gemeinsamer Sakramente. Einige Bewegungen der Ökospiritualität im Westen halten sich an prämonotheistische Religionen und ändern sie ab, wie etwa in der Göttinnen- und Gaia-Spiritualität. Oder sie übernehmen Glaubensvorstellungen und Praktiken der amerikanischen Ureinwohner oder indigener Religionen ihrer Abstammung wie Wicca, Druidentum, eine Vielzahl nordeuropäischer schamanischer Traditionen, oder es ist eine Rückkehr zu afrikanischen Stammestraditionen. Manchmal suchen Westler die uralte indigene religiöse Praxis ihrer eigenen Abstammungslinie, aber genauso oft, oder noch öfter, suchen wir nach Traditionen anderer Abstammungslinien, was vielfach Konflikte und Leiden verursacht. Re-Indigenisierung ist ein chaotischer und manchmal quälender Prozess des Erforschens, Lernens und oft auch der Aneignung indigener Traditionen. Ich glaube fest daran, dass Westler ihre eigenen indigenen Zeremonien und Traditionen finden können, indem sie sich gemeinsam hindurcharbeiten und wieder lernen, mit der Erde zu sprechen und ihr zuzuhören und sich auf den geistigen Ebenen zu bewegen, diese Erfahrungen in der Gemeinschaft zu verarbeiten und daran zu wachsen. Wir befinden uns in einem Durcheinander von Verwirrung und Abgrenzung, und es wird nicht einfach sein, einen Weg hinaus zu finden.

Ich schätze die Verbindung zutiefst, die westliche Menschen in den alten, die Erde ehrenden Religionen finden, wenn sie sie in den Kulturen ihrer Abstammungslinie suchen. Ich glaube, unsere Ahnen-Erinnerungen und spirituellen Sinne werden durch den Kontakt mit solchen religiösen Formen und Örtlichkeiten angeregt, die in bestimmten Bereichen Teil unserer Entwicklung sind. Ich glaube aber auch, dass es sinnvoll ist, solche Rituale und Sakramente neu zu entwickeln, die das aktivieren, was wir auf unserem Weg geworden sind: durch neue Erkenntnisse und das Eingehen auf Vernunft und Wissenschaft. Jedenfalls sollten sie aus einer Verbindung mit dem Land hervorgehen, wo auch immer wir uns befinden.

Wir brauchen spezifische Sakramente, um die aktuellen Erfahrungen unserer neuen Geschichte und unseres sich verändernden Bewusstseins auszudrücken. Diese Sakramente müssen den großen Schmerz und die Herausforderung ausdrücken, denen wir uns gegenübersehen: die Verwüstung und Zerstörung der Erde. Sie müssen die neuen Geschichten darstellen, zu denen unsere Fähigkeiten und unsere Macht gehören, die unzähligen Tragödien zu überwinden, die uns umgeben und die das Ergebnis menschlicher Entscheidungen und Handlungen sind. Unabhängig davon, ob wir sie in die traditionellen westlichen

Religionen integrieren oder nicht, brauchen wir Festumzüge, Musik, rituelle Ordnungen und spezifische Zeremonien, die das Bewusstsein und unsere Handlungen immer wieder so ausrichten, dass sie uns inspirieren, uns den aktuellen Herausforderungen zu stellen und für die Erde zu handeln. Ich meine nicht, dass wir eine neue Religion schaffen müssen, aber wir sollten versuchen, eine spirituelle Orientierung zu fördern, die eine grundlegende Verschiebung unserer Wahrnehmung ermöglicht. Es geht um die Überwindung nicht mehr tragfähiger Überzeugungen und die Schaffung und Einführung neuer (und alter) Praktiken für eine Heilung, die nur durch eine Re-Indigenisierung stattfinden kann. Der Tiefenökologe und Schamane Bill Pfeiffer fasst diese Idee in seinem Buch *Wild Earth, Wild Soul: A Manual for an Ecstatic Culture* [Wilde Erde, wilde Seele: Ein Handbuch für eine Kultur der Ekstase] wunderbar zusammen:

> *Eines der Missverständnisse, die auftreten können, wenn man auf ein Buch mit einem so ehrgeizigen Titel stößt, ist die Annahme, es versuche, alle Menschen – und zwar alle – dazu zu bringen, die gleichen kulturellen Formen zu übernehmen. So ist es nicht gemeint.*
>
> *Hier lautet die Aufforderung, die Natur und die unmittelbare Erfahrung bestimmen zu lassen, welche Art von erdverbundener Kultur für eine bestimmte Gemeinschaft am besten geeignet ist. Es gibt einen Platz für alle, der hilft, eine Vielfalt von Kulturen herauszubilden, bei denen die Gesundheit des Landes und der Menschen im Mittelpunkt steht.*[89]

Ich glaube, dass diese neuen Wege des Wissens und des Seins zu allen religiösen Traditionen passen, die Menschen bereits praktizieren. Ich habe viele Beispiele dafür gesehen, wie es möglich ist. Und viele sind in wichtigen Werken festgehalten, die die Rückkehr der westlichen Religionen zur Erde behandeln, etwa in dem Buch *This Sacred Earth* [Diese heilige Erde].[90] Wir müssen nicht hinter uns lassen, wer wir sind, sondern die Art und Weise unseres Glaubens neu gestalten und an der Schwelle des Großen Geheimnisses aktiv werden; und wir müssen das

Verhältnis unserer Beziehung zur Erde und zum Göttlichen neu verstehen.

Für die Rituale des Erdseele-Träumens gibt es viele mögliche Ritualobjekte. Die »Sakramente«, die die Ritualobjekte repräsentieren, umfassen die zentralen Lehren des visionären Umweltdenkens und der Umwelterfahrung: Alles ist miteinander verbunden, die Erde ist heilig; wir können die Erde auf eine neue Art erleben, die unser Bewusstsein und unser spirituelles Bewusstsein auf erdverbundene Weise verändert und neue Geschichten des Handelns für die Erde und neue Wege des Lebens im Gleichgewicht mit der Erde hervorbringt. Deshalb beginnen Sakramente für das Erdseele-Träumen mit Dingen, die die wesentlichen Elemente und Wesen der Erde repräsentieren – Geschichten, Lieder, Kunst und Tanz, die die Erde ehren; rituelle Ordnungen, die die Jahreszeiten und Rhythmen der Natur markieren; rituelle Elemente, die bestimmte Bioregionen ehren.

Rituale für das Erdseele-Träumen entwickeln

Visualisierungspraktiken in einzelne Übungen aufzuteilen, ist eine Herausforderung und manchmal etwas irreführend. Viele dieser Übungen verschmelzen in intuitiven, kreativen Momenten miteinander. In Wirklichkeit ist die Abgrenzung nur erforderlich, um unserem Geist wieder beizubringen, loszulassen. Alles, was wir für die Vision brauchen, ist bereits vorhanden. Wir müssen unseren Verstand nur dazu bewegen, die begrenzenden Konzepte freizugeben, die uns in der westlichen Zivilisation so gründlich eingetrichtert wurden. Viele dieser Übungen gehen leicht ineinander über, doch ich unterbreche sie, um auf einem angenehm linearen Weg eine langsame Öffnung des Geistes für imaginäre Sinne und Fähigkeiten zu ermöglichen.

Bevor du eine der Traumübungen ausführst, ist es wichtig, zuerst die erd- und seelenverbundenen Übungen aus den vorherigen Kapiteln gemeistert zu haben. Wähle aus jedem Abschnitt so viele aus, wie du möchtest, aber mindestens eine, um dich vorzubereiten, bevor du dich auf die Visionsübungen einlässt. Vielleicht hast du dich inzwischen für die Erd- und Seelenübungen entschieden, die dir am angenehmsten sind; wenn dem so ist, verwende die Übungen, die dir am besten gefallen. Führe sie der Reihe nach durch und gehe immer Schritt für Schritt vor, auch wenn du nur wenig Zeit für jeden Schritt hast. Wenn du wenig Zeit hast, konzentriere dich auf die Vorbereitung und die Verbindung mit den Bereichen Erde und Seele; die Bilder, die du im Visionsprozess empfängst, werden sich durch bessere Erdung und eine Klarheit der Absicht erweitern.

Die Reihenfolge der Rituale

In jedem Ritual des Erdseele-Träumens bereiten die folgenden Schritte, wenn sie der Reihe nach ausgeführt werden, auf eine klare Schwingungs- und Visionsarbeit vor. Rituale können lang und komplex sein, kurz und einfach oder irgendetwas dazwischen. Mit der Zeit wirst du zu den Übungen und Ritualen finden, die für dich am besten funktionieren. Bis du in der Lage bist, deinen Weg durch die schamanische Erfahrung selbst zu erkennen und zu fühlen, ist es wichtig, immer zumindest die folgenden Schritte einzubeziehen:

1. Beginne mit dem Ausdruck von Dankbarkeit.
2. Lege eine übergreifende Absicht fest, indem du betest, dass dein Ritual und deine Visionen der Heilung der Welt dienen sollen.
3. Schaffe einen heiligen Raum: Baue deinen Altar.
4. Erdung.
5. Verbinde dich mit Geisthelfern: Rufe deine Lichtführer herbei.
6. Setze eine klare Absicht für die Visionsübung.
7. Mache deine Visionsübung.
8. Nimm auf und reflektiere.
9. Schließe mit einer Danksagung ab.

Beginne jeden Visionsprozess mit einer Danksagung und fasse eine klare Absicht. Zu Beginn eines jeden Rituals schwelge ich immer in Dankbarkeit. Das hilft sehr dabei, die Geisthelfer willkommen zu heißen und Erdwesen und Energien einzuladen, damit sie deine Arbeit unterstützen und die Schwingungen erhöhen, um alles, was du tust, mit dem göttlichen Geist des Universums zu verbinden. Ich spreche so viele Segnungen und so oft, wie es mir möglich ist. Ich singe Dankeslieder. Dann bitte ich immer darum, dass meine Arbeit in diesem Ritual mein Leben in Einklang mit der Heilung der Welt bringen möge.

Das ist mein Gebet, und es wirkt Wunder. Du kannst dich ebenfalls aufmachen, dein eigenes Gebet oder deine eigenen Geistlieder zu finden. Ich habe viele geistige Lieder, die mir gegeben wurden und die ich meinen geistigen Helfern und der Erde zum Geschenk mache. Dieses eine Gebet: »Alles, was ich tue, möge im Einklang mit der Heilung der Welt sein«, ist zentral für alles, was im höchsten spirituellen Sinne richtig ist. Es steht dir frei, es auch zu deinem Gebet zu machen. Es war ein Geschenk der Lichtführer des Planeten, und ich schenke es dir in Dankbarkeit und mit einem Segen für deine spirituelle Mission.

Mein Gebet lautet:

Göttlicher Geist und Schöpfer des Universums, alle meine Geisthelfer und ihr Lichtführer des Planeten, ich bitte euch, dass ihr mein Leben in Übereinstimmung bringt mit der Heilung der Welt. Ich bitte euch, möget ihr euch durch mich bewegen, damit alles, was ich tue, Licht und Heilung in die Welt bringt.

Ich bitte immer darum, dass meine Rituale und Visionen von den Lichtführern des Planeten oder meinen Geisthelfern geleitet werden. Ich bitte stets darum, dass meine Visionen Heilung bringen. Ich bitte darum, dass mein Leben und meine Arbeit meine spirituelle Mission auf der Erde erfüllen, Blockaden lösen und Kanäle der Liebe öffnen mögen. Ich bitte darum, dass ich geführt und dabei unterstützt werde, andere anzuleiten, die Lichtführer des Planeten zu erkennen. Beim

Setzen meiner Absichten bitte ich meine geistigen Helfer oft um Führung, anstatt meine Visualisierung durch meine persönliche Auffassung einzuschränken.

Nach Jahren des Gebets und der spirituellen Arbeit weiß ich, dass die spirituellen Möglichkeiten meines Lebens im Grunde so viel mehr sind, als ich mir je vorstellen oder für mich erhoffen konnte. Wir sind oft furchtsam und das, was wir im Moment wollen, ist bloß Teil der menschlichen Zustände auf diesem Planeten. Es ist normal, sich so zu fühlen. Oft gibt es etwas, das wir nicht ganz erkennen können oder von dem wir nur eine Ahnung haben, und doch ist es das, was unsere Heilung und spirituelle Entwicklung tatsächlich mehr voranbringt als alles, was wir uns in den gegenwärtigen Situationen in unserem Leben vorstellen können oder uns zugestehen wollen. Sich mit Absicht ins Unbekannte zu wagen, erfordert Vertrauen und Hingabe an das höhere Bewusstsein und die Lichtwesen, die uns auf dieser Reise führen und unterstützen. So oft wie möglich um die Unterstützung unserer geistigen Helfer zu bitten, ist der beste Weg in allen Dingen.

Übung
Sammle deine Medizin

Zweck

Wenn wir mit dem Üben des schamanischen Träumens beginnen, sammeln wir »Medizin« von den Erdgeistern, den Geisthelfern und den Ahnen. Das Sammeln von Gegenständen für deinen Altar wird dir helfen, deine Sinne eher in den Zustand zu bringen, der für den Zugang zu anderen Ebenen erforderlich ist. Diese Dinge dienen als Anstöße, die dir helfen, schneller veränderte Zustände zu erreichen. Diese Gegenstände werden auch mit unserer Dankbarkeit und Verbindung zu den schönen Wesenheiten aufgeladen, die uns auf unserem Weg in die magischen Reiche begleiten. Viele Gegenstände auf unserem Altar bringen ihre eigene Kraft mit und repräsentieren Momente der Dankbarkeit und Verbundenheit sowie besondere Botschaften und Zugänge.

Beschreibung

Wenn du dich auf eine Traumübung einlässt, stelle dir einen »Medizinkorb« der Dinge zusammen, die du für deinen Altar brauchst, wenn du Zeremonien für dich allein oder mit anderen abhältst. Der einfachste Korb oder Beutel mit Dingen wird etwas zu den vier Elementen enthalten: Erde, Luft, Feuer und Wasser. Deine heiligen Steine aus der Übung in Kapitel 6 sind eine hervorragende Möglichkeit, die Erde einzubringen. Nimm auch Kerzen mit: Kleine Votivkerzen lassen sich gut transportieren. Luft ist das, was wir immer atmen und ist auch zu sehen, wenn wir Kräuter und Pflanzen verbrennen, um ihre Geister zu ehren und die Weisheit dieser besonderen Pflanzen mit einzubringen. Stelle eine Schale zum Befüllen mit Wasser auf deinen Altar. Füge einen oder mehrere Gegenstände hinzu, die dir heilig sind und die dir positive Gefühle vermitteln, die dich mit deinen Ahnen verbinden oder dich an besondere Erlebnisse erinnern, die starke Gefühle der Verbundenheit auslösen. Wähle außerdem ein schönes Stück Stoff aus, das du dort auslegen kannst, wo du deinen Altar errichten willst.

Wenn du deine Medizingegenstände für deine Zeremonie anordnest, betrachte dies als einen heiligen Akt der Ehrerbietung. Spüre die Essenz und Schönheit jedes Gegenstandes und die Energie der Beziehung, die diese Wesen zusammen erschaffen, wenn du deinen Altar aufbaust. Dein Altar kann jedes Mal derselbe sein, oder du kannst verschiedene Anordnungen und Gegenstände nutzen, je nachdem, was dich gerade anspricht. Spüre deinen Körper und höre auf deine Seele, wenn du deine Medizingegenstände auswählst und deinen Altar herrichtest. Dies ist eine zutiefst heilige Arbeit, die die Bühne für deine Erdheilungspraxis bereitet.

Sobald du diese grundlegenden Materialien für deinen Altar hast, suche dir eine Tasche oder einen Korb, in den du sie legen kannst. Es ist sehr nützlich, wenn du deine Medizinsachen mitnehmen kannst, wenn du nach draußen oder an andere Plätze gehst, um deine Zeremonien auszuführen. Wenn du mit anderen zusammenarbeitest, könnt ihr gemeinsam Altäre gestalten, indem ihr eure Medizingegenstände zusammenlegt.

Wenn du ein Ritual zu einer Zeit und an einem Ort durchführen willst, an dem du deinen Medizinbeutel oder Korb nicht dabeihast, kannst du alles verwenden, was du in deiner Umgebung findest. Bitte deine Geisthelfer, dich zu

Dingen zu führen, die dich beim Aufbau einer Heilungszeremonie unterstützen. Wenn du dich im Freien aufhältst, ist dies sehr einfach zu bewerkstelligen. Spüre in deinen Körper und bitte darum, zu Naturwesen geführt zu werden, die an deiner Arbeit teilhaben möchten. Frage die Gegenstände immer um Erlaubnis, bevor du sie für deine Zeremonie aufhebst. Wenn du den Impuls verspürst, etwas mitzunehmen, um es deinem Altar hinzuzufügen, frage das Wesen, ob es das möchte. Außerdem gehören uns die Dinge auf unseren Altären nicht. Naturwesen haben ihren eigenen Weg und werden manchmal deutlich machen, dass sie an Ort und Stelle belassen oder zu einem anderen Menschen geschickt werden möchten. Obwohl es schwerfallen kann, sich von Medizingegenständen zu trennen, die sehr bedeutungsvoll sind, ist es wichtig, sie dorthin weiterziehen zu lassen, wo sie hingehören, und uns zuzugestehen, uns für neue Medizin zu öffnen. Beende jede Arbeit mit heiligen Dingen immer mit Dankbarkeit für ihre Hilfe bei deiner Heilungsarbeit.

Übung
Auf deine heiligen Steine hören

Zweck

Diese Übung lädt dazu ein, die heiligen Steine einzeln, langsam und absichtsvoll zu berühren, um einen heiligen Raum zu schaffen. Diese Übung, die Körper, Sinne und Herz einbezieht, vertieft die Verbindung mit unseren heiligen Steinen und öffnet Kanäle zum Träumen mit der Erde. Um die Arbeit mit deinem Satz heiliger Steine zu beginnen, beginne mit der Übung »Einen Satz heiliger Steine zusammenstellen« aus Kapitel 6.

Während eines schamanischen Ökotherapie-Workshops, als ich mit der Gruppe die Verlangsamung übte, entwickelte ich die Idee, mit den heiligen Steinen durch unsere Körper und Emotionen zu meditieren. Dieser Prozess vertiefte die Verbindung, und viele sagten am Ende: »Jetzt habe ich es verstanden.« Verlangsamung ist entscheidend, damit Magie zum Vorschein kommen kann. In der Stille, in der sich die Zeit verschiebt, können wir beginnen, »die Magie zu spüren«. Nach dieser einfachen Übung mit deinen Steinen wirst du vielleicht mehr Synchronizität und ein Gefühl des »Fließens« erleben. Steine sind die Hüter und die Weisheit des Fließens: von Flüssen, Ozeanen, Stränden, dem Druck der Erde, den Rhythmen der Zersetzung und der Neubildung aus dem Zerfall. Wenn wir unseren Fluss verlangsamen, um uns mit dem Zeitgefühl der Felsen zu verbinden, betreten wir die Zeit aus einem anderen Blickwinkel und lassen das Netz des Lebens vor uns aufscheinen.

Beschreibung

Suche dir einen bequemen Platz zum Sitzen oder Liegen. Plane 90 Minuten ohne Unterbrechung ein; so hast du genügend Zeit, um dich an deinem Platz niederzulassen, deine Steine in ihrer heiligen Ausrichtung willkommen zu heißen und deine Erfahrung abzuschließen und zu reflektieren. Du kannst die Übung abkürzen, falls es nötig ist; das Wichtigste ist, sie einfach zu halten. Manchmal blockiert das Streben nach Perfektion unsere Momente der Verbundenheit, also tu einfach dein Bestes, wenn du den Ort und die Zeit dafür zur Verfügung hast. Ich spiele gerne beruhigende oder meditative Musik, während ich meinen Steinen zuhöre. Wenn es warm ist, gibt es vielleicht einen Ort, an dem du die Musik der Bäume, der Vögel, eines Flusses oder Baches oder des Meeres hörst. Mache ein Ritual, das jeden Schritt in der richtigen Reihenfolge abdeckt, angepasst an die Zeit, die du hast, und an deinen Ort.

Wähle eine Methode, um die Zeit einzuhalten. Ich tue dies, indem ich meine Atemzüge zähle, aber du kannst deine eigene Methode finden und verwenden. Wie auch immer du die Zeit einhältst, wenn du meditierst, es wird funktionieren. Verbringe sieben Minuten mit jedem Stein, schaue ihn an, fühle ihn, sprich mit ihm, höre ihm zu, lies die Bilder und Texturen. Stelle ihm Fragen; stelle dir vor, woher er kommt und warum er jetzt hier bei dir ist. Drücke ihn an dein Herz und liebe ihn; wenn es schwer ist, Liebe für einen Stein zu empfinden, stelle dir einfach nur vor, dass du ihn liebst. Aber Gestein kann starke Beziehungen aufbauen, was für Menschen oft sehr überraschend ist, da wir Steine in der westlichen Kultur als ziemlich leblos wahrnehmen. Sie sind uralt und kennen den ursprünglichen Traum von Gaias Seele. Sie werden ihre Weisheit kundtun und uns führen, wenn wir auf sie hören.

Wenn du fertig bist, spüre der Schwingung jedes Steins in deinem Körper nach und lasse ihn zu dir sprechen, damit du in der Tabelle unten[91] eine Entsprechung mit den Elementarkräften finden kannst. Wenn du eine Verbindung mit einem bestimmten Stein spürst, jedoch keine Entsprechung zwischen diesem Stein und den in der Tabelle beschriebenen Elementarkräften, bleibe mit diesem Stein verbunden, aber lege ihn erst einmal beiseite und suche einen anderen für deinen Satz von sieben. Eine andere Möglichkeit, die Steine ihre Weisheit nach und nach vermitteln zu lassen, ist, sie unter dein Kopfkissen oder in die Nähe deines Bettes zu legen und von den Steinen Träume zu erbitten, die dir helfen, ihre energetische Prägung zu verstehen und ihre Bedeutung für deine Heilung zu erspüren, ebenso wie für die Heilung anderer, mit denen du vielleicht in einer Zeremonie arbeitest.

Erde	**Wasser**	**Feuer**	**Luft**	**Geist**	**Den Schleier lüften**	**Kosmos**
Landselbst	Meerselbst	Feuerselbst	Sprechen-des Selbst	Höheres Selbst	nicht-alltägliche Zustände	Einssein Universum
Umsetzung im Körper	Gefühle	Wille	Intellekt	Ausstrahlung	Synchronizität	Universum
Gleichgewicht	Emotionen	Sexualität	Verstand	Integration	Intuition	Planetarische Beziehungen
Knochen	Beziehungen	Kreativität	Klarheit	Synthese	Seele	Sternsysteme
Steine	Flüssigkeiten	Energie	Atem	Seelenführer	Schamanische Zustände	Unsere Sonne
	Unterbewusstsein	Leidenschaft	Vorfahren			

Rituelle Kreise mit deinen heiligen Steinen

Wenn du deine Praxis des Erdseele-Träumens weiterentwickelst, wenn du Kreise baust und mit deinen heiligen Steinen arbeitest, verbindet dies viele der wesentlichen Bestandteile der Erfahrung des Erdseele-Träumens zu einer einzigen Handlung. Im nächsten Kapitel werden wir uns mit der Visionsarbeit mit Mandalas beschäftigen. Wenn du dich immer wohler damit fühlst, einen heiligen Raum für das Erdseele-Träumen zu schaffen, wirst du Wege finden, deine heiligen Steine in deine Rituale einzubeziehen, um dein Verständnis für die Steine zu vertiefen. Erlaube den Steinen, mit dir in Beziehung zu treten, wenn du selbständig neue Formen von Ritualen ausprobierst und praktizierst. Dies zu tun, ist eine Übung in wachsender Intuition und Beziehung zu den Steinen. Vertraue auf dich und spüre in deinen Körper hinein, um die Ausrichtung für die Arbeit mit deinen heiligen Steinen zu finden.

In meiner persönlichen spirituellen Arbeit wie beim Erdseele-Träumen ist die Kreissymbolik, die sich in Mandalas widerspiegelt, ein zentrales Merkmal von Ritualen und Zeremonien und bei der Visionsarbeit. Das Schöne an der Verwendung heiliger Mandalas in der Praxis des Erdseele-Träumens ist, dass das Erschaffen eines Mandalas in einer Zeremonie jeden Aspekt eines Visionsrituals beinhaltet. Mandalas sind äußerer Ausdruck innerer Offenbarungen und schaffen den Raum, um Erkenntnisblitze und Entwicklung wahrzunehmen. Das nächste Kapitel geht vom Erschaffen von Ritualen ganz natürlich in die Arbeit mit Mandalas über, die Ausdruck unseres Selbst in Beziehung zum Lebensganzen und eine Repräsentation des Kosmos sind.

15

Träumen mit Mandalas: Reisen mit heiligen Kreisen

Es ist schwierig, die Kraft und Potenz der Mandala-Arbeit zu erklären: Man fühlt und lernt sie durch Erfahrung. Meine Mandala-Meditationen dauern manchmal Minuten, manchmal Stunden, manchmal Tage. Je länger du dir für die Arbeit mit Mandalas Zeit nimmst, desto mehr wird sich dir der orphische Glanz des Kreises als göttliches Symbol offenbaren.

Mandalas sind mein hauptsächliches spirituelles System für Heilung und Führung und um meine spirituelle Mission auf dem Planeten zu verwirklichen. Ich pflege viele Mandalas in verschiedenen Größen und an verschiedenen Orten für unterschiedlich lange Zeit. Durch meine Hingabe an diese Tätigkeit kann ich inzwischen ihre Schwingung als Portale in nicht-alltägliche Zustände spüren.

Die Tiefe der Selbsterkenntnis, die die Arbeit mit Mandalas ermöglicht, bietet ein außergewöhnliches Umfeld für das Visualisieren. Es gibt unzählige Systeme und Stile der Mandala-Arbeit in unterschiedlichsten kulturellen Rahmenbedingungen. Zudem funktionieren Mandalas sehr gut als Werkzeuge zur Verwirklichung, ohne dass man komplexes Wissen und Methoden zu ihrer Anwendung benötigt. Das Schöne an dieser Zeit auf der Erde ist, dass viele menschliche Weisheitstraditionen zugänglich sind, was es uns erlaubt, Wissen auf noch nie dagewesene Weise miteinander zu teilen.

Wenn wir mit Mandalas arbeiten, können wir mit zusätzlichen Methoden der Selbstheilung unsere spirituelle Entwicklung fördern.

Wenn du also bereits mit Mandalas aus einer Tradition zu tun hast und mit ihnen arbeitest, kannst du dieses Wissen für deinen Visualisierungsprozess des Erdseele-Träumens nutzen, solange du dem Sinn der Arbeit treu bleibst: unser Leben in Übereinstimmung zu bringen mit der Heilung der Welt.

ÜBUNG
COLLAGE-MANDALAS FÜR DIE VISUALISIERUNG

Zweck

Diese Praxis ermöglicht das Loslassen der rationalen Ausrichtung unseres Verstandes durch eine kreative Verbindung mit heiligen Kreisen. Die Collage-Arbeit lädt uns zu einer verkörperten bildlichen Erfahrung ein. Die Bilder in einer Zeitschrift, wenn wir die Seiten umblättern, unserer Intuition vertrauen und uns zu den Bildern hinführen lassen, die uns anziehen, das Ausschneiden, das Fühlen der Oberfläche des Papiers, der Geruch von Tinte und Kleber: All diese Empfindungen bringen Emotionen und Erinnerungen an die Kindheit zurück, als die imaginäre Erfahrung als natürlicher Seinszustand alltäglich war. Die Collage bringt uns zurück zu dieser Einfachheit, einem »Weniger-ist-mehr«-Zustand der entspannten Intuition. Die vielen Sinneserfahrungen, die sich durch die Arbeit mit der Collage eröffnen, fügen sich wunderbar in die Geheimnisse der Mandalas ein.

Wenn unsere Kreativität wach und aktiv ist, erlauben uns Collage-Mandalas, in Symbole einzutauchen, die direkt aus unserer Seele zu uns sprechen. Wenn ich ein Collage-Mandala mache, bitte ich meine geistigen Helfer, mich anzuleiten. Ich stelle mir einen Lichtstrahl vor, der durch meinen Scheitel und durch meine Hände herabströmt. Ich öffne mich, um Bilder zu empfangen, die mich über meine Begrenzungen hinausführen, um eine auf Heilung ausgerichtete Vision entstehen zu lassen. Ich vertraue meinem Körper und meiner Vorstellungskraft, um auf die Stimme meines Geistes zu hören, während ich die Tiefen meiner Seele ans Licht hole.

Beschreibung

Beginne damit, deine Materialien für diese Übung zusammenzusuchen. Leichte und einfache Materialien sind in Ordnung. Wenn du eine Zeitschrift hast, verwende diese oder auch mehrere. Jedes Papier in jeder Größe ist geeignet. Oft, wenn ich kein Papier finden kann, nehme ich ein Stück aus dem Drucker oder drehe ein Stück Papier um, das ich aus dem Papierkorb hole. Bei dieser Übung geht es nicht darum, eine Collage zu erstellen, die du dir als Kunst an die Wand hängst, sondern darum, auf dein inneres Selbst zu hören (obwohl viele meiner Bilder als Erinnerungen meines höheren, mit der Erde verbundenen Selbst an der Wand hängen). Wenn du nichts zur Hand hast, kann ein kurzer Abstecher in einen Bastelladen für erschwingliche Materialien sorgen.

Kindersachen sind besonders schön. Wenn dies zu einer Übung wird, die du für sinnvoll und wichtig erachtest, kannst du weitere Materialien sammeln: Papier in verschiedenen Größen, Klebstoff, den du magst (ich bevorzuge Klebestifte), und einen speziellen Platz, um diese Form der spirituellen Kunst auszuüben. Für den Anfang sind ein Küchentisch oder der Fußboden oder ein Platz im Freien prima Orte.

Öffne zunächst den rituellen Raum und verbinde dich durch die Übungen aus diesem Buch mit der Erde und der Seele, so dass du von einem hochschwingenden Ort aus visualisierst. Setze eine klare Absicht, wie oben beschrieben. Oder lasse die Absicht für deine Collage sich aus der Arbeit entwickeln, indem du dich für die Beziehungen zwischen den Bildern im Kreis öffnest. Ich beginne manchmal, indem ich einen Kreis auf das Papier zeichne oder indem ich mit meinen Bildern einen Kreis als Ausgangspunkt schaffe. Collage-Mandalas enthalten manchmal den Teil eines Kreises, viele Kreise oder Quadranten und mannigfache andere Variationen.

Es gibt keinen richtigen Weg, dein Collage-Mandala zu erstellen. Während du arbeitest und dich für dein sinnbildliches Wissen öffnest, indem du deine Hände bewegst, Texturen genießt, dich an der Schönheit der Bilder erfreust, lasse Gefühle, Eindrücke, Bilder und Ideen aus deiner Tiefe aufsteigen.

Übung
Kreisende Mandala-Meditation

Zweck

Das Wort Mandala bedeutet in Sanskrit »Kreis«, und alle Mandalas beinhalten in irgendeiner Weise Kreise. Das Einlassen auf diese Kreissymbolik hilft uns, uns in Bezug auf das gesamte Leben besser zu verstehen; Kreise sind in vielen kulturellen Traditionen persönliche und spirituelle Entwicklungswerkzeuge. So hilft uns die Arbeit mit ihnen, Gleichgewicht und Gesundheit wiederherzustellen und zu erhalten. Die Quadranten der Mandalas repräsentieren eine Ganzheit, die durch die Integration von Unterschieden zustande kommt. Mandalas helfen uns, das Ganze in den Teilen und die Teile in Bezug auf das Ganze zu erkennen: in der Welt und in uns selbst.

Diese einfache Übung nutzt die Quadranten des Mandalas, um Visionen zu manifestieren: in Beziehung zu den Richtungen und den verschiedenen Aspekten der aufeinander bezogenen Quadranten. Halte alle Gedanken, Bilder oder körperlichen Empfindungen fest, die dir in den Sinn kommen, während du das Mandala aufbaust und umkreist. Zeichne ein Bild des Mandalas in den Kreis und notiere, wo du dich im Mandala befandest, als die jeweilige Erkenntnis oder Erfahrung auftrat. Dies wird dir helfen, die Bedeutung deiner Visionen zu erkennen, wenn du deine Meditation reflektierst.

Beschreibung

Dein Material für das Mandala kann einfach sein. Die Verwendung deiner heiligen Steine und deiner Medizingegenstände ist ein guter Anfang. Du kannst diese Übung nur mit deinen Steinen und Medizinobjekten machen oder diese als Mittelpunkt oder Teil eines größeren Mandalas verwenden, das weitere Steine, Blätter, Stöcke, Kerzen, heilige Kräuter oder Tannenzapfen einbezieht sowie alle möglichen anderen Kunstgegenstände oder heiligen Objekte, die positive Gefühle in dir auslösen. Wenn du ohne deine Altarsachen im Freien bist, eignen sich so einfache Naturobjekte wie Blätter und Gras und kleine Steine und Stöcke gut für den Aufbau eines Mandalas.

Beginne deine Zeremonie im Mandala mit den Abfolgen für ein heiliges Ritual. Dein Mandala muss nicht auf eine bestimmte Weise gemacht sein. Manchmal kann ein »Nichts-Besonderes«-Ansatz helfen, uns freizumachen und unserer Intuition ihren Lauf zu lassen, während das Mandala entsteht. Lasse dein Mandala ehrfürchtig, freudig und spielerisch Gestalt annehmen. Erlaube dir, wie ein Kind zu sein, wenn du kannst, und bedenke, dass in jeder Zeremonie alle Zustände und Gefühle willkommen sind. Oft gehen wir mit Gefühlen von Traurigkeit, Trauer, Angst oder allen möglichen anderen Gefühlen in die Mandala-Arbeit. Lasse sie so sein, wie sie sind. Es gibt keinen richtigen oder falschen Weg, dein Mandala zu erstellen und mit ihm zu sein, solange du die Ritualabfolge einhältst und eine heilende Absicht setzt. Beginne mit einem Kreis und folge von dort aus deinen Gefühlen. Der einfache Kreis ist das Mandala; alles andere ist ein Ausdruck deines Geistes und deiner Seele in Beziehung zur Erde und zum Kosmos zu genau diesem Zeitpunkt.

Wenn du Zeit hast und vorausplanst, achte auf Träume, Orte und Symbole, die dir in den Tagen oder Wochen vor deinem Mandala-Ritual auffallen. Achte auf Synchronizitäten, die dich zur richtigen Zeit an den richtigen Ort und zu den richtigen Materialien für dein Mandala führen. Vertraue deinen Gefühlen, auch wenn sie ganz ungewöhnlich erscheinen; dies ist das Mandala-Tor zur Magie, das sich bereits zu öffnen beginnt. Sobald wir im Herzen die Absicht haben, ein Ritual abzuhalten, beginnt das Lebensnetz für das Ritual zu wirken.

Um dein Mandala zu erstellen, beginne mit einem Kreis und lege etwas in die Mitte, das den Geist repräsentiert und zugleich das Zentrum von dir selbst. Ich beziehe auch die Elemente Wasser und Luft mit ein, normalerweise durch ein Gefäß mit Wasser mit einer Art Räucherung. Luft ist auch der Wind, wenn du also draußen bist, ist dies dein Luftelement. Ich zünde oft Kerzen an, um das Feuerelement dabeizuhaben. Und indem ich Dinge aus der Natur verwende, ehre ich die Erde. Du kannst die vier Punkte des Kreises bewusst auf die Richtungen (Norden, Süden, Osten, Westen) ausrichten oder auch nicht. Manchmal erweist sich das Abwarten, wo die Ausrichtungen hingehen, ohne sie bewusst zu platzieren, als ein interessanter Teil des Visionsprozesses.

Je nach Größe deines Mandalas kannst du innerhalb oder außerhalb des Kreises sitzend meditieren. Ich baue gerne ein Mandala, das groß genug ist, um in jedem Quadranten sitzen zu können. (Du kannst dies drinnen oder draußen tun, auf dem Boden sitzend oder auf einem Stuhl, mit dem du dich im Mandala herumbewegst.) Wenn du nicht über einen solchen Platz verfügst, meditiere außen um die Quadranten herum. Du kannst eine bestimmte Zeitspanne wählen, um in jedem Quadranten zu meditieren, wobei du die Zeit mit einem Zeitmesser oder durch Zählen deiner Atemzüge einhältst. Ich zähle eine bestimmte Anzahl von Atemzügen in jedem Quadranten, eine hilfreiche Achtsamkeits- und Zentrierungsmethode, während ich mich durch das Ritual bewege. Du kannst auch gerne deiner Intuition folgen, um zu entscheiden, wann du zum nächsten Quadranten wechselst.

Das Umkreisen eines Mandalas ist eine intensive Übung, um sich mit diesem alten göttlichen Orakel zu verbinden. Als kraftvolles Heilungssymbol für persönliches Wachstum sind Mandalas ein Portal, um uns selbst innerhalb der Matrix der multiplen Intelligenzen wahrzunehmen. Oft mag es eine Zeitlang mit dem Mandala so aussehen, als würde nichts passieren. Die Botschaften kommen vielleicht später. Manchmal können sich Gefühle und Botschaften wie eine hereinbrechende Welle anfühlen, die dich durchströmt. Wie auch immer sich das Mandala für dich öffnet, bitte die Gefühle, nach und nach aufzutauchen. Es ist in Ordnung, den Energiefluss des Mandalas bewusst zu regulieren. Bitte um mehr oder weniger Energie aus dem Mandala, wie du es während deiner Meditation wünschst oder brauchst. Versuche, während deiner Zeit mit dem Mandala deinen Verstand loszulassen. Wenn er beschäftigt bleibt, respektiere das und sage dir einfach leise »denken«, dann kehre zurück zum Beobachten und Fühlen der Schönheit des Mandalas.

Wenn du Zeit hast, nimm dir einen ganzen Tag oder mehr Zeit für die Arbeit mit einem bestimmten Mandala. Oder lasse dich darauf ein, jeden Tag ein neues Mandala zu erstellen, mit dem du arbeitest. Du kannst immer wieder zu denselben Mandalas zurückkehren. Ich habe ein paar an verschiedenen Orten im Freien, mit denen ich zusammen mit anderen oder allein über Tage, Monate und Jahre arbeite.

ÜBUNG
EINLADEN VON GEIST-SYMBOLEN MIT MANDALAS

Zweck

Neben Steinkreisen können wir auch Mandalas zeichnen, um uns für sinnbildhafte Weisheit zu öffnen. Das Malen von Mandalas ist eine heilige Kunst. Der einfache Akt des Malens von Mandala-Bildern führt zu Verschiebungen im physischen, emotionalen und spirituellen Körper. Während Mandalas vielschichtige und faszinierende Kunstwerke sein können, ist das Ziel dieser Übung das einfache Malen mit dem Fokus auf den Prozess und nicht auf das Ergebnis. Ich lade dich ein, diese Übung des Mandala-Malens zu nutzen, um dich für deine innere Führung und Intuition zu öffnen und um Führung von der Erde und vom Geist zu erhalten. Wenn du dein Mandala im Freien malst, wird diese heilige Übung dazu beitragen, deine natürliche Empfindsamkeit für die elementaren Energien der Natur zu öffnen.

Beschreibung

Stelle zunächst deine Materialien zusammen: großes Papier oder Plakatpappe, Marker, Zeichenstifte, Buntstifte. Baue dein Ritual gemäß der in Kapitel 14 beschriebenen Schritte auf.

Beginne dein Mandala, indem du einen Kreis von beliebiger Größe zeichnest. Lasse ein Bild, eine Form, ein Wort oder eine Idee zu dir kommen. Nimm die Gefühle in deinem Körper oder in deinen Erinnerungen wahr und stelle diese nach Belieben in deinem Mandala dar. Bilder, Farben, Kleckse, Kratzer, Kritzeleien, alles ist willkommen. Dies ist keine Kunst im herkömmlichen Sinn, sondern eher ein geistig-seelischer Prozess. Du kannst deine Bilder auf jede Art und Weise, an jedem Ort, in jeder Größe und nach jeder Methode, die dir einfällt, in das Mandala einfügen. Vertraue dem Entfaltungsprozess, lasse deine Hände sich bewegen und versuche, nicht zu denken!

Als Ergänzung zu einer kreisenden Mandala-Meditation kannst du ein Mandala zeichnen, wie in dieser Übung beschrieben, und es dann auf eine beliebige, dich inspirierende Weise in Stücke schneiden oder reißen. Verwende diese Stücke für die Erstellung eines Meditationsmandalas oder füge sie zu einem Mandala hinzu, mit dem du bereits arbeitest. Du kannst auch ein Mandala mit karmischen Wirbeln erstellen, wie in Kapitel 12 beschrieben, dann dieses Mandala in Stücke schneiden oder reißen und diese Ausschnitte bei der Meditation des kreisenden Mandalas verwenden.

Die Verwendung deiner gemalten Mandalas, die bestimmte Aspekte deines Lebens darstellen, ist bei längeren Meditationen zu bestimmten Themen besonders nützlich: für Visionen zur persönlichen Heilung und Führung durch die geistigen Helfer. Das können Themen sein, die dich bedrängen, blockieren oder dir Schmerzen bereiten. Heilung und Klärung in unserem persönlichen Leben ist immer auch Heilung für die Welt; der Mikrokosmos unserer eigenen Arbeit für Wachstum und Veränderung spiegelt die Themen wider, die auf globaler Ebene Aufmerksamkeit heischen.

Wenn du die Zeit hast, nimm dir einen ganzen Tag oder mehr, um mit einem bestimmten Mandala zu arbeiten. Oder lasse dich darauf ein, jeden Tag ein neues Mandala zu erstellen, mit dem du arbeitest. Wiederholte und gleichbleibende Methoden für die Arbeit mit deinen Mandalas werden dir helfen, dich in die Kraft und symbolische Magie dieser heiligen Kreise hineinzuversetzen.

Mit der Zeit wird sich deine Beziehung zu den Energien und geistigen Helfern, die in jeden Kreis gerufen werden, vertiefen. Es war meine zwei Jahre währende Beziehung zu dem Medizinrad hinter meinem Haus, die mich zu meiner Berufung als Heilerin führte, und dort war es, wo ich zum ersten Mal in die schamanische Wirklichkeit hinüberging. Ich habe diese besonderen Erfahrungen nicht erwartet oder bewusst gesucht. Meine Absicht, durch die Kraft heiliger Mandala-Zeremonien Führung zu finden, rief die Geister und Energien herbei, die mich ganz zu meiner spirituellen Mission führten. Bitte die Erde und die geistigen Helfer, dich zu führen, und warte darauf, dass sich die Tore öffnen, und denke daran, dass die Magie oft unmittelbar in den gewöhnlichsten Momenten liegt.

ÜBUNG
Arbeiten mit Visionssteinen

Zweck

Das Erdseele-Träumen wendet sich immer wieder an die Stimmen und Energien der Steine, auf dass sie einen heilenden Traum für Gaia offenbaren. Diese Hinwendung zu Steinen zeigt ihre Bedeutung für meinen eigenen Weg des Erwachens. Ich weiß aus Erfahrung, dass sie uralte Körpererinnerungen des Planeten enthalten. Ihr Wissen um die Zeit und ihre Beziehung zu ihr sind lang, tief und weit und reichen bis zum Herzen und Bewusstsein der Erde. Zu lernen, mit den Steinen, den »Steinleuten«, zu sprechen, ist eine Fähigkeit, die dein Leben verändert, und ein Weg zu wahrer Erdmagie.

Beschreibung

Wenn du bereits mit deinem Satz heiliger Steine arbeitest, wie in der Übung »Einen Satz heiliger Steine zusammenstellen« in Kapitel 6 beschrieben, kannst du damit beginnen, mit ihnen zu visualisieren und sie tiefinnerst kennenzulernen, indem du das heilige Band zwischen dir und ihnen knüpfst. Um die Steinleute kennenzulernen, musst du bewusst eine Beziehung mit diesen Wesen pflegen, so wie du es mit einem Freund oder einem geschätzten Familienmitglied tun würdest. Steine sind wahrlich weise Vorfahren, denn sie waren lange vor uns hier und werden noch lange nach uns da sein.

Um mit Steinen zu visualisieren, kannst du mit einem Stein arbeiten, der dir neu ist oder den du bereits kennst. Du kannst auch einen bestimmten Visionsstein einladen, zu dir zu kommen, indem du einen Stein, der sich bereits in deinem Kreis befindet, bittest, dein Visionsstein zu sein, oder indem du geistige Helfer bittest, dich zu einem Ort und in eine Zeit zu führen, wo du einen Visionsstein antriffst. Wenn du einen Visionsstein wählst, knüpfe eine Verbindung mit dem Stein, indem du ehrfürchtig in diesen Prozess hineingehst.

Folge den Schritten für ein Ritual mit der Absicht, mit dem Stein zu visualisieren. Wenn du an die Stelle kommst, an der du mit der Visualisierung beginnst, eröffne eine Zwiesprache, indem du den Stein fragst, ob er sich auf eine Visualisierung mit dir einlassen möchte, und danke ihm dafür, dass er diese Verbindung hergestellt hat. Spüre den Stein mit all deinen Sinnen. Nimm dir Zeit, den Stein zu streicheln und ihn liebevoll zu halten. Meditiere mit dem Stein auf deinem Altar oder in einem Mandala, das du gemacht hast, wobei du die Oberflächenstruktur und Einkerbungen betrachtest. Lasse deinen Blick weich werden und schaue, welche Bilder und Eindrücke auftauchen.

Um deine Visualisierung in einer Mandala-Meditation im Kreis zu verstärken, konzentriere dich in der Mitte des Meditationsmandalas auf deinen Stein. Im Stein werden Bilder auftauchen – zusammen mit Erinnerungen aus deinem Leben, aus der Vergangenheit und Gegenwart und manchmal sogar aus vergangenen Leben. Visualisierungssteine sind ein Fenster zu deiner eigenen Seele und der Seele der Welt, und du wirst vielleicht feststellen, dass tiefe, manchmal überwältigende Gefühle auftauchen. Achte auch auf Empfindungen in deinem Körper und schreibe diese auf, auch alle Tiere, die als Bilder im Visionsstein erscheinen.

Alle Gedanken oder Gefühle, die wir haben, wenn wir in die heilige Kommunion mit einem Stein eintauchen, können nicht als unsere Realität oder die des Steins unterschieden werden. Der Prozess des Visualisierens mit einem Stein ist zutiefst ko-kreativ und ursprünglich. Visionen mit Steinen entstehen im Zusammenhang mit Erinnerungen an geologische Zeiten, die der »Steinheit« innewohnen. Die ersten Bilder sind oft Projektionen unserer persönlichen Hoffnungen und Ängste. Während dieser Zeit erhalten wir vielleicht Antworten oder Trost in Bezug auf aktuelle Situationen in unserem Leben. Die erste Zeit des Visualisierens ist ein bisschen wie ein Rorschach-Test, denn Dinge, die in unserem Inneren vorgehen, können sich in Bildern auf dem Stein zeigen. So ist es möglich, dass der Stein dich akzeptiert, so wie du ihn akzeptierst.

Nun hast du eine Beziehung zu einem Visionsstein aufgebaut und kannst ihn in deine Mandala-Meditation hineinnehmen. So werden in deinen heiligen Mandalas Bedeutungs- und Kommunikationsebenen aufgebaut, außerdem Portale zu Erdenkörper-Erinnerungen und Geistwelten, Ahnen und Lichtwesen. Das spirituelle Netz, das du durch die Arbeit mit Heilmandalas und Visionssteinen erschaffst, reicht weit über Zeit und Raum hinaus, mit breiten und tiefen Wurzeln ins Netz des Lebens, das auf, in und um die Erde ist.

Oft werden Tiere in deinem Visionsstein erscheinen, ebenso wie Gesichter, Orte und Dinge. Wenn ich draußen an meinem Mandala arbeite, kommen manchmal Rehe aus dem Wald und laufen um meinen Kreis herum oder über bestimmte Quadranten; Eulen landen hinter mir, Falken rufen über mir; Bienen, Spinnen und Käfer aller Art bahnen sich ihren Weg durch meinen Kreis. Manchmal taucht sogar eine Schlange auf. Sobald du einen Visionszyklus abgeschlossen hast, schreibe dir alle diese Bilder und Begegnungen auf. Du kannst später auf Reisen gehen, um mehr darüber herauszufinden, oder bitte um Träume, die dir helfen, deine Visionen mit den Steinen zu verstehen.

Behalte diese Bilder, Empfindungen und alle Gefühle oder Erinnerungen im Blick, da sie Teil des komplexen Visionsprozesses sind. Du kannst später auch die Stelle oder die Richtung deiner Bilder und Gefühle betrachten. Darin offenbart sich oft eine Anleitung für die Heilung oder ein Impuls zum Einschlagen einer Richtung, je nachdem, wo du standest, als bestimmte Bilder auftauchten. Je länger du einen Visionsstein betrachtest, desto fließender und magischer werden die Bilder. Oft mag es sich anfühlen, als würden sich Schichten ablösen, die dich immer weiter durch die Zeit führen, entweder rückwärts oder vorwärts. Wunder können geschehen, wenn du diese Praxis vertiefst.

Lesen des Orakels

Die Interpretation der in Sinnbildern übermittelten Weisheit aus unserer Visionsarbeit ist eine knifflige Angelegenheit. Die Schnelligkeit unserer Informationskultur und die Sucht nach linearen und reduzierten Formen des Wissens können den Prozess behindern. Verwickelte geistige Informationen können rätselhaft symbolisch und nicht-linear sein und brauchen lange, um sich in unseren menschlichen Begriffen sinnvoll zu entfalten. Das liegt daran, dass die Informationen, die wir aus dem Kontakt mit dem Kosmos erhalten, über unser Weisheitsselbst zu uns gelangen.

Diese Informationen passen nicht gut in die Grenzen und Einschränkungen unseres Verstandeswissens. Um als Träumer für die Erde wirksam zu sein, müssen wir das symbolische Wissen mit unserem größeren Herzwissen in Beziehung setzen. Vieles von dem Wissen, das in Form von Visionen und Träumen zu uns kommt, mag für uns keinen Sinn ergeben, außer in kleinen, manchmal sehr seltsam anmutenden Geistesblitzen. Vielmehr nehmen wir diese Visionen mit unserem Herzenswissen auf, umfangen sie mit Dankbarkeit und Liebe und akzeptieren, dass wir nur mit viel Hilfe einen Weg zurück zum Göttlichen finden können. Wir spüren tief in unseren Eingeweiden, dass wir nie wirklich allein sind. Und während das Visualisieren mit der Erde und den geistigen Ebenen uns hilft, uns mehr zu Hause und geliebt zu fühlen als je zuvor, besteht die Herausforderung darin, dass wir immer wieder die Kontrolle unseres abgetrennten Egos loslassen, um das Einssein mit der uns umfangenden Natur unseres wahren Selbst zuzulassen.

Durch Träumen und Visualisieren erweitern wir unsere Fähigkeit, Paradoxien zuzulassen. Lasse das Unbehagen einfach zu, nicht im Kopf zu wissen, was die Symbole bedeuten, die dir in Visionen erscheinen. Lasse dein Herz die Unterstützung und Liebe und tiefe Weisheit spüren, die dir von den geistigen Intelligenzen und denen der Natur zuteilwird. Diese Form des Visualisierens ist ein Beziehungsprozess, der sich mit der Zeit und mit der Übung entfaltet.

Wenn es dir wirklich wichtig ist, zu verstehen, und dein Wunsch, mit dem Kopf zu wissen, eine Blockade für dich darstellt, kannst du dich mit den Bedeutungen der Symbole befassen. Wenn du über Mythologie, Traumsymbolik oder die Bedeutung von Tieren nachliest, kann dir das helfen, dich in einem manchmal verwirrenden und überwältigenden Meer von Neuem zurechtzufinden. Letztlich ist der beste Ansatz, jedem Symbol oder Wesen auf seine Weise zu begegnen. Eine ausgezeichnete Vorgehensweise ist, das Sinnbild selbst zu bitten, seine Bedeutung und seinen Sinn für dich zu offenbaren. Bitte um einen Traum, verbringe einige Zeit mit schamanischen Reisen zu diesem Bild, Symbol, Gefühl oder Wesen. Zeichne es, kritzle es, male es und sende ihm Licht aus deinem Herzen. Sende in allem Dankbarkeit für die Vision und an die Wesen und Führer, die sie dir geschickt haben. Liebe, Licht und Dankbarkeit sind die wirksamsten Mittel, um die Beziehung zu den Boten und das Verständnis für ihre Botschaften zu vertiefen.

Achte auch auf ähnliche Bilder, die in deinem Leben auftauchen. Ich hatte einen orakelhaften Traum mit einem Bild, das in meinem Leben immer wieder an entscheidenden Punkten auftauchte, als ich mich für einen geistigen Weg entschied, gegen den sich mein persönliches Ich manchmal ziemlich heftig wehrte. Es handelte sich um das Bild eines Zwiegesichts, und es tauchte in meinem Leben in vielen verschiedenen Situationen auf. Das Wann und Wo dieser Erscheinungen half mir zu verstehen, wohin ich wann gehen sollte: auf einem ziemlich undurchsichtigen Weg zu einer neuen Seinsweise. Schließlich verwandelte sich dieses Bild in meine Geistführer, die mir meinen schamanischen Namen gaben. Und aus dem Zwiegesicht ging schließlich der Fluss Licht hervor.

Ich hatte den Traum zum ersten Mal in der Nacht vor der Teilnahme an einem Workshop über heilende Träume, der von meinem Freund und Kollegen Christopher Reynolds geleitet wurde. Er empfahl uns, dass wir vor dem Seminar Träume zu uns einladen sollten. Ich hatte einen langen Traum, in dem ich Menschen in die Erde geleitete. Gewisse sinnbildhafte Schriftzeichen begrüßten uns, als wir in langen Reihen eintraten. Ich erkannte, dass wir die Fähigkeit verloren hatten, diese Sprache zu verstehen, und dass es meine Aufgabe war, dabei zu helfen, dieses Verständnis wiederzugewinnen. Ich stand dann auf einem Erdhügel, der mit Gras bedeckt war, und sah das Zwiegesicht. Das fühlte sich zu diesem Zeitpunkt sehr bedeutsam an, aber ich hatte keine Ahnung, warum. Dieses Bild erschien mir immer wieder, als ich in den darauffolgenden Jahren viele schwierige und herausfordernde Entscheidungen zu treffen hatte, um mich voll und ganz auf meine spirituelle Mission einzulassen; und es leitet mich bis heute.

* * *

Aus unserer Verbindung mit dem Gewebe des Lebens neue Träume und Geschichten heraufziehen zu lassen, beginnt damit, dass wir lernen, durch Zeremonien und Rituale mit Symbolen und Visionen zu arbeiten. Außersinnliche Erfahrungen zu suchen und heilende Visionen entstehen zu lassen, beginnt mit der Öffnung des Tores zu unserer Vorstellungskraft, durch Offenbarungen in der Kunst, die uns die Sprache der Symbole und der imaginären Wirklichkeit lehrt. Im nächsten Kapitel sehen wir, wie die imaginären und symbolischen Ebenen zu erreichen sind, wenn wir in geführten Meditationen und schamanischen Reisen die Bedingungen für übersinnliche Wahrnehmung schaffen. Mit sorgfältiger Vorbereitung durch die früheren Übungen lernen wir, uns Schritt für Schritt in veränderte Zustände zu versetzen. Wir können dann mit den »Naturgeistern« oder der energetischen Prägung der Naturwesen kommunizieren und uns direkt mit unseren persönlichen Geisthelfern und den höheren planetarischen Führern in Verbindung setzen, die die Bewusstseinsveränderungen orchestrieren, die jetzt überall auf dem Planeten stattfinden.

16

Tanzen mit den Ahnen: Schamanische Erfahrung kultivieren

Magie offenbart sich, wenn wir durch die Torwege gehen: zu jenen geheimnisvollen Begegnungen und Gefühlen, die zwar mit der kausal-linearen Realität verwoben sind, jedoch jenseits davon existieren. Es wird uns nicht beigebracht, mit der tiefen Verzauberung und dem Mysterium, die zu einem verwirklichten Dasein gehören, eine Beziehung aufzubauen. Magische Begegnungen und kreative Entwicklungssprünge in ein numinoses Wissen passen nicht zu den allgemein akzeptierten reduktionistischen und instrumentellen Konzepten dessen, was in der Welt als »real« gilt. Unsere Vorfahren kannten den Weg des bewussten Träumens: jeden neuen Tag in Gemeinschaft mit den Ahnen und den Geistern der Erde zu beginnen; über Visionen und Schauungen jenseits des Schleiers zu reden; das In-die-Welt-Träumen zu einem zentralen und hochgeschätzten Anliegen im Kreis der Gemeinschaft zu machen.

Wir sind alle mit dem notwendigen Handwerkszeug ausgestattet, um schamanische Erfahrungen zu pflegen. Die grundlegendsten Dinge, die jedes Kind gerne tut, sind die Mittel der Wahl. Freude, Spiel, Tanz, Gesang, Staunen, volles Gefühl, völlige Präsenz: Damit lassen sich die Tore öffnen, und sie stehen uns allen ohne weiteres zur Verfügung. Musik, Kunst und Tanz sind natürliche, schöpferische Möglichkeiten, um Gefühle und die Verbindung zur Magie und dem Geheimnis des Göttlichen auszudrücken. Diese grundlegenden menschlichen

Funktionen sind ein tägliches Bedürfnis und eine Quelle der Freude und Beziehung zueinander und zum Kosmos in all seinen Ausdrucksformen.

Zu Beginn eines jeden Rituals spiele ich auf meiner Flöte oder einem anderen Instrument. Ein Lied, das mir in meinem riesigen Meditationsmandala im Wald hinter meinem Haus eingefallen ist, ruft die Ahnen und die Geister der Erde und des Himmels zu mir und zu jenen, die sich mir im Kreis der erdverbundenen Andacht anschließen. In rituellen Kreisen – besonders in denen, die ich regelmäßig aufbaue und pflege – spüre ich Wirbel der offenen Kommunikation mit den Erinnerungen der Erde und den Stimmen und Visionen der geistigen Helfer. In der Meditation mit der Natur, im Hören der Erde und dem Sprechen mit ihr und allen lebendigen Wesen öffne ich ein Tor der göttlichen Liebe in meinem Herzen. So erhöhe ich die Schwingung für Kommunikationswege über die Schleier von Raum und Zeit hinweg. Ich bringe mich in meine täglichen Erdheilungspraktiken ein: draußen die Hände auf der Erde, oder ich halte sie in meiner Vorstellung in meinen Armen. Wenn ich meine Wahrnehmung verändere, mich durch Rituale bewusst in Trance versetze, offenbaren sie sich mir schließlich: die uralte Erdwildnis, tanzende Ahnen, Körpererinnerungen an die Erde, Eindrücke von geistigen Helfern, der Zugang zur Quantenintelligenz.

Ich spiele meine Flöte und singe ein Lied als ein Geschenk an die geistigen Helfer und die Naturenergien ringsum, verströme Dankbarkeit und Freude für dieses Leben, das mich allezeit trägt und möglich ist durch die Erde und den göttlichen Geist, der meine Seele belebt. Ich höre auf meinen Herzschlag und trommle im langsamen Pulsieren des Atems der Erde, der Bewegung des Wassers unter und über ihrer Haut; den Wellen, dem Himmel, der sich für Wind und Regen öffnet. Indem ich der Erde und den Mustern meines Atems lausche, der im Rhythmus mit meinem Herzen wogt, gehe ich ein in den Puls des Lebens.

Für mich öffnen die Rhythmen und Rituale der heiligen Schöpfungskraft einer Zeremonie meine Sinne für die Ahnen, die elementaren

Naturenergien und die geistigen Helfer. Trommeln, Singen und Kunst öffnen meinen Geist, und ich wandere bewusst durch die Schleier in andere Welten. Oft höre ich weit entfernte Trommelschläge. Langsam und allmählich nähere ich mich durch die Wälder der mittleren Welt diesem Klang. Ich sehe ein Feuer, das in der Dunkelheit flackert, einen Schein, der durch das Gestrüpp und die Bäume bricht, wo die Ahnen im Wald wohnen. Jedes Mal, wenn ich dorthin gehe, komme ich ein bisschen näher. Schließlich spähe ich durch die Bäume. Und auf einmal tue ich als mein wahres Ich einen Schritt in den Kreis. Sie kennen mich; sie haben auf mich gewartet. Und dann, eines Tages, trete ich in den Kreis, um zu tanzen. Kein Zögern, kein Grübeln, keine Entscheidung, kein Verstand. Ich bin einfach eins mit meinen Vorfahren; meine Füße segnen die Erde im Kreis meines Volkes. Freude, Feiern, Bewunderung, Einssein mit meiner Familie: im Geiste, in der Absicht und im Bewusstsein.

Warum sagen wir Schamane?

Solche magischen Momente, die bei der Re-Indigenisierung des westlichen Geistes auftreten, sind für westliche Menschen unerklärlich, weil die Begrifflichkeiten und die notwendigen Kategorien des Verstehens, die für diese Art von Wissen notwendig sind, absolut verkümmert sind. Der Zugang zur Magie ist jedoch eine Gabe in unserer DNA, die wir von unseren Vorfahren geerbt haben. Sie rufen uns auf, neue Wege zu finden, mit der Zeit aus der Zeit zu tanzen. Dennoch müssen wir uns anstrengen und uns durcharbeiten auf diesem Weg zu einer gemeinsamen Sprache für die schamanische Erfahrung in der westlichen Kultur hier und heute. Manchmal sind Worte, die nicht ganz passen oder überstrapaziert sind, das Beste, was wir haben.

Ich habe früher damit gehadert, das Wort »schamanisch« für die Erfahrungen zu verwenden, die nach Jahren des Meditierens und des Kunst- und Musikmachens in der Natur nun regelmäßig bei mir auftreten. Ich habe nicht bewusst nach schamanischer Erfahrung gesucht und wehrte mich gegen diese Vorstellung, bis ich erkannte, dass meine Erfahrungen am besten zu dem passen, was dieses Wort allgemein bedeutet – und was es jetzt nicht mehr bedeutet, weil es außerhalb der indigenen Erfahrungen so überstrapaziert wird. Ich habe keine Ausbildung bei einem Schamanen gemacht oder versucht, ein Schamane zu werden. Ich betrachte mich nicht als Schamane und denke auch nicht, dass dieses Buch andere dazu befähigen wird, zum Schamanen zu werden. Vielmehr denke ich, dass das, was wir für veränderte Zustände und »schamanische Erfahrung« halten, in vielen indigenen Kulturen alltägliche Zustände sind, die wir neu lernen müssen.

Trotz meines Unbehagens mit dem Begriff »Schamane« oder »schamanisch« denke ich nach vielem Lesen und Forschen, dass es das beste Wort ist und zu den Arten von Wahrnehmungen passt, die ich zu beschreiben versuche. Das Wort ist heutzutage in der westlichen Kultur sehr verwässert, überstrapaziert und verzerrt, ebenso wie unsere Beziehung zu magischen, mystischen und vielschichtigen spirituellen Erfahrungen. Unsere verzerrte und gestörte Beziehung zu dem Wort spiegelt unsere disharmonische und verlorene Beziehung zu den Aspekten des menschlichen Lebens wider, die mit dem Wort gemeint sind. Dennoch ist der Schamanismus die erste Religion der Menschheit; er ist für alle Menschen durch natürliche Sinne zugänglich, die wir alle mit der Zeit entwickeln können.

Schamanismus war die Religion meiner indigenen nordeuropäischen Vorfahren. Alle unsere Wurzeln führen irgendwann zurück zur schamanischen Kultur. In unseren traditionellen Religionen finden sich Überreste des Schamanismus, einige enthalten mehr schamanische Elemente als andere. Unser natürliches Staunen und unsere Ehrfurcht vor der Natur sind die Grundlage der schamanischen Erfahrung.

Aufgrund der ungeheuren und leidvollen Vereinnahmung und Vernichtung indigener Kulturen durch westliche Menschen sowie wegen der anderen zuvor erwähnten Vorbehalte habe ich mich bemüht, andere Worte zu finden und zu verwenden, um diese Art von Erfahrungen zu beschreiben. In Ermangelung eines besseren Begriffs, der helfen könnte, das Gemeinte auszudrücken, und weil die Wahrnehmungen und Praktiken, die ich hier bespreche, zu den traditionellen Elementen des Schamanismus passen, verwende ich nach langem Überlegen dieses Wort jetzt doch, zwar mit einigen Vorbehalten, aber auch in der Hoffnung und Zuversicht, dass wir den Begriff durch wahrhaftige Praxis neu ausrichten und neu beleben können. Die Wahrnehmungen und Praktiken, die zu diesem Wort passen, sind:

- achtsames, erdverbundenes Gewahrsein im Körper
- das Leben als ein Netz von energetischen Lichtverbindungen verstehen und wahrnehmen
- Arbeit mit der Schwingungs- und Energiewirklichkeit für Heilung und Veränderung
- Trancezustände nutzen, um sich mit geistigen Helfern und Führern zu verbinden
- Reisen in andere »Welten«, um Führung und Heilung zu suchen
- die Suche nach Wegen des sinnbildhaften Wissens, des »Traum«-Wissens

Ich glaube jetzt, dass die schamanische Erfahrung in unserer DNA steckt und etwas Tiefes und Ursprüngliches in uns anspricht. Schamanismus erweckt die irdische und spirituelle Intelligenz, die dringend nötig sind, um die tiefgreifenden Herausforderungen zu bewältigen, denen wir uns heute auf dem Planeten gegenübersehen.

Eine Anmerkung zum Thema »andere Ebenen«: Ich glaube fest daran, wie ich schon früher in diesem Buch erklärt habe, dass wir die tiefe Komplexität des Lebens oder des Kosmos und vieles von dem, was uns auf den geistigen Ebenen begegnet, nicht verstehen können. Aber wir können uns auf das beziehen, was auf diesen Ebenen existiert. Nach meinem Verständnis der außersinnlichen Erfahrung sehe ich die Präsentation von Bildern, Orten und Wesen als eine momentane Wahl von mir und dem Wesen oder den Wesen, mit denen ich mich zu einem bestimmten Zweck, in einer bestimmten Absicht im Austausch verbinde. Zweifellos gibt es gemeinsame Erfahrungen, übereinstimmende Orte und Symbole oder Archetypen, die immer wieder auftauchen, in allen Kulturen und über die gesamte Menschheitsgeschichte. Das gilt für diejenigen von uns, die sich auf diese Ebenen begeben. Für mich sehe ich die »Geschichten« und Orte meiner Begegnungen als Gefäße, die es meinem menschlichen Verstand und Verständnis erlauben, diese tiefgründigen Wesen, Botschaften und Informationen durch die Wahrnehmungslinse meiner menschlichen Gestalt zu erfahren. Mit anderen Worten: Ich weiß nicht, ob diese Orte »da draußen« existieren; tatsächlich glaube ich persönlich nicht, dass sie das tun – vielmehr denke ich, dass sie in einem gemeinsamen Raum erschaffen werden, wenn ich mich mit geistigen Wesen treffe. Diese Sichtweise erinnert mich daran, dass wir sogar unsere alltägliche irdische Wirklichkeit gemeinsam ins Dasein träumen, so wie ich einen gemeinsamen Raum mit geistigen Helfern und Führern erträume.

Trancezustände für außersinnliche Wahrnehmung

Dieses Kapitel führt den Leser in Übungen ein, die außersinnliche Erfahrungen nutzen, um Visionen der Heilung für einen selbst und die Welt zu finden und zu erschaffen. Die schamanischen Zustände, die diese Übungen fördern, können als »leichte« Trancezustände betrachtet werden, in denen man sich noch weitgehend seiner selbst und der Geschehnisse um sich herum bewusst ist, während man die jenseitige Wirklichkeit mit Hilfe außersinnlicher Wahrnehmung erkundet. Tiefere Trancezustände können durch ähnliche Methoden erreicht werden, wenn sie mit hoher Intensität über längere Zeiträume praktiziert werden. In tiefe Trancezustände zu gehen, ist nur in entsprechender Gemeinschaft sowie mit der richtigen Vorbereitung und ritueller Unterstützung zu verantworten.

Für das Erdseele-Träumen sind leichte Trancezustände, aus denen wir relativ leicht wieder auftauchen können, das Ziel. Da deine Wahrnehmung nach diesen Übungen jedoch verändert ist, ist es wichtig, durch Erdung ganz bewusst in deinen Körper und deine »alltägliche« Realität zurückzukehren. Erdung hilft uns, uns ausgeglichen und in unserer Mitte zu fühlen, wenn wir »zwischen den Welten wandeln«. Erdung ist, neben vielem anderen, ein wesentlicher Teil des Erdseele-Träumens. Wenn du mit Trancezuständen arbeitest, hast du vielleicht manchmal das Gefühl, dass du dich in einem Traum befindest oder dass sich die Dinge nicht real anfühlen, auch wenn du die Visionsrituale oder -übungen gar nicht durchführst. Wenn das passiert, tu Dinge, die deine »normalen« Sinne stimulieren: Iss wohlriechende Speisen, tauche deine Hände in Wasser, gehe barfuß auf dem Boden, klopfe leicht auf deinen Körper und auf deinen Kopf, wackele mit deinen Fingern und Zehen, stampfe mit den Füßen auf den Boden. Dein Körper ist dein Freund, wenn du Trancezustände hältst und lernst, sie zu handhaben. Bleibe so bewusst in deinem Körper, wie du kannst.

In der schamanischen Praxis werden die bildhaften und sinnbildlichen Ebenen erreicht, indem Bedingungen für außersinnliche Wahrnehmung geschaffen werden. Die Methoden aus den vorangegangenen Kapiteln helfen dir, über die Schwelle der Trancezustände zu gehen, und die Übungen aus dem letzten Kapitel bringen dich zu den Toren der numinosen Erfahrung. In diesem Kapitel werden wir Praktiken üben, die dich über die Grenze der Magie hinaus in die vollkommen magischen, quantenhaften, nicht-lokalen und nicht-linearen schamanischen Bereiche bringen.

Sobald wir die Bühne bereitet haben – Erdung, Schaffung der richtigen Schwingungsrealität, Festlegung unserer Absichten –, beginnen wir den Weg in die schamanische Realität mit dem Trommeln. Die Trommel ist die Hauptmedizin des Schamanen. Wenn wir in die schamanische Erfahrung einsteigen, lernen wir, mit Trommeln, Tanzen und Singen zu arbeiten, um Trancezustände zu erreichen. Wir nähern uns diesen Werkzeugen und Methoden mit Achtsamkeit und Ehrfurcht, und erinnern uns, dass wir wieder magische Wesen sein können.

Die vorrangigen Methoden zum Erreichen von Trancezuständen, die ohne pflanzliche Hilfsmittel auskommen, konzentrieren sich auf grundlegende menschliche, kreative Ausdrucksformen: Trommeln, Tanzen, Singen, Musikmachen, kreativer Ausdruck durch Kunst, Maskenbau, Körperbemalung und vieles mehr. Für unsere Zwecke werden wir uns in diesem Kapitel auf das Trommeln, Tanzen und Singen konzentrieren, aufbauend auf der heiligen Schöpfungskraft der Rituale, die wir zur Unterstützung dieser Arbeit verwenden. Tanzen, Singen und Rhythmus sind als feierliche und ausdrucksstarke Handlungen für alle Menschen grundlegend.

Wir erhöhen die Schwingungen durch Musik und Tanz und verstärken und verändern unsere Gefühle auf vielfältige Weise grundlegend. In *Healing Across Cultures & the Good Life* [Heilen über Kulturen hinweg & das gute Leben] beschreiben die Autoren die Arten des Trommelns und der Bewegung, die Trancezustände hervorrufen, so:

> *Sich wiederholende, lang anhaltende, konstante Beats mit konzertiertem Fokus und beständig wiederholter Gesang … Viele Anthropologen haben gesehen, dass Musik, die zum Tanzen anregt, die Struktur des Bewusstseins tiefgreifend verändert und ebenso die Art und Weise, wie man Raum und Zeit erlebt …*
>
> *Die vielen Formen der konstanten, rhythmischen Perkussion, etwa mit Trommeln, Rasseln oder Gongs, erzeugen das Phänomen des Entrainments. Es tritt auf, wenn die asynchronen Muster der Gehirnwellen in harmonische Resonanz kommen.*[92]

ÜBUNG
In der schamanischen Wirklichkeit den eigenen heiligen Raum schaffen

Zweck

Diese einfache Visualisierung leitet uns an, einen sicheren und sehr persönlichen Ort in den Vorstellungswelten zu schaffen. Dies ist ein Ort, zu dem man immer wieder zurückkehren kann, um sein wahres Selbst zu entdecken und darin Ruhe zu finden. Die Erfahrung unseres wahren Selbst lädt uns wieder auf für unsere Arbeit für die Erde und hilft uns, zu uns selbst und unserer spirituellen Mission zurückzufinden.[93]

Diese geführte Visualisierung kam Mitte der 90er-Jahre zu mir, als ich mich durch tiefe innere Verletzungen kämpfte. Ich schuf diese Visualisierung, indem ich eine Reihe von geführten Meditationen zusammenstellte, mit denen ich zu der Zeit arbeitete. Später erfuhr ich, dass ich den Weg zu dem gefunden hatte, was einige schamanische Traditionen »die Untere Welt« nennen. Es ist eine Bewusstseinsebene nahe dem Zentrum der Erde, in dem sich fruchtbare und ursprüngliche Energien befinden. Diese geführte Visualisierung bringt uns zurück zu unserer Quelle, zu unseren Anfängen und zu dem, was für uns in vergangenen Leben und in diesem Leben schon einmal geschehen ist. Schließlich bringt uns das Betreten der Unteren Welt in schamanischen Reisen an einen Ort, an dem wir uns mit unserem Schatten auseinandersetzen und verlorene Aspekte von uns zurückholen können (auch Seelenrückholung genannt). Es ist ein Ort für grundlegende und intensive Heilarbeit.

Im Augenblick geht es darum, mit Hilfe deiner Vorstellungskraft einen sicheren und erdenden Ort am Eingang zu diesem Bereich zu finden. Wir werden nur bis zur Öffnung zur Unteren Welt gehen, an einen sicheren Ort, wo wir uns ausruhen und unsere Energien wieder aufladen können. Hinweis: Bewege dich nicht durch die Öffnung in diese Welt hinein, ohne die Anleitung eines ausgebildeten und vertrauenswürdigen schamanischen Führers. Eine selbständige Seelenrückholarbeit sollte erst nach entsprechendem persönlichen Wachstum und mit schamanischer Ausbildung und Erfahrung durchgeführt werden. Bis dahin solltest du dabei nur mit einem gut ausgebildeten Führer als Unterstützung arbeiten.

Beschreibung

Suche dir einen sicheren und bequemen Platz zum Entspannen, entweder im Sitzen oder im Liegen. Du solltest für 30 Minuten nicht unterbrochen werden. Schaffe dir deinen heiligen Ort mit Hilfe der Ritualmethoden und in der Reihenfolge aus Kapitel 14. Während du dich in die Visualisierung begibst, denke daran, dass deine Vorstellungskraft dein Tor zu den imaginären Ebenen ist.

Du erschaffst diesen heiligen Raum nur für dich, also fühle dich frei, den Bildern und Eindrücken zu vertrauen, die sich für dich richtig anfühlen. Für die Visualisierungsübung kannst du den Text vorher lesen oder eine Aufnahme davon machen.

* * *

Stell dir vor, dass du einen Flur entlanggehst. Spüre deine Füße auf dem Boden. Stelle dir vor, dass deine Schuhe den Boden nur leicht berühren und ein leises Geräusch machen. Du gehst zielstrebig diesen Flur hinunter. Bald beginnen sich die Wände rot zu färben. Während dies geschieht, stelle dir alles vor, was du mit der Farbe Rot assoziierst. Visualisiere die Dinge, die du dir vorstellst, und fühle die Empfindungen, die du dabei hast. Erdbeeren, weich und saftig, süß und wohlriechend. Granatäpfel, mit all den Kernen, die die Frucht wie Sterne ausfüllen. Stelle dir einen kühlen, roten Nebel vor, der deinen Körper durchdringt.

Nun spüre, dass du auf diesem roten Nebel schwebst. Wenn du ein paar Zentimeter über dem Boden weitergehst, beginnt dieser Nebel orange zu werden. Du riechst, wie die säuerliche Süße von Orangen dich umgibt, während du weiter sanft durch diesen Tunnel schreitest. Der orangefarbene, duftende Nebel umgibt dich und trägt dich. Du fühlst dich warm und sicher in diesem orangefarbenen Schein, der dich trägt, während du leichtfüßig voranschreitest.

Nun rieche Zitronen, wobei sich der Nebel gelb färbt. Der gelbe Nebel lichtet sich und lässt helles, warmes Sonnenlicht auf dein Gesicht und deine Schultern fallen. Du schaust nach unten und siehst, dass du jetzt barfuß bist und auf weichem, warmem Sand läufst. Du schreitest weiter über diesen Sand, während sich die Wände des Tunnels von dir wegbewegen und verschwinden. Du blickst in das Sonnenlicht, das dich umgibt, und siehst Bäume vor dir, durch deren Blätter das Licht sanft hindurchscheint.

Das Licht teilt sich in Strahlen, die in langen Bahnen auf den Boden fallen. Du hörst den Wind, der sich in den Blättern bewegt, und gehst weiter, bis du die Kühle des Waldes betrittst. Du riechst die lehmige Erde des Waldbodens um dich her, spürst die Geschmeidigkeit der Blätter und die weiche Erde unter deinen Füßen.

Du schaust nach unten und siehst einen Weg, auf dem du dich Schritt für Schritt weiterbewegst. Du spürst, wie deine Füße beim Gehen auf dem Waldboden abrollen. Wenn du diesen Weg weitergehst, sieh vor dir einen kleinen, klaren See. Das Blau ist am Ufer fast aquamarin und wird dort dunkler, wo das Wasser tiefer wird. Entlang des Ufers befinden sich abgerundete, handgroße Steine in Weiß- und Grautönen sowie hellste Korallen. Die Steine fühlen sich kühl und glatt unter deinen Füßen an, als du weitergehst und deine Füße ins Wasser eintauchen lässt. Sie entspannen sich in diesem Wasser, als wäre es der sicherste Ort der Welt, ein Schoß, ein Gefäß. Du weißt, dass du in diesem Wasser ohne weiteres schwimmen und atmen kannst, während die Erinnerungen an die Zeit im Mutterleib wiederkehren. Du gehst weiter ins Wasser, bis du schwimmst. Du tauchst hinab in das dunkle, tiefe Blau des Wassers und spürst, wie das kühle Wasser dich schwerelos in der Schwebe hält.

Während du schwimmst, sieh ein wunderschönes indigoblaues Licht vor dir: eine Kugel, die wächst, während du dich durch sie hindurchbewegst. Als du näher an diesen hellen, vibrierenden, wellenförmigen Lichtkreis heranschwimmst, erkenne, dass es ein Tor ist. Du siehst ein violettes Zentrum in der Kugel, durch das ein dünner Lichtstrahl schießt. Du schwimmst weiter, und das Licht wächst an, bis du auf der anderen Seite trockenes Land siehst. Du erkennst, dass dies ein Portal zwischen zwei Welten ist. Du fühlst dich aufgefordert, hinter diese schimmernde Wand aus Licht zu treten, als du siehst, dass auf der anderen Seite schemenhafte Bilder erscheinen. Du schwimmst auf das Portal zu und trittst auf den Grund des Sees. Du streckst ein Bein durch das Tor, dann bewegst du deinen ganzen Körper auf die andere Seite in eine trockene, sichere Welt. Du triffst ein Wesen, als du das Reich betrittst. Du fragst: »Darf ich eintreten?« Das Wesen nickt und lädt dich mit einer Drehung des Körpers ein hindurchzugehen. Vor dir siehst du ein kreisrundes Land, wie eine Insel, mit Pfaden, die in verschiedene Richtungen zu unsicht-

baren Orten führen. Du weißt, dass deine Aufgabe heute darin besteht, erst einmal hier einen behaglichen Platz zu finden; die Pfade sind einem weiteren Besuch vorbehalten.

Stelle dir den Ort vor, an dem du dich befindest. Er ist natürlich und einladend, eine Landschaft, wie du sie am liebsten magst. Stelle dir den Boden, den Himmel, die Pflanzen, Bäume und Tiere vor. Du fühlst Sicherheit und Liebe dich umgeben, wenn du dir diesen Ort vorstellst; es ist der beste Platz, an dem du sein könnest: dein Platz. Während du zuschaust, wie das Land um dich herum Gestalt annimmt, fühlst du dich zu einem bestimmten Ort auf der Insel hingezogen. Dein Herz beginnt zu strahlen und zu pulsieren, als du dich umschaust, und du siehst, wie ein Licht dich ruft.

Du gehst auf das Licht zu. Als du näherkommst, siehst du, wie ein besonderer Ort nur für dich Gestalt annimmt. Nimm wahr, wie dieser Ort aussieht, wie er sich für dich anfühlt, was ihn umgibt. Gibt es einen Eingang zu deinem besonderen Ort? Einen Weg, einen Steg, eine Tür zum Eintreten? Lasse ihn in deiner Vorstellung als genau den richtigen Ort für dich auftauchen. Verbringe einige Zeit damit, deinen besonderen Ort zu erkunden. Spüre, wie tief geborgen, entspannt und aufgeladen du dich an diesem Ort fühlst. Nimm dir Zeit, deinen besonderen Ort in allen Einzelheiten zu erleben.

Wenn du dich dann richtig wohlfühlst, bemerkst du, dass etwas an deinem besonderen Ort dir Hinweise gibt. Du kannst etwas sehen, fühlen, berühren oder hören, was du mit zurücknehmen könntest und das dir durch die einzigartige Eigenschaft deines besonderen Ortes leicht zugänglich ist. Lasse ein Geschenk zu dir kommen, das du mitnehmen oder an das du dich erinnern wirst, wenn du in deine Alltagswirklichkeit zurückkehrst. Sitze ruhig an deinem Platz, entspanne dich, sage deinem Platz, wie dankbar du bist, hier zu sein, und bedanke dich für das besondere Geschenk. Wenn du bereit bist, gehe deine Schritte zurück zum indigoblauen Tor, das zu dem Teich führt, den du vorhin durchschwommen hast. Bedanke dich bei dem Führer an der Tür. Dann tritt durch das violette Lichtportal zurück in das kühle Wasser des Teiches.

Du schwimmst leicht an die Oberfläche, dem Licht der Sonne entgegen. Du kommst aus dem Wasser und stellst fest, dass du am Ufer stehst, völlig trocken, gerade als der Eingang zum Pfad durch den Wald sichtbar wird. Du gehst durch den Wald zurück auf die sandige, warme, gelbe Ebene und siehst eine von gelbem Nebel umgebene Tür, die in einen Gang führt. Du trittst in den Gang in orangefarbenen Nebel, der sich in ein dunkleres Orange und dann langsam in Rot verwandelt. Du spürst, wie du allmählich wieder in deinen Körper atmest. Du spürst deine Füße, wo sie den Boden berühren, wackelst mit den Zehen und kommst voll und ganz in dem Raum an, in dem du deine Reise begonnen hast. Jetzt, wo du zurück bist, spüre die Sicherheit und die Energie deines besonderen Ortes in dir, und du weißt, dass du jederzeit dorthin zurückkehren kannst, wenn du willst.

Übung
Visualisierung mit Naturwesen – vollkommen Mensch werden

Zweck

Wenn wir uns wieder auf indigene Erkenntnisweisen einlassen, können wir lernen, mit den »Geistern« der Natur zu sprechen, und sie hören. In der westlichen Kultur gibt es die »reale« Welt und die Geisterwelt. Wenn wir unseren Körper und unseren Geist re-indigenisieren, fallen diese falschen Trennungen weg, und es führt oft zu radikalen und schockierenden Empfindungen und Wahrnehmungen, wenn wir mit Naturwesen in Beziehung treten. Diese Wesen haben immer Geschichten und eine Historie, Familien, Erinnerungen, alle auf ihre Weise. Wenn wir diese Wesen visualisieren, hören wir ihre Geschichten und ihre Träume, und die Grenzen verwischen sich. Wir werden zu Baumsängern und Flusswanderern. Indem wir den Fortgang des Lebens durch die Sinne dieser Wesen wahrnehmen, werden unsere Finger zu weichen Blättern, die im Wind wehen; wir erspüren das Wissen von 500 Jahre alten Bäumen und jahrtausendealten Bergen; ein neuer Vogel ist die größte Freude; das Eigentliche des Todes ist in Wirklichkeit eine Öffnung. Wenn wir mit den Naturwesen visualisieren, bewegen wir uns wie der Wind durch den Himmel und hören die Namen der Brisen, die wie die Vögel über uns hinwegziehen. Bei dieser Arbeit werden wir für eine Zeit zu einem Naturwesen und sehen durch seine Augen.

Beschreibung

Wenn wir zum ersten Mal mit Naturwesen sprechen, kann es einem in den Augen der westlichen »Vernunft« unbeholfen und sogar lächerlich vorkommen. Ich erinnere mich in diesen Momenten daran, dass es sich zwar verrückt anfühlen mag, mit Naturwesen zu sprechen, doch der eigentliche Wahnsinn, mit dem wir es zu tun haben, rührt daher, dass wir vergessen haben, wie man überhaupt mit unseren Verwandten in der Natur und den Vorfahren spricht.

Der eigentliche Weg, um mit Naturwesen zu träumen und sich mit den elementaren Naturenergien zu verbinden, ist die Praxis. Ähnlich wie wir eine andere Person wahrnehmen, wenn wir an ihr vorbeigehen, nehmen wir in unserem Leben das Sein der gesamten Natur wahr. So wie wir mit der Zeit Einfühlungsvermögen für Menschen entwickeln und ihre Individualität sowie die Gemeinsamkeiten verstehen lernen, können wir lernen, uns mit der Natur zu verbinden, wenn wir jeden Tag mit den Naturwesen sprechen und kommunizieren.

Mit der Zeit bauen wir tiefe Beziehungen zur Natur im allgemeinen und zu einzelnen Naturwesen auf. Der Fluss in der Nähe meines Hauses ist ein lieber Freund und Führer. Er zeigt mir den Weg in meinem Leben; er bewegt mich sanft oder manchmal stark in Richtung meiner spirituellen Mission. Ich bitte ihn zu sprechen, dann höre ich zu. Alles, was in den letzten Jahren in meinem Leben gut war, wurde in irgendeiner Weise von ihm angeleitet und getragen.

Die Beziehungen zu Naturwesen verwandeln sich im Laufe der Zeit in eine gemeinsame Vision. Genauso, wie wir mit Menschen, die uns nahestehen und in unserem Leben wichtig sind, eine Vision teilen, kommt diese auch durch das Kennenlernen einzelner Naturwesen sowie der *Natur* dieser Wesen zustande. Ich kenne also bestimmte Flüsse und Bäche, und ich kenne das Element *Fluss*. Der Fluss ist ein wichtiger Freund und Lehrer für mich, auf der alltäglichen Ebene und auf den schamanischen Ebenen. Je mehr meiner Energie und Zeit ich auf die Pflege dieser Beziehung verwende, desto tiefer wird meine Sicht auf die Welt aus der Perspektive des Flusses.

Ich habe andere Führer im Natur- und Tierreich, die mich auffordern, mich mit ihnen zu verbinden; die zu mir kommen, um ihre Weisheit mit mir zu teilen. Es gehört zur schamanischen Erfahrung, zu üben, unser Bewusstsein mit der Natur und den Tierwesen zu verschmelzen, immer mit deren Erlaubnis und mit Achtsamkeit und Dankbarkeit. Mit der Zeit entwickelt sich das »Üben«, das Imaginieren, zu einer Gewohnheit. Es ist wichtig, um Hilfe zu bitten und uns von den Naturgeistern und Tieren beibringen zu lassen, wie das geht.

Es ist nicht unser Los, Geschichten nur allein aus uns selbst zu erschaffen. Wir als Individuen oder als Menschen, die vom Netz des Lebens getrennt sind, haben nicht die Kraft und den Mut, die Welt so zu sehen, wie wir sie miterschaffen haben, und uns in etwas Neues zu wagen. Allein haben wir buchstäblich nicht die physische, emotionale und seelisch-geistige Kraft, um zu tun, was zur Heilung der Welt notwendig ist. Wir brauchen die Sinne und die Stärke der gesamten Erdengemeinschaft, um wieder ganz Mensch zu werden. Und indem wir ganz Mensch werden, tragen wir unseren Teil dazu bei, dass sich im Leben des Planeten wieder ein ausgeglichener Zustand einstellen kann.

Übung
Rituale für Trancezustände

Zweck

Der Ansatz des Erdseele-Träumens will die Leser ermutigen, vielerlei Rituale zu kreieren, um vielfältige Absichten umzusetzen und sich mit vielen Orten und Menschengruppen zu verbinden. Rituale sind essentiell für Heilung und schöpferisches Träumen: für die Visualisierung von Grundmustern für die Umwandlung unserer Geschichten. Rituale schaffen die Voraussetzungen dafür, dass wir ganz zu Sinnen kommen und aus unseren Gemeinschaften Kraft schöpfen und ihnen Kraft geben können. Rituale zeigen unserem Körper, unserem Herzen und unserem Geist, wie wir in einen empfänglichen Zustand für spirituelle Arbeit gelangen.

In der westlichen Kultur wollen wir die Dinge oft schnell. Das kann zu einer Einstellung beim Reisen führen, die lautet: »Alles geht.« Doch wir müssen unsere spirituelle Arbeit in heiligen und sorgfältig entwickelten Ritualen erden, um uns in neue Geschichten zu versetzen. Andernfalls riskieren wir, nur noch mehr von den gleichen Problemen und Herausforderungen zu schaffen, mit denen wir schon zu tun haben. Ein Gewahrsein unserer Zustände und die Klarheit unseres Geistes und unseres Herzens machen es möglich, uns mit klarer Absicht und deutlichen Ergebnissen durch die schamanische Realität zu bewegen. Wir erreichen dies, indem wir uns in unserem Körper und in der Erde verwurzeln sowie um Unterstützung bitten und die Verbindung suchen: mit Erdwesen, Naturgeistern, Ahnen, geistigen Helfern und dem Schöpfer des Universums. Um unser Leben und unsere Welt zu verändern, brauchen wir alle unsere vielfältigen, kraftvollen Fähigkeiten. Diese können sich nur durch konsequente Arbeit mit Zeremonien und Ritualen entfalten.

Beschreibung

Der wichtigste Teil aller schamanischen Arbeit ist es, Vertrautheit und Leichtigkeit mit Ritualen und Zeremonien zu entwickeln. Sie immer wieder zu durchleben, ist notwendig, um die eigene Herzensweisheit und Körperintelligenz zum Vorschein zu bringen. Auf das Gute ausgerichtete heilige Rituale mit klaren Absichten und Methoden sind das Mittel, um auf schamanischen Ebenen sicher und verantwortungsvoll zu reisen und zu träumen.

Die Rituale aus den vorangegangenen Kapiteln schaffen die Grundlage für die schamanische Erfahrung. Diejenigen unter euch, die sich bereits mit Ritualen vertraut gemacht und Erfahrung mit ihnen haben, können diese mit ihrer eigenen Praxis verbinden, um sich durch die Schritte des Erdseele-Träumens zu bewegen. Einen heiligen Raum zu schaffen, sich zu erden und mit der Erde zu verbinden und den Schwingungsraum zu klären, sind Fähigkeiten, die jeder entwickeln kann. Dieses Buch bietet viele Möglichkeiten, einen heiligen Raum zu schaffen und zu nähren. Letztendlich werden diese Vorschläge zu Ritualen verschmelzen, die für dich in deinem Leben und bei deiner Arbeit am besten funktionieren.

Um beim Erdseele-Träumen schamanische Zustände zu erreichen, stelle dir ein Ritual zusammen, in dem du die Schritte der Reihe nach tust: mindestens einen aus jedem Abschnitt. Mehr Zeit und mehr Vorbereitung mit Erdung und Schwingungsarbeit führen zu einer besseren Verbindung mit der schamanischen Realität und zu einem tieferen »Reisen«. Und wie in diesem Buch immer wieder betont, wird unsere Fähigkeit zur schamanischen Erfahrung mit der Zeit durch die Hingabe an eine regelmäßige Praxis aufgebaut.

Wenn wir diese Zustände erreichen, ist es wichtig, so erdverbunden und schwingungsmäßig so klar wie möglich zu sein, also bereite dich immer so gut wie möglich vor. Wir können unsere Welt nur neu sehen, indem wir die Denkweise heilen und verändern, die die aktuellen Herausforderungen geschaffen hat, denen wir als Spezies gegenüberstehen. Die ersten beiden Schritte, Erde und Seele, versichern uns, dass unser Träumen mit Klarheit verbunden ist sowie mit dem heilenden Geist und anderen Wesen, die helfen, unser Bewusstsein zu verändern.

Übung
Schamanisches Reisen

Zweck

Wir reisen, um uns mit wohlwollenden, unterstützenden Energien vieler Arten zu verbinden: geistigen Helfern, Ahnen, Naturgeistern, göttlichem kosmischen Licht, dem Geist von Häusern, Orten, Unternehmungen, Ideen … die Liste ist fast endlos. Alles in der »normalen« Realität hat einen Aspekt oder einen Abdruck, mit dem wir in den geistigen Reichen in Beziehung treten können, und es gibt viele Wesen, die nicht von dieser Realität sind. Das Reisen ist ein lebensveränderndes Unterfangen.

Je öfter wir es tun, desto tiefgründiger und magischer wird es. Es verändert für immer die Art und Weise, wie wir das Leben verstehen. Schließlich beginnt sich die Welt um uns herum zu wandeln. Die Erfahrung wird durchdrungen von magischen Eindrücken und Portalen zu neuen Wegen des Wissens, die man sich mit einem tief in der rationalen Realität verankerten und von ihr geprägten Verstand nicht vorstellen kann.

Konzentriere dich zu Beginn auf die Verbindung mit deinen geistigen Helfern. Sie sind es, die das Reisen sicher und nutzbringend machen. Reisen ohne die Führung von geistigen Helfern ist wie eine Wanderung ohne Landkarte, bei der wir in der Fremde unser Leben riskieren. Bitte jedes Mal, wenn du reist, um einen geistigen Helfer, der dich begleitet – nicht irgendeinen Führer, sondern einen Geisthelferführer.

Ein Warnhinweis: Auch wenn manche schamanisch Praktizierenden sich auf Reisen begeben, um mit dunklen, verlorenen oder destruktiven Energien Probleme zu bearbeiten, ist dies nicht der Schwerpunkt der Arbeit in diesem Buch. Es sollte keinesfalls ohne eine sehr ernsthafte Ausbildung in dieser Art Arbeit unternommen werden. Es handelt sich dabei um fortgeschrittene Fähigkeiten, die viele, viele Jahre brauchen, um sich zu entwickeln. Das Befolgen der Schritte in diesem Buch ist ein Weg, der sicherstellt, dass du mit wohlwollenden Energien zur Heilung arbeitest und nicht versehentlich auf andere Dinge stößt, die es in der schamanischen Realität auch gibt.

Dies ist ein weiterer Grund dafür, weshalb das Schaffen eines heiligen Raumes und das Setzen klarer Absichten wesentlich sind, besonders für Anfänger und noch nicht so weit Fortgeschrittene in der schamanischen Arbeit. Wie selten es ist, das Niveau einer so fortgeschrittenen schamanischen Ausbildung und Erfahrung zu erreichen, um Heilarbeit mit dunklen Energien zu machen, siehst du daran, dass ich in meinem Leben nur eine einzige Person getroffen habe, die das entsprechende Wissen und diesen Ausbildungsstand hat: nach *Jahrzehnten* der Ausbildung und Erfahrung. Im allgemeinen sind westliche Menschen im Hinblick auf die schamanische Arbeit alle sehr jung, und es ist *ganz entscheidend*, sich mit großer Demut darauf einzulassen.

Beschreibung

Beginne deine Reise wie immer damit, einen heiligen Raum zu schaffen, dich zu erden, zu klären und eine klare Absicht zu setzen (wie weiter oben in diesem Buch beschrieben). Bitte um Führung durch Lichtwesen, die dir helfen wollen, und bitte um Schutz auf deiner Reise. Wenn du auf Reisen gehst, bereite dich vor, bereite dich vor und nochmals: bereite dich vor! Für mich sind die Reisen oft nicht besonders lang, aber wenn ich Klarheit möchte, weiß ich, dass Vorbereitung der Schlüssel ist. Wie in diesem Buch ausführlich beschrieben, schafft die Verbindung mit der Erde und den spirituellen Schwingungsebenen einen festen Bezugspunkt, von dem aus wir reisen und visualisieren können. Wenn wir mit einem unverbundenen, chaotischen Geist reisen, der in das vorherrschende globale Bewusstsein eingebettet ist, werden wir genau das zurückbringen und immer wieder neu erschaffen.

Meditiere, tanze, singe, trommle: Tu alles, was du kannst, um deine Schwingungen zu erhöhen und in den symbolisch wissenden Geist zu wechseln. Lasse deine Sorgen außen vor. Die werden wieder da sein und dich einholen, wenn du deine Reise beendet hast. Im Folgenden findest du einige Schritte zum schamanischen Reisen. Es gibt natürlich viele Methoden, aber dies sind die Schritte, die für mich am besten funktionieren:

1. Bereite dich mit einer Zeremonie vor, die du mit Übungen aus diesem Buch gestaltest, um einen heiligen Raum zu schaffen.

2. Mache Musik: Trommle oder rassle oder verwende eine Aufnahme, um dich in einen Trancezustand zu versetzen. Wenn du selbst trommelst oder rasselst, wähle einen stetigen Takt mit etwa vier Schlägen pro Sekunde.

   Wenn du das Trommeln oder Rasseln erst lernst, kann es hilfreich sein, eine Aufnahme zu haben, damit du dich auf deinen Weg konzentrieren kannst. Wenn du mit deinem Trommeln und Rasseln Fortschritte machst, kannst du zu der Aufnahme rasseln oder trommeln, bis du ganz auf die Aufnahme verzichten kannst. Trommle am Ende deiner schamanischen Reise schneller und lauter, um dich vollständig in deinen Körper zurückzubringen, und beende die Reise. Höre schamanische Trommelaufnahmen nicht beim Autofahren oder wenn du etwas anderes tust, das Konzentration erfordert. Dein Geisteszustand kann sich nämlich verschieben, ob du es beabsichtigst oder nicht.

3. Beginne die Reise. Dafür gibt es viele Wege. Hier ist einer, den ich von Norma Nakai Burton, der Schöpferin des Schattenintegrationsprozesses *Journey to Completion (Reise in die Ganzheit)*, gelernt habe. Gehe für deine Reise an einen Ort, der dir in der gewöhnlichen Realität besonders wichtig ist und den du sehr gut kennst. Während das Trommeln für die Reise beginnt, stelle dir vor, dass jemand mit dir hier ist, der dich erwartet, wenn du von deiner

Reise zurückkehrst. Dann suche dir einen Platz, wo du anfängst, einen Tunnel in die Unterwelt zu graben. Konzentriere dich ganz auf das Graben. Wenn das Graben zu etwas anderem wird oder dich an einen anderen Ort ruft, folge dieser Einladung.

Wenn du aus dem Tunnel kommst, schaue, wo du bist, und bitte einen geistigen Helfer, zu dir zu kommen, um dich auf deiner Reise zu begleiten. Ich überprüfe meine Führer sorgsam, wenn sie neu sind und ich vorher keine Beziehung zu ihnen hatte. Du kannst mehrmals fragen, ob sie ein Geisthelfer sind. Achte auf die Anzeichen dafür, dass es ein echter Geisthelfer ist, etwa, indem du ihn aus vier verschiedenen Blickwinkeln betrachtest. Wenn alles klar ist und du Kontakt mit deinem geistigen Helfer (oder deinen geistigen Helfern) aufgenommen hast, folge dem Fluss der Reise. Wenn du dich beim Nachdenken ertappst oder abgelenkt fühlst, konzentriere dich auf den Klang der Trommel, der dich sanft wieder auf deine Reise zurückbringt.

4. Kehre zurück! Wenn du zurückkommst, gehe alle deine Schritte den ganzen Weg durch deine Reise zurück. Das hilft, die Reise in die neu sich bildenden Nervenbahnen einzuprägen, und garantiert außerdem, dass du vollständig in deinen Körper zurückkehrst. Ich verbringe mindestens fünf Minuten damit, mich zu vergewissern, dass ich wieder vollständig in meinem Körper bin, indem ich von den Zehen bis zum Kopf in meinen Körper hineinatme und vom Scheitel bis zur Sohle meine Wirbelsäule hinabspüre, während ich mich fest auf dem Boden oder in der Erde verankere. Nimm dir Zeit, über deine Reise nachzusinnen, indem du etwas aufschreibst oder anderen von ihr erzählst, wenn du in einer Gruppe bist. Dies ist ein wichtiger Schritt, der dir hilft, die Reise zu integrieren.

5. Erdung: Anfangs hast du vielleicht das Gefühl, dass du ein wenig zwischen zwei Welten hängst, wenn du regelmäßiger reist. Oder du fühlst oder hörst deine Führer im »normalen« Bewusstsein. Mit der Zeit wird deine Fähigkeit wachsen, diese Wahrnehmungsverschiebungen zu erleben. Wenn es dich beunruhigt, nimm dir einfach vor, außerhalb von Reisen keine Führer oder energetischen Realitäten wahrzunehmen. Du selbst bist für deine Erfahrun-

gen verantwortlich. Setze die Grenzen und Parameter, die für dich passen. Auch wenn mir auf Reisen Dinge passiert sind, die sich sehr unangenehm und sogar schmerzhaft angefühlt haben – an einer Stelle wurde mein Herz entfernt und ein neues mit Feuer implantiert –, weiß ich doch immer, dass ich jederzeit die Wahl habe, jede Interaktion abzubrechen oder die Reise zu verlassen.

Bitte um Hilfe von deinen Geistführern

Lerne, früh und oft um Hilfe zu bitten, und denke stets daran. Bitte immer wieder aufs Neue. Den ganzen Tag über die geistigen Helfer um Hilfe zu bitten, bringt so viel Führung und Unterstützung. Man kann gar nicht genug betonen, wie sehr wir es brauchen und wie sehr unsere geistigen Helfer uns helfen wollen. Sie respektieren unsere Handlungsfreiheit und werden sich nicht ohne unsere Erlaubnis in unser Leben einmischen. Bitte um Hilfe, bitte um Hilfe und noch einmal: Bitte um Hilfe. Sie wird immer da sein, im Kleinen wie im Großen.

Die Geisthelfer der Erde sind jetzt überall um uns herum und sehnen sich danach, uns zu helfen, uns von diesem unglaublichen Schmerz und der Schändung der Erde in ein neues Bewusstsein der Fürsorge und der Verbundenheit zu bringen. In dieser Zeit der beispiellosen Herausforderungen sind die geistigen Helfer hocherfreut, wenn wir um Hilfe bitten. Ich spreche ein Dankgebet an alle helfenden Geister der Erde, dass sie uns nach Hause geführt haben, dass sie uns den Weg gezeigt haben und dass sie unsere Vorfahren, unsere Vorgänger und unsere geistigen Familien sind.

Zusammenfassung: Die Welt neu sehen – einen Traum nach dem anderen

Unser Bedauern, unseren Schmerz, unsere Wut und unseren Kummer angesichts der Zerstörung unserer irdischen Heimat und Familie an uns heranzulassen, ist ein wichtiger Schritt zum Wachwerden unserer Sinne. Wir können uns nicht in Einklang mit der Erde und unserem wahren Selbst bringen, ohne an die Quellen unseres großen Schmerzes zu rühren. Wir mögen uns sehr klein fühlen angesichts der Zeit, angesichts der Geschichte, angesichts der unaufhaltsamen Kräfte einer Zivilisation, die die scheinbar bodenlose Verschlechterung des Lebens auf diesem Planeten vorantreibt.

Doch durch diesen Schmerz wissen wir, dass wir die Erde lieben. Wir beginnen, unseren Weg zurück nach Hause zu erspüren; wir hören auf das Lied, das in unseren Herzen erklingt, wenn wir uns wieder mit der Erde verbinden. Wir finden unseren Weg zurück in das Gewirk des Lebens. Oft beginnt das Lied als Klage, und die ist immer da in unserer Zeit. Doch wir können in unseren Herzen und durch die Liebe Geschichten finden: von Freude und vom Wunderbaren, von Gemeinschaft, von Sorge für das Leben und vom erstaunlichen menschlichen Einfallsreichtum, um Heilung und Wandel zu erreichen. Wenn wir wach werden, stellen wir fest, dass es andere gibt, die bereits wach sind und auf eine neue Lebensweise in der westlichen Kultur hinarbeiten – scheinbar überall, wohin wir uns wenden. Durch meine Studien und meine Lehrtätigkeit im Bereich der Nachhaltigkeit empfinde ich jetzt wahre Ehrfurcht vor der Zahl der Menschen und Gemeinschaften, die überall auf der Welt in ihrem Leben und für ihre Bioregionen neue Geschichten hervorbringen. Es gibt ein riesiges Netz von neuen

Geschichten und Träumern, die ihre Geschichten zu einem heilenden Traum für die Erde verweben.

Als Kinder berühren wir die Erde mit Staunen und Liebe. Wir zeichnen Linien auf den Boden, unsere ursprüngliche Kreativität fühlt erregt die Haut unseres Planeten. Die Magie der Kindheit geht jedoch in dem verloren, was Gregory Bateson das »Joch der abendländischen Erziehung« nennt.[94] Mit der Zeit »realisieren« wir unbewusst, dass unsere ursprüngliche Liebe zum Leben kindisch und »unvernünftig« ist. Wir wachsen aus dieser Liebe heraus und vergessen unsere Zugehörigkeit. Doch jetzt ist es an der Zeit, wieder in die Liebe zu unserer planetarischen Heimat hineinzuwachsen.

Angesichts von Hoffnungslosigkeit und Hilflosigkeit greifen wir auf die Liebe zurück: eine unterschätzte Ressource in unserer ressourcenbesessenen Kultur. Liebe öffnet unsere Herzen; Liebe findet einen Weg; Liebe führt uns dorthin zurück, wo wir begonnen haben. Verzaubert und erfüllt zu sein von der Magie der Erde, dem Licht der Sonne, dem Gefühl des Wassers, das weich durch unsere Hände rinnt, dem Wind, der in den Bäumen tanzt – das alles singt uns in einen nächsten Schritt. Wenn wir uns erinnern, wer wir in Bezug auf alles übrige Leben wirklich sind, vergessen wir, wie wir der Erde so viel wegnehmen konnten. Durch unsere Liebe zur Erde verändern wir viel, viel mehr, als wir uns vorstellen können.

Wenn wir die Erde lieben, spüren wir, wenn wir über eine Grenze in eine neue Art des Seins hinübertreten. Auch wenn wir uns in diesem Moment nicht ändern können oder wollen, wissen wir nun, wo diese Grenze ist. Wir beginnen, in eine Ethik der Fürsorge hineinzuwachsen. Im Kreis mit anderen, wenn wir mit Ehrfurcht von der Natur sprechen und die Erde ehren, wachsen wir zu erdverbundenen Gemeinschaften mit neuen Überzeugungen, neuen Wegen des Seins und des Wissens und neuen Geschichten.

Wir sind die Geschichtenerzähler

Wir erschaffen die Geschichte unseres individuellen und kollektiven Lebens mit, von einem Augenblick, einem Gedanken und von einer Auseinandersetzung mit dem Leben zur anderen. In jedem Moment entscheiden wir neu, wie wir uns der Welt gegenüberstellen, und diese Entscheidungen summieren sich im Laufe der Zeit zu einer größeren Geschichtensammlung unserer Spezies und – aufgrund des tiefgreifenden Einflusses, den wir derzeit auf die Erde ausüben – der Geschichte unseres Planeten. Das bedeutet nicht, dass wir die Welt kontrollieren. Vielmehr erkennen wir unsere tiefgreifende Macht an zu entscheiden, wie wir uns mit der Welt auseinandersetzen. Um als Menschen wirklich erwachsen zu werden, müssen wir anerkennen, dass wir jeden Moment erschaffen. Darum müssen wir die Verantwortung für unseren Einfluss sehen und ihn akzeptieren, nicht nur in dem, was wir jeden Tag tun, sondern auch in dem, was wir denken und wie wir fühlen. Dies ist die Einweihung in unsere wahre Natur: Wir sind die Geschichtenerzähler, die Geschichtenbewahrer, diejenigen, die mit Symbolen und Bildern visualisieren.

Es kann für diejenigen von uns, die sich von der mechanistischen, objektiven Realität lösen, durchaus überwältigend sein, sich so verantwortlich zu fühlen. Wir haben diese riesige »Maschine« von Realität nicht erschaffen. Was können wir schon tun, um sie zu verändern? Wenn wir diese Fragen stellen, schreien wir voll Hoffnungslosigkeit, schlagen wütend um uns, rufen nach Führung. Was wir aber tun können, ist, innerhalb des Netzes einer relationalen Geschichte des Universums ganz Mensch zu werden. Es stimmt zwar, dass wir nie frei von Verantwortung sind, aber wir können uns in der Schöpfung aufgehoben fühlen, wenn wir unser Leben wieder zur Geschichte einer heiligen und freudigen Beziehung mit allem Leben machen: So, wie es sein soll. Umgekehrt sind wir endlich frei, wenn wir die Wahrheit und Verantwortung unserer »geschichtenschaffenden« Natur akzeptieren und unseren Weg zurück ins Leben finden.

Dieses Kapitel hilft dir, die Geschichten deines Erdseele-Träumens, die Vision der Heilung des Planeten, herauszubilden und mit anderen zu teilen. Es führt dich durch den Prozess der Neuausrichtung deines Lebenssinns, wobei du die neuen Sensibilitäten und Fähigkeiten, die du entwickelt hast, integrierst. Das vorrangige Ziel dieses Kapitels ist es, dir zu helfen, deine neuen Fähigkeiten und Visionen in die Welt zu bringen.

Unsere Geschichten verändern

Als ich klein war, wurde ich von meiner Mutter misshandelt. Nach vielen Jahren des Ringens weiß ich heute, was der Schmerz, nicht wirklich bemuttert worden zu sein, mir gegeben hat: eine tiefe Fähigkeit, mich mit der Erde zu verbinden. Meine Wunde ist jetzt mein Geschenk. Wenn wir unsere Geschichten wieder und wieder erzählen, sieben wir aus und verschieben wir; wir schaffen neu. Wir können neue Wirklichkeiten und eine neue Welt erschaffen, indem wir unsere Geschichten neu sehen, so wie ich über Jahrzehnte daran gearbeitet habe, die meine neu zu sehen. Oft sind Dankbarkeit und Vergebung nötig im Angesicht von Trauma, Verrat und Verlust. Unsere Erfahrungen auf dieser Ebene, in diesem Körper, sind oft holprig und schmerzhaft; in unserem Körper auf der Erde zu sein, ist häufig fremd und isolierend. Doch aus spiritueller Sicht, ohne unsere wahren und schmerzhaften Gefühle zu verleugnen (ich war 25 Jahre in Therapie, um meine Kindheit zu verarbeiten und daran zu wachsen!), können wir mit der Zeit das Wachstum und den spirituellen Silberstreif finden. Ich weiß, das mag nach Schönreden klingen, und der Skeptizismus unserer Welt schimpft oft über diese Sichtweise. Aber spirituell gesehen ist diese Art der Veränderung wesentlich, um unsere Schwingungen zu erhöhen und für unser Leben und für die Erde einen neuen Traum zu träumen. Wir können Licht nur mit Licht finden, nicht, indem wir Dunkelheit und Schmerz wegdrücken, sondern indem wir sie in umgewandelter Form in eine neue Geschichte hineinnehmen. Die Energie meiner

Schmerzen hat sich durch meinen Heilungsprozess in Energie verwandelt, die ich nun über meine Arbeit als Heilerin und Lehrerin mit der Welt teilen kann. Auf diese Weise können wir alle den Schmerz in unserem Leben und in der Welt »kompostieren«, um daran zu wachsen und neue Visionen zu schaffen.

Es hat mich viele Jahre gekostet, meine persönlichen Geschichten zu transformieren. Mein Körper erinnert sich sehr gut an den Schmerz und wird mich an Verletzungen, Kränkungen und wirkliches Unrecht erinnern, das mir angetan wurde. Das geschieht durch Auslöser, die eingefahrene Bahnen in meinem Gehirn und Körper wachrufen. Sie stammen aus der Zeit, in der diese Ereignisse stattfanden. Aus diesem Grund bedurfte es über lange Zeit einer gewaltigen, bewussten Transformation meiner Geschichten, um neue Körpererinnerungen und emotionale Zustände zu verankern.

Als Energiearbeiterin weiß ich, dass sich die Dinge in unseren Energiekörpern sehr schnell verändern können, während es einige Zeit dauern mag, bis sich die Kerben unserer physischen Körper an die neue Realität anpassen. So ist es auch mit der Veränderung unserer Geschichten. Da unsere Körper festgefahrene Erinnerungen haben können, bedarf es der Achtsamkeit, damit wir uns selbst abfangen, wenn wir in die Fahrspuren unserer vergangenen Geschichten geraten und durch Stress, Angst oder Sehnsucht neuerlich dieselben Geschichten erschaffen. Schwingungsarbeit hilft uns, unseren Körper in neue Erfahrungsweisen zu versetzen. Die regelmäßige Verbindung mit Erde und Seele bietet eine Grundlage für neue Erfahrungsweisen, die allmählich unsere alten Seins- und Erinnerungsweisen und die der Welt ersetzen können. Dies ist ein langer Prozess, der Einsatz erfordert: Es ist die Arbeit eines ganzen Lebens. Das regelmäßige Üben kann jedoch kurz sein und irgendwo eingebaut werden. Im Folgenden eine einfache Methode, mit der ich meine Geschichten verändere:

1. Ich fasse den Entschluss, es zu merken, wenn schmerzhafte Erinnerungen hochkommen. Was sind die Auslöser? Was sind die Körpererinnerungen? Orte oder bestimmte Zeiten des Jahres können alte

Geschichten auslösen. Erst einmal bloß wahrnehmen. Da heißt es, das Unbehagen zuzulassen. Oft, wenn wir uns dieser schmerzhaften Geschichten bewusst werden, ärgern wir uns darüber, wie oft sie unsere Aufmerksamkeit auf sich lenken, und wir wollen, dass sie und ihr Schmerz *jetzt vorbeigehen*! Liebevolle Freundlichkeit, Sanftmut und Geduld sind erforderlich, wenn wir das Gewahrsein aufbauen. Und immer wieder zum Gewahrsein zurückzukehren, ist eine nie endende Übung. Wenn ich müde, überfordert, krank oder gestresst bin, wenn es trüb ist, wenn ich zu viel Kaffee getrunken oder ungesund gegessen habe: bam! Mein Geist kehrt zu den alten Geschichten zurück.

2. Entwickle ein verlässliches Bild, das dir hilft, die Geschichte zu verschieben. Auch wenn es einfach erscheint, kann es tiefgründige Kontemplation erfordern, um in Bezug auf sehr schwierige oder schmerzhafte Geschichten Liebe zu empfinden. Manche Geschichten scheinen unmöglich in Liebe gehalten werden zu können: der Holocaust, die Sklaverei, die Zerstörung der Umwelt, das Abschlachten indigener Völker … das sind Beispiele für Zeiten, in denen ich mich an Geisthelfer wende, um auf neue Weise neue Bilder zu sehen. Wir können schmerzhafte persönliche oder globale Geschichten nicht allein umwandeln. Manchmal können wir nicht mehr tun, als sie im Licht unseres Herzens zu halten und den Großen Geist des Universums und unsere geistigen Helfer zu bitten, uns zu neuen Wegen des Umgangs mit diesen Geschichten zu führen.

3. Versuche, es gleich zu merken, wenn dein Geist und Körper schmerzhafte Geschichten durchlaufen. Dann ersetze sie durch ein neues Bild und die dazugehörige emotionale Signatur. Das kann den Bruchteil einer Sekunde dauern und muss wahrscheinlich immer und immer wieder gemacht werden. Sich selbst auf die Spur zu kommen und dann umzuschalten, ist eine große Aufgabe und tiefgreifende Arbeit.

4. Nimm dir so oft wie möglich Zeit, in die Visualisierung der neuen Geschichte einzutauchen, so dass dir das Gefühl und die Bilder leichter zur Verfügung stehen, wenn du während deiner täglichen Routine eine Umschaltung vornehmen musst.

Beginne mit Liebe

Wir schaffen heilende Geschichten, wenn wir mit Liebe beginnen. Große Teile des westlichen Denkens und Glaubens integrieren jetzt wieder die alte Wahrheit, dass alles miteinander verbunden ist. Im großen Schauspiel des Kosmos, wo wir in allem sind und alles in uns ist, sind wir nie allein. Wir müssen die Dinge nicht mehr allein oder nur mit anderen Menschen regeln. Tatsächlich sind wir deshalb überhaupt erst in diesen Schlamassel geraten. Stattdessen beginnen wir mit aktiver Liebe und lassen die neuen Träume und Visionen für unser Leben in der Matrix dieser Verbindung entstehen. Durch die Liebe finden wir die Einprägung des zugrunde liegenden energetischen Gefüges des Lebens, lassen uns davon durchdringen und visualisieren von diesem erweiterten und verstärkten Verständnis aus weit über unsere menschlichen Grenzen hinaus.

Jetzt also kommen wir zur letzten Übung des Buches; zur wichtigsten Übung; zu der Stelle, an der wir stets anfangen und aufhören. Wenn wir jeden Tag nur diese eine Übung machen, und so mache ich es, lernen wir, die Erde zu lieben und unser Leben von hier aus zu erträumen. Es ist eine Übung, die ich durch das Lieben der Erde und das Träumen mit ihr gelernt habe, die mich immer aus dem Irrgarten der Trennung in das feingesponnene Labyrinth der Verbindung führt, wo das Finden meines Weges zu einer magischen, spirituellen Reise des Werdens in Gemeinschaft wird. Unser rationaler Verstand strebt nach der Komplexität von Ideen, während er paradoxerweise die Komplexität des Lebens zu meiden trachtet, weil die Wahrheit dessen, was wir alles nicht wissen, erschreckend sein kann. So finden wir uns allzu oft in einer beengenden Höhle aus Verwirrungen wieder, anstatt uns auf den manchmal wilden Pfad der Schöpfung zu begeben. Wie ich schon früher in diesem Buch geschrieben habe und wahrhaft und zutiefst glaube, können wir das göttliche Mysterium des Lebens zwar nie verstehen, aber wir können uns stets darauf einlassen. Es sind unsere Herzen, die uns dorthin führen, und oft mit Mitteln, die zu einfach erscheinen, um wirkliche Veränderungen bewirken zu können. Das ist das Geschenk und das Wunder der Liebe: Es ist so schwierig, dorthin zu gelangen, und doch so einfach, wenn wir einmal dort sind. Wir können zu jeder Zeit die Erde berühren; das ist etwas, zu dem wir immer zurückkehren und womit wir beginnen können.

ÜBUNG
Die Erde lieben

Zweck

In der westlichen Kultur sind wir energetisch darauf ausgerichtet, von der Erde zu nehmen. So wie wir, wie in früheren Kapiteln besprochen, immer nehmen wollen, so haben wir unbewusst die Angewohnheit, der Erde Energie zu entziehen. Wir nehmen in jedem Moment unseres Lebens von der Erde. Als Kultur zapfen wir Westler den Lebenssaft der Erde und ihrer Bewohner an, um unserem Leben zu frönen, oft gedankenlos, oder, wenn wir achtsam werden, verunsichert, warum es so schwer ist, damit aufzuhören. Womit wir beginnen können, ist die bewusste Umstellung unserer Energieausrichtung. Wir senden oder empfangen unablässig, wie ich in Kapitel 10 geschildert habe, und das betrifft vor allem die Art und Weise, wie wir energetisch mit der Erde umgehen.

Wir achten auf die Wirkung unseres Bewusstseins auf die Erde, wenn wir die Erde jeden Tag ganz bewusst lieben. Es gibt viele Wege, dies zu tun; ich habe ein paar davon beschrieben. Wie bei vielen der Übungen in diesem Buch beginnen wir damit, unsere Vorstellungskraft zu nutzen. Wie in jeder Liebesbeziehung wächst unser Verständnis für die Erde und unsere Liebe zu ihr mit der Zeit – durch tätige Liebe finden wir unseren ganz eigenen Tanz mit der Erde; die Erde wird sich vernehmen lassen, sich nach dir ausstrecken und in dich ausdehnen und allmählich durch Kontakt und vertiefte Innigkeit mehr von sich zeigen.

Beschreibung

Spüre bewusst Liebe für die Erde. Wenn sich das zunächst seltsam anfühlt, stelle dir einen Menschen oder ein Haustier vor, das du liebst, und übertrage dieses Gefühl dann auf die Erde. Eine Art und Weise, wie ich die Erde liebe und andere dazu ermutige, ist, dass ich mir vorstelle, wie ich durch meine Füße der Erde Liebe sende, entweder durch eine bewusste Gehmeditation oder bei meinem Gang durch den Tag. Ich stelle mir vor, dass ich göttliches Licht und Liebe einatme und diese durch die Unterseite meiner Füße zur Erde hin ausatme. Beim Gehen berühren wir die Erde. Dies zu einer bewussten Praxis des Energiegebens zu machen, heißt, es zu einem Geh-Mantra der Liebe zu machen. Wenn es das Wetter erlaubt, stelle ich meine nackten Füße auf den Boden, um durch meine Füße die Erde zu lieben. Je mehr Kontakt, desto besser.

Eine andere Möglichkeit, die Erde zu lieben, besteht darin, sich vorzustellen, dass du die Erde wie ein Baby in deinen Armen hältst, sie liebst und wiegst. Genau wie bei geistigen Helfern hilft uns die Ausrichtung auf Liebe und Dankbarkeit, die Stimme der Erde zu hören. Die Schwere vieler menschlicher Gedankenformen und Zustände verschließt die Kommunikationskanäle mit der Erde, ihren Wesen, Geistern, Elementarkräften und Körpererinnerungen. Die Umschaltung, die durch die Liebe zustande kommt, öffnet Kanäle für sie, damit sie uns ihre Träume übermitteln kann. Die Erde ist froh, wenn wir uns ihr wieder zuwenden. So, wie ein entzündetes Körperteil stört und schmerzt, so bringt das Unwohlsein unserer Spezies den gesamten Organismus des Planeten in Bedrängnis. Zu spüren, wie wir wieder in Einklang kommen, lindert Stress und den Sog der Energie, die wir in unserer Orientierungslosigkeit aufnehmen. Wenn wir mit dem Traum der Erde in Übereinstimmung gelangen, ist unser Leben erfüllt und freudig. Wir können der Erde Opfergaben und kleine Kunstwerke hinterlassen. Wir können der Erde mit jedem Moment unseres Tuns danken. Die Erde und die ganze Natur lieben es, wenn wir Lieder singen, wenn wir in Freude mit und über die Schöpfung tanzen, wenn wir mit dem Herzschlag der Erde trommeln und sie ehren.

Meine persönliche und liebste Übung ist es, die Hände auf die Erde zu legen und ein Energieheiler für die Erde zu sein. Wenn ich mit meinen Klienten die Erinnerungen an dieses und andere Leben durch die Zeit zurück und voraus spüre, erkenne ich, wie ich mich durch die Energieheilung für die Erde in ein Wissen um die Körpererinnerungen der Erde bewege. Es sind Erinnerungen, die im Körper der Erde durch die Zeit zurück und voran gehalten werden. Das erste Mal, als ich das spürte, war das Gefühl so stark, dass ich in Panik geriet und meine Übung für eine ganze Weile unterbrach. Es wäre ein Buch für sich, diese Erfahrung zu beschreiben. Hier genügt es zu sagen, dass ich in diesen Momenten weder verstehen noch meinen Geist ausrichten konnte. Es war ein Hineinfallen, ein Verschmelzen, das meine Sinne mit Gerüchen, Ansichten, Gefühlen, Bildern, Geistern sowie vergangenen und zukünftigen Ereignissen überschwemmte. Ich weiß, dass dieses Gefühl mit der Erde und das Kennenlernen der Erde auf dieser Ebene nicht allein möglich ist. Zwar mache ich diese Übung noch allein, führe sie aber auch jedes Mal durch, wenn ich in einer zeremoniellen Gruppe arbeite. Das mache ich normalerweise aber nur, um den Kreis zu erden und um die Erinnerungen, die Schmerzen, die Freuden, die vergangenen und zukünftigen Geschichten der Erde zu würdigen.

Der Liebe folgen – die Erde neu denken

Die Erde neu zu gestalten, die Geschichten unseres Lebens neu zu träumen, ist die Reise unseres Lebens; es ist die Reise und die Aufgabe *unseres* Lebens als Spezies. Wir sind als Spezies in großer Gefahr, wenn wir die altüberlieferten Seinsweisen nicht annehmen, zurückfordern und in die Tat umsetzen. Wir müssen eine neue Welt erschaffen! Viele sind bereits dabei, und wenn du dich auf dieses Große Werk (Berry) oder die Große Wende (Macy) einlässt – und das hast du bereits –, wirst du eine große Zahl von Veränderungen vorfinden, ein riesiges Netzwerk von Lichtwesen, die das Bewusstsein auf dem Planeten verändern. Dies ist eine herausfordernde Arbeit und das Wichtigste, was wir tun können: als Erdbewohner und als Seelen, die sich der karmischen Entfaltung des planetarischen Traums verpflichtet haben.

Der Liebe zu folgen, bedeutet, auf unseren Körper zu hören, unseren Gefühlen zu vertrauen, und dies in einer Gemeinschaft zu tun, die auf Heilung und Ehrfurcht vor dem Leben ausgerichtet ist. Einen neuen Traum zu träumen, unsere Verantwortung zu übernehmen, lebensspendende und das Leben würdigende Geschichten zu erzählen, erfordert, dass wir uns in unserer natürlichen Umgebung aktiv neu einpflanzen. Raus aus dem »Topf« der industriellen Innenraumkultur, hin zu einem Leben im Freien, voll verwurzelt in der Erde, offen für die Sonne und die vielen Wesen, die aus dem ganzen lebendigen Universum zu uns singen. Um als heilende Träumer dabei zu sein, müssen wir uns selbst das geben, was wir brauchen, um wahrhaftige, gesunde Menschen zu sein. Eine Pflanze in einem dunklen Raum und in einem zu kleinen, zu nassen oder zu trockenen Topf kann nicht zur besten Version ihrer selbst heranwachsen. Genauso müssen wir uns in die Empfindsamkeiten der Erde »umpflanzen«, die unser evolutionäres Erbe sind. Mit der richtigen Umgebung, in der wir dem Leben bewusst mit Liebe begegnen, beginnen unsere Geschichten ganz natürlich, eine heilende Vision zu reflektieren. Unsere Aufgabe ist es, uns mit dem Leben zu verbinden und es zu ehren; wir sind Geschichtenmacher, und die Geschichten werden beginnen, sich von selbst zu verändern. Wenn die neuen Geschichten zu wachsen beginnen, nähren und bewässern wir sie, indem wir sie in das Licht der Gemeinschaft bringen und anderen zurückspiegeln. Ja, ich höre dich, ich sehe dich. Du bist nicht verrückt. Es gibt Liebe, Freude und Wahrheit, die wir finden können, wenn wir mit unseren Füßen fest auf der Erde stehen, in Kreisen von Gesang und Austausch.

Die Übungen in diesem Buch und all die Erdheilungspraktiken, die erforderlich sind, um die Welt zu verändern, sind beschwerlich und erfordern Standhaftigkeit und beispiellose Achtsamkeit. Neben dem Wissen, dass alles miteinander verbunden ist, ist die wichtigste Botschaft dieses Buches, dass wir die Welt heilen, wenn wir unser eigenes Leben heilen. Unsere Neuausrichtung macht uns zu Kriegern des Lichts für die Neuausrichtung der Welt. Wir richten uns alle gemeinsam neu aus, denn wir sind eins, Ausdruck des göttlichen Lichts des Lebens. Wir können diese Fähigkeiten der Re-Vision, der Veränderung unserer Geschichte, bewusst dazu nutzen, die Richtung, die Schwingungen und die Geschichte der Welt zu verändern. Sobald wir die Fähigkeiten entwickelt haben, die unserer menschlichen Geschichte innewohnen – erdverbunden, seelenverbunden –, können wir beginnen, einen neuen Traum zu träumen: einen Traum von Verbundenheit und Liebe aus und in der Absicht zu heilen.

Wir haben alles, was wir brauchen, um zum Kern unserer genetischen Möglichkeiten zurückzukehren, zu den Geschichten und Erinnerungen der Erde, der wahren Magie auf diesem Planeten. Rhythmen und Zyklen regeln jeden Aspekt unseres Lebens, und die Wiederverbindung mit diesen Rhythmen ist der Weg zurück zu unserer wahren Natur. Die Sonne geht auf und unter, wir stehen auf und gehen schlafen. Wir leben und wir sterben in Zyklen der Seele, des Geistes, des Körpers. Wir atmen mit den Bäumen, wir leben durch die Zeitläufte von Jahren, Generationen und erdgeschichtlichen Epochen.

Liste der Übungen

Übungen zur Verbindung mit der Erde

Übungen zur Verbindung mit der Seele

Übungen zur Verbindung mit dem Traum

Endnoten

Die in **halbfett** hervorgehobenen Titel gibt es auch auf Deutsch.

1. Annie Leonard, »Moving from Individual to Societal Change«, State of the World: Is Sustainability Still Possible? (Washington, DC: Worldwatch Institute, 2013).
2. **Aldo Leopold, *The Land Ethic, A Sand County Almanac* (Oxford: Oxford University Press, 1949/1987).**
3. Siehe Owen Barfield, Saving the Appearances: A Study in Idolatry (Middletown, CT: Wesleyan University Press, 1988), für eine ausführliche Diskussion über die Unterdrückung »primitiver« Bewusstseinsebenen in der westlichen Kultur.
4. Thomas Berry, *The Dream of the Earth* (Berkeley, CA: Counterpoint; Reprint, 2015), 211-12.
5. Berry, *The Dream of the Earth*, 211-12.
6. »One Planet Living«, von Global Footprint Network, abgedruckt in State of the World: Is Sustainability Still Possible?, Worldwatch Institute, 2013, (Moore, Rees 2013: 41).
7. Dolores LaChapelle, »Ritual is Essential«, *Art and Ceremony in Sustainable Culture*, Frühjahr 1984, Context Institute.
8. LaChapelle, *Ritual is Essential.*
9. Barfield, *Saving the Appearances.*
10. Michael J. Cohen, *Reconnecting With Nature* (Apple Valley, MN: Ecopress, an imprint of Finney Company; dritte Auflage, 2007), 33.
11. James Lovelock, *Gaia: A New Look at Life on Earth* (Oxford: Oxford University Press, 1995).
12. **Paul Hawken, *Blessed Unrest: How the Largest Social Movement in History Is Restoring Grace, Justice, and Beauty to the World* (New York: Viking, 2007).**
13. **Hawken, *Blessed Unrest*, 84-85.**
14. Ich danke meinem Freund Robert Toth für die Vertiefung meines Verständnisses der Idee des »holonischen Bewusstseins« als ein effektives Mittel zur Unterscheidung vom »anthropozentrischen Bewusstsein«.
15. Thomas Berry, *The Great Work* (Danvers, MA: Broadway Books; Nachdruckausgabe, 2000), 82.
16. Berry, *The Dream of the Earth.*

17. Berry, *The Dream of the Earth.*

18. **Ralph Waldo Emerson, *Nature* (Boston und Cambridge: James Munroe and Company, 1836/1949).**

19. Diese Tabelle ist zum Teil aus der Dissertation von David Skrbina, »Participation, Organization, and Mind: Toward a Participatory Worldview« (2001), 11-15.

20. Tony Moodie, »Re-evaluating the idea of indigenous knowledge: Implikationen des Anti-Dualismus in der afrikanischen Philosophie und Theologie.« Vortrag gehalten auf der Jahreskonferenz der African Studies Association of Australia and the Pacific (AFSAAP), University of Western Australia, 26-28 November 2004.

21. Arne Naess, in: Rothenberg, David, Hrsg., *Is It Painful to Think? Conversations with Arne Naess* (Minneapolis, MN: University of Minnesota Press, 1993).

22. **Joanna Macy, *World as Lover, World as Self* (Berkeley, CA: Parallax Press, 1991).**

23. **Macy, *World as Lover, World as Self*, 187.**

24. **Joanna Macy, mit Molly Young Brown, *Coming Back to Life: The Updated Guide to the Work That Reconnects* (Gabriola Island, BC: New Society Publishers, Limited, 2014).**

25. **Macy, *Coming Back to Life*, 46.**

26. **Macy, *Coming Back to Life*, 47.**

27. **Macy, *Coming Back to Life*, 47.**

28. Von Paul Hawkens Website, blessedunrest.com.

29. **Susan Griffin, *Woman and Nature: The Roaring Inside Her* (Berkeley, CA: Counterpoint Press, 2016).**

30. **Griffin, *Woman and Nature.***

31. **Ralph Metzner, *Green Psychology: Transforming Our Relationship to the Earth* (Rochester, VT: Park Street Press, 1999), 86-87.**

32. **Metzner, *Green Psychology*, 85.**

33. Paul Shepard, *Nature and Madness* (Athens, GA: University of Georgia Press, 2011).

34. Metzner, *Green Psychology*, 86-87.

35. **Alexander von Humboldt gilt als der Vater der Ökologie, da er der erste bekannte westliche Denker war, der die Beziehungen zwischen Organismen und ihrer Umwelt untersuchte. Humboldts Disziplin wurde 1866 von Ernst Haeckel in *Generelle Morphologie der Organismen* als »Ökologie« bezeichnet. Erfahre mehr in Andrea Wulf, *Alexander von Humboldt und die Erfindung der Natur*, Random House, 2016.**

36. **Theodore Roszak, *The Voice of the Earth: An Exploration of Ecopsychology* (Grand Rapids, MI: Phanes, 2001).**
37. **Betty Roszak, »Rescue and Restore«, aus Roszak, *The Voice of the Earth*, Hingabe.**
38. **Roszak, »Rescue and Restore«.**
39. **Leopold, *The Land Ethic*.**
40. Diese Idee basiert auf dem Konzept des ökologischen Selbst, das von Arne Næss in seinem Buch *The Ecology of Wisdom* (Berkeley, CA: Counterpoint Press, 2010) entwickelt wurde, und erweitert es.
41. **Leopold, *The Land Ethic*.**
42. Karen Warren, *The power and the promise of ecofeminism, revisited*, in Michael Zimmerman, Hrsg., Environmental Philosophy: From Animal Rights to Radical Ecology (Upper Saddle River, NJ: Pearson/Prentice Hall, 2005).
43. Henryk Skolimowski, *The Participatory Mind: A New Theory of Knowledge and of the Universe* (New York: Penguin Books; Erstausgabe, 1995).
44. Diese Passagen sind meiner Dissertation entnommen, »From Emerson to Macy: The Evolution of a Participatory Worldview«, 2011, San Francisco, CA: California Institute of Integral Studies.
45. Cohen, *Reconnecting With Nature*, 33.
46. Cohen, *Reconnecting With Nature*, 33.
47. Finde eine weitere Übung zur Vertiefung dieser Erfahrung von Verbundenheit in meinem Artikel »The Self System Drawing: Teaching a Sustainable Worldview through Creativity«, in The Journal of Sustainability Education, 2014.
48. Qing Li, Professor an der Nippon Medical School in Tokio, führte zusammen mit seinen Forschungspartnern Studien durch, die die zelluläre Aktivität des Immunsystems vor und nach einem Waldbesuch maßen. Siehe seinen Artikel »Effect of phytoncide from trees on human natural killer cell function«, Int J Immunopathol Pharmacol. 2009 Oct-Dec; 22 (4): 951-9.
49. Nachman von Bratzlav, Übersetzung von Shamai Kanter, *Kol Haneshamah, Shabbat Vehagim* (Wyncote, PA: The Reconstructionist Press, 1994).
50. **Clinton Ober, et al. Earthing: *The Most Important Health Discovery Ever!* (Laguna Beach, CA: Basic Health Publications, Incorporated, 2014).**
51. Thich Nhat Hanh, *I Want to Be Grounded* (Shambhala Sun, Juli 2012).
52. Nhat Hanh, *I Want to Be Grounded.*
53. Übernommen von Rhea Loader, *Dreamstones: Magic from the Living Earth* (London: Prism Press, 1991).
54. William Cahalan, »Ecological Groundedness in Gestalt Therapy«, aus: *Ecopsychology: Restoring the Earth, Healing the Mind*, ed. Theodore Roszak, Mary

E. Gomes und Allen D. Kanner (San Francisco, CA: Sierra Club Books, 1995), 216-23.

55. Cahalan, *Ecological Groundedness in Gestalt Therapy*, 216-23.
56. Cohen, *Reconnecting with Nature*, 23.
57. **Rudolf Steiner, *How to Know Higher Worlds: A Modern Path of Initiation* (Great Barrington, MA: Anthroposophic Press, 2014).**
58. Diese Fragen sind zum Teil von David Wood, *What is Ecophenomenology?*, Research in Phenomenology, 31 (1):78-95 (2001) abgeleitet.
59. Berry, *Dream of the Earth*, 211.
60. **Macy, *Coming Back to Life*.**
61. Michael G. Reccia, *The Joseph Communications: Revelation. Who You Are; Why You're Here* (N.p.: eBookit.com, 2012).
62. Danke an Carole Wallencheck für den Hinweis, dass »wyrd« der Ursprung von »weird« ist, was »Schicksal« bedeutet.
63. **Berry, *The Great Work*.**
64. Reccia, *The Joseph Communications*.
65. Michael Laitman, *A Glimpse of Light: The Basics of the Wisdom of Kabbalah* (Brooklyn, NY: Laitman Kabbalah Publishers, 2013).
66. Laitman, *A Glimpse of Light*, 123.
67. **Llyn Roberts und Robert Levy, *Shamanic Reiki: Expanded Ways of Working with Universal Life Force Energy* (Alresford, UK: Moon Books, 2007).**
68. Reccia, *The Joseph Communications*.
69. **Ervin Laszlo, *The Systems View of the World: A Holistic Vision for Our Time* (New York: Hampton Press, 1996).**
70. **Laszlo, *The Systems View of the World*, 82.**
71. **Macy, *Coming Back to Life*, 42.**
72. Jerrold J. Abrams, »Peirce, Kant, and Apel on transcendental semiotics: The unity of apperception and the deduction of the categories of signs«, *Transactions of the Charles S. Peirce Society*, 2004, 40 (4): 627-77.
73. Cynthia Overweg, *Hildegard von Bingen: The Nun Who Loved the Earth* (Quest 105:3 Sommer 2017), 21-25.
74. David Bohm, in Ken Wilber, Hrsg., *The Holographic Paradigm and Other Paradoxes* (Boston, MA: Shambhala Publications, 1982).
75. Bohm, in Wilber, *The Holographic Paradigm and Other Paradoxes*, 62.
76. Bohm, in Wilber, *The Holographic Paradigm and Other Paradoxes*, 40-41.
77. Amit Goswami, *The Visionary Window: A Quantum Physicist's Guide to Enlightenment* (Wheaton, IL: Quest Books, 2012).
78. Goswami, *The Visionary Window*, 110.

79. Goswami, *The Visionary Window*, 137.
80. Willard van Orman Quine, *Ontological Relativity and Other Essays* (New York: Columbia University Press, 1969).
81. **Carl G. Jung, *The Red Book: Liber Novus* (New York: W. W. Norton & Company; Erstausgabe, 19. Oktober 2009).**
82. **Jung, *The Red Book: Liber Novus*.**
83. **Jung, »Mysterium. Encounter«, HI v(v), *The Red Book: Liber Novus*. Dt. »Mysterium. Begegnung«, 185**
84. **Sandra Ingerman, »Medicine for the Earth«. In Llewellyn Vaughan-Lee, ed., Spiritual Ecology: *The Cry of the Earth* (Point Reyes Station, CA: Golden Sufi Center, 2016).**
85. **Ingerman, »Medicine for the Earth«. 232.**
86. Christina Pratt, *An Encyclopedia of Shamanism* (Buffalo, NY: Rosen Publishing Group; erste Auflage, 1. Juni 2007).
87. Pratt, *An Encyclopedia of Shamanism*, xliii.
88. Es gibt viele Orte, an denen man Informationen über die große Bewegung der Erdspiritualität und -aktion finden kann, die in den westlichen Religionen entsteht. Zwei großartige Orte für den Anfang sind das Buch *This Sacred Earth: Religion, Nature, Environment*, herausgegeben von Roger Gottlieb (New York: Routledge, 2004), und der Film *Renewal* (http://www.renewalproject.net/film). In fast jeder Region und in vielen Ländern gibt es religiöse Gruppen, die ihr Verständnis, ihre Fürsorge und ihre Liturgie neu ausrichten, um die Erde zu ehren und für sie zu sorgen. Suche in deiner Gegend nach diesen Aktivisten, um mehr zu erfahren.
89. Bill Pfeiffer, *Wild Earth, Wild Soul: A Manual for an Ecstatic Culture* (Alresford, UK: Moon Books, 2013), 18.
90. Gottlieb, *This Sacred Earth.*
91. Adaptiert aus Dreamstones: Magic from the Living Earth (London: Prism Press: 1990), 56.
92. Ronald Reminick, et al. *Healing Across Cultures & The Good Life: An Approach to Holistic Health* (Farmington Hills, MI: Cengage Learning, 2010), 51.
93. Die Idee, in unserem »wahren Selbst« in der schamanischen Realität zu ruhen, wurde mir von meiner Freundin und schamanischen Mentorin Damaris Chrystal vermittelt.
94. **Gregory Bateson, *Steps to an Ecology of Mind* (Chicago, IL: University of Chicago Press, 2000).**

Literaturverzeichnis

Abrams, Jerrold J. »Peirce, Kant, and Apel on transcendental semiotics: The unity of apperception and the deduction of the categories of signs«. *Transactions of the Charles S. Peirce Society* 40 (4): 627–77.

Barfield, Owen. *Saving the Appearances: A Study in Idolatry*. Middletown, CT: Wesleyan University Press, 1988.

Bateson, Gregory. *Steps to an Ecology of Mind*. Chicago, IL: University of Chicago Press, 2000.

Dt.: *Ökologie des Geistes*, Suhrkamp, Frankfurt 1994.

Berry, Thomas. *The Dream of the Earth*. Berkeley, CA: Counterpoint Press, 2015.

—. *The Great Work: Our Way into the Future*. Danvers, MA: Broadway Books; reprint edition, 2000.

Dt.: *Das Wilde und das Heilige*, Arun, Uhlstädt 2011.

Cahalan, William. »Ecological Groundedness in Gestalt Therapy«, from *Ecopsychology: Restoring the Earth, Healing the Mind*, ed. Theodore Roszak, Mary E. Gomes, and Allen D. Kanner. San Francisco, CA: Sierra Club Books, 1995.

Cohen, Michael J. *Reconnecting with Nature*. Apple Valley, MN: Ecopress, an imprint of Finney Company; third edition, 2007.

Emerson, Ralph Waldo. *Nature*. Boston and Cambridge: James Munroe and Company, 1836/1949.

Dt.: *Natur*, Reclam, Stuttgart 2019.

Goswami, Amit. *The Visionary Window: A Quantum Physicist's Guide to Enlightenment*. Wheaton, IL: Quest Books, 2012.

Gottlieb, Roger S., ed. *This Sacred Earth: Religion, Nature, Environment*. New York: Routledge, 2004.

Griffin, Susan. *Woman and Nature: The Roaring Inside Her*. Berkeley, CA: Counterpoint Press, 2016.

Dt.: *Frau und Natur*, Suhrkamp Frankfurt 1987.

Hanh, Thich Nhat. I Want to Be Grounded. *Shambhala Sun*, July 2012.

Hawken, Paul. *Blessed Unrest: How the Largest Social Movement in History is Restoring Grace, Justice, and Beauty to the World*. New York: Viking, 2007.

Dt.: *Wir sind der Wandel*, Nietsch, Freiburg 2010.

Ingerman, Sandra. »Medicine for the Earth«. In Llewellyn Vaughan Lee, ed.

Spiritual Ecology: The Cry of the Earth. Point Reyes Station, CA: Golden Sufi Center, 2016.

Dt.: Spirituelle Ökologie, Neue Erde, Saarbrücken 2015.

Jung, C. G. *The Red Book: Liber Novus*. New York: W. W. Norton & Company; first edition, 19 October 2009.

Dt.: *Das Rote Buch*, Patmos, Ostfildern 2017.

Kol Haneshama: Shabbat Vehagim. Wyncote, PA: The Reconstructionist Press, 1994.

Laitman, Michael. *A Glimpse of Light: The Basics of the Wisdom of Kabbalah*.
Brooklyn, NY: Laitman Kabbalah Publishers, 2013.

Laszlo, Ervin. *The Systems View of the World: A Holistic Vision for Our Time*.
New York: Hampton Press, 1996.

Dt.: Systemtheorie als Weltanschauung : eine ganzheitliche Vision für unsere Zeit. Diederichs, Düsseldorf 1998.

Leonard, Annie. »Moving from Individual Change to Societal Change«. In *State of the World: Is Sustainability Still Possible?* Washington, DC: Worldwatch Institute, 2013.

Leopold, Aldo, and Michael Sewell. *A Sand County Almanac*. Oxford: Oxford University Press, 2001.

Dt.: *Ein Jahr im Sand County*, Matthes & Seitz, Berlin 2019.

Li, Qing. »Effect of phytoncide from trees on human natural killer cell function«,
Int J Immunopathol Pharmacol. 2009 Oct–Dec;22(4):951–9.

Loader, Rhea. *Dreamstones: Magic from the Living Earth*. London: Prism Press, 1990.

Lovelock, James. *Gaia: A New Look at Life on Earth*. Oxford: Oxford University Press, 1995.

Macy, Joanna. *World as Lover, World as Self: Courage for Global Justice and Ecological Renewal*. Berkeley, CA: Parallax Press, 2007.

Dt.: *Geliebte Erde – gereiftes Selbst*, Junfermann, Paderborn 2009.

Macy, Joanna, and Molly Young Brown. *Coming Back to Life: The Updated Guide to the Work That Reconnects*. Gabriola Island, BC: New Society Publishers, 2014.

Dt.: Für das Leben! - Ohne Warum: Ermutigung zu einer ökologisch-spirituellen Revolution, Junfermann, Paderborn 2017.

Meacham, Elizabeth. »From Emerson to Macy: The Evolution of a Participatory Worldview«, a dissertation at the California Institute of Integral Studies, 2011.

—. »The Self System Drawing: Teaching a Sustainable Worldview through Creativity«. In *The Journal of Sustainability Education*, 2014.

Metzner, Ralph. *Green Psychology: Transforming Our Relationship to the Earth.* Rochester, VT: Park Street Press, 1999.

Dt.: *Das mystische Grün*, Arun, Uhlstädt 2000.

Moodie, Tony. »Re-evaluating the idea of indigenous knowledge: Implications of anti-dualism in African philosophy and theology«. Paper presented at the annual conference of the African Studies Association of Australia and the Pacific (AFSAAP), University of Western Australia, 26–28 November, 2004.

Ober, Clinton, Stephen T. Sinatra, and Martin Zucker. *Earthing: The Most Important Health Discovery Ever!* Laguna Beach, CA: Basic Health Publications, 2014.

Dt.: *Earthing – Heilendes Erden*, VAK, Freiburg 2011.

Overweg, Cynthia. »Hildegard of Bingen: The Nun Who Loved the Earth«. *Quest* 105:3 Summer 2017.

Pfeiffer, Bill. *Wild Earth, Wild Soul: A Manual for an Ecstatic Culture.* Alresford, UK: Moon Books, 2013.

Pratt, Christina. *An Encyclopedia of Shamanism.* Buffalo, NY: Rosen Publishing Group, 2007.

Quine, Willard Van Orman. *Ontological Relativity and Other Essays.* New York: Columbia University Press, 1969.

Reccia, Michael G. *The Joseph Communications: Revelation. Who You Are; Why You're Here.* N.p.: eBookit.com, 2012.

Reminick, Ronald, Todd Pesek, and Murali Nair. *Healing Across Cultures & The Good Life: An Approach to Holistic Health.* Farmington Hills, MI: Cengage Learning, 2010.

Roberts, Llyn, and Robert Levy. *Shamanic Reiki: Expanded Ways of Working with Universal Life Force Energy.* Alresford, UK: Moon Books, 2007.

Dt.: *Schamanisches Reiki*, Heyne, München 2011.

Roszak, Theodore. *The Voice of the Earth: An Exploration of Ecopsychology.* Grand Rapids, MI: Phanes, 2001.

Dt.: Ökopsychologie, Kreuz, Stuttgart 1994.

Rothenberg, David. *Is It Painful to Think? Conversations with Arne Naess.* Minneapolis, MN: University of Minnesota Press, 1993.

Shepard, Paul. *Nature and Madness.* Athens, GA: University of Georgia Press, 2011.

Skolimowski, Henryk. *The Participatory Mind: A New Theory of Knowledge and of the Universe.* New York: Arkana/Penguin Books, 1994.

Skrbina, David. »Participation, Organization, and Mind: Toward a participatory worldview«. Bath, U.K: Center for Action Research in Professional Practice, University of Bath, 2001.

Steiner, Rudolph. *How to Know Higher Worlds*. Great Barrington, MA: Anthroposophic Press, 1994.

Dt.: Wie erlangt man Erkenntnisse der höheren Welten? Rudolf Steiner-Verlag, Basel 2019.

Wilbur, Ken, ed. *The Holographic Paradigm and Other Paradoxes*. Boston, MA: Shambhala Publications, 1982.

Wood, David. »What Is Ecophenomenology?" *Research in Phenomenology*, 31 (1):78—95 (2001).

Wulf, Andrea. *The Invention of Nature: Alexander von Humboldt's New World*. New York: Random House, 2016.

Dt.: *Alexander von Humboldt und die Erfindung der Natur*, Random, München 2016.

Zimmerman, Michael, ed. *Environmental Philosophy: From Animal Rights to Radical Ecology*. Upper Saddle River, NJ: Pearson/Prentice Hall, 2005.

Danksagung

An erster Stelle danke ich dem Großen Geist des Universums, dem göttlichen Schöpfer, dem Heiligen Geist, der Schechina, Gott, der Quelle aller Liebe, für mein Leben und alles, was gut ist. Danke an meinen Mann, Mattuck Meacham, dafür, dass er meine Träume möglich gemacht hat, und für die langen Diskussionen, als wir beide unsere Bücher gemeinsam in die Welt gebracht haben. Danke an meine Kinder, die so viel Freude in mein Leben bringen und die Hoffnung auf eine bessere Welt.

Ein besonderes Dankeschön an meine liebe Freundin und Kollegin Nurete Brenner, die mir geholfen hat, meine erdig-spirituelle Intelligenz zum Ausdruck zu bringen, und für jahrelanges Nachdenken und Feedback zu den Ideen in diesem Buch. Danke an Bill Pfeiffer, der mir geholfen hat, meinem Weg zu vertrauen, und für seine Anregungen zu meinem Buchvorschlag und den ersten Kapiteln. Danke an Christopher Bache, der mich zu Findhorn Press geführt hat, für sein schönes Vorwort und seine allgemeine Unterstützung und inspirierenden Gespräche über unsere Arbeit.

Danke an meinen Vater und meine geliebte Stiefmutter, Terry und Nancy Elsberry, für ihre ständige Liebe, Ermutigung und Unterstützung für meine Arbeit; an meine Schwester, Anne Warrington, dafür, dass sie immer an mich geglaubt hat; an meine Mutter, Jan Sturgis, dafür, dass sie mich geboren, aufgezogen und mir beigebracht hat, dass Frauen begabte und mächtige spirituelle Führerinnen sein können; an meine lieben Freundinnen, Heidi Abrams und Ellen Hoffman, für ihre geduldige emotionale Unterstützung während des Schreibens dieses Buches.

Ich bin Sabine Weeke und dem Team von Findhorn Press dankbar, dass sie die Essenz meines Buches mit Anmut und Integrität eingefangen und zum Ausdruck gebracht haben. Sabines ruhige und besonnene Hand machte den Lektoratsprozess reibungslos und erfreulich.

Zum Schluss noch ein besonderes Dankeschön an Jill Mattuck Tarule, die mich ermutigt hat, meinem Wissen zu vertrauen und meinem Stern zu folgen. Mögen ihr Andenken und ihr Lebenswerk weiterhin ein Segen sein.

Über die Autorin

Foto: Mattuck Meacham

Elizabeth E. Meacham, Ph. D., ist eine international anerkannte Umweltphilosophin und spirituelle Ökologin. Sie ist Gründerin des *Lake Erie Institute for Holistic Environmental Education* in Cleveland, Ohio, praktizierende schamanische Ökotherapeutin und leitet Schulungen und Workshops auf nationaler und internationaler Ebene.

Elizabeth erhielt ihren Doktortitel in Philosophie, Kosmologie und Bewusstsein vom *California Institute of Integral Studies* und publiziert in den Bereichen Kreativität, kontemplative Ökologie, Nachhaltigkeit, Ökopsychologie und schamanische Praktiken. Sie ist auch eine Multi-Instrumental-Musikerin, schreibt und spielt originale ökospirituelle Musik und integriert Musik in ihren Unterricht und ihre Workshops. Elizabeth lebt in Cleveland, Ohio.

Für weitere Informationen: **www.elizabethmeacham.com**

Weitere Titel bei Neue Erde

Die Wildnis als Spiegel unserer Seele

Dieses Buch ist eine Einladung, die wilden Landschaften der Erde kennenzulernen, um uns selbst darin wiederzufinden: unser wahrhaftiges und tiefes, unser wildes und freies Selbst. Denn die Landschaften und ihre Attribute finden sich in uns: die Stille der Wüste, die Weisheit der Wälder, die Sehnsucht der Flüsse und Meere, die Festigkeit der Berge oder die Sinnlichkeit der Graslande. Unsere Seele ist der Erde entsprungen, und wir müssen sie wieder mit ihr verbinden, wenn wir ganz und heil sein wollen. Dazu ist dieses Buch ein faszinierender Reiseführer.

Mary Reynolds Thompson
Der Ruf der wilden Seele
Wie uns die Landschaften der Erde unsere Ganzheit zurückgeben
Paperback, 224 Seiten
ISBN 978-3-89060-729-0

Der Mensch wird die Erde nicht retten… aber vielleicht die Erde den Menschen

In ihrer Rückschau in die Menschheitsgeschichte, durch ihre Fragen, was Geist, Gehirn und Denken eigentlich sind, und in ihrer Betrachtung der Lebensstufen des Menschen legt Dolores LaChapelle überzeugend dar, dass nur-menschliches Wissen allein nicht ausreicht, um ein globales ökologisches Gleichgewicht zu erreichen.

Dolores LaChapelle
Weisheit der Erde
Von der Erde lernen heißt leben lernen
Paperback, 384 Seiten, mit 25 s/w-Fotos
ISBN 978-3-89060-610-1

Grenzerfahrung in der Wildnis

Dies ist das Tagebuch einer Wanderung quer durch Norwegen, unternommen von Maria Grøntjernet im Alter von 16 Jahren. Sie lässt uns durch ihre unverstellte Erzählweise und großartigen Fotos am Abenteuer ihres Lebens teilhaben, das sie in Norwegen berühmt machte: als »Vilmarksjenta«, Wildnismädchen.

Maria Grøntjernet
Wildnismädchen
Quer durch Norwegen zu mir selbst
Klappenbroschur, 208 Seiten, mit mehr als 100 Farbfotos
ISBN 978-3-89060-755-9

Sehnsuchtsort Wald
Das Buch ist ein liebevoller Begleiter auf dem Weg in die Waldverbundenheit. Es möchte daran erinnern, dass im Wald der Ursprung unseres Lebens liegt, dass wir Menschen Teil der Natur sind. Die im Buch vermittelten Erfahrungen knüpfen an mystische Naturerfahrungen aus der Kindheit an, in denen wir sehr gegenwärtig waren und ganz unmittelbar empfanden, dass alles mit allem verbunden ist.

Andrea Wichterich mit Reiner Angermeier
Waldverbunden
Eintauchen in die Präsenz des Waldes
Klappenbroschur, 176 Seiten, mit Abbildungen
ISBN 978-3-89060-742-9

Mitgehen in der großen Umwandlung der Erde
Es ist unmöglich, die auftauchenden ökologischen und sozialen Herausforderungen allein auf der physischen Ebene zu lösen – die archetypischen Ebenen verlangen nach Aufmerksamkeit. Mit ihnen befasst sich der weltbekannte Bildhauer, Land- Art-Künstler und Geomant Marko Pogačnik schon lange. Und mit diesem Buch möchte er allen, die für diese Ebenen offen sind, helfen, sich auf die kommende Zeit einzuschwingen und die Erde in ihrem Wandlungstanz zu begleiten.

Marko Pogačnik
Wandlungstanz der Erde
Ein Führer durch die Herausforderungen der jetzigen Zeit
Klappenbroschur, 208 Seiten
ISBN 978-3-89060-762-7

Botschaften aus dem Herzen der Welt
Das Buch zeichnet sich durch die reinen Worte der Kogi-Weisen aus, die in längeren Zitaten direkt zum Leser sprechen. Die einzelnen Kapitel werden jeweils durch die Erläuterungen des Autors zu diesen Worten und ihrer Bedeutung vervollständigt, ergänzt durch die Erlebnisse in den Hütten und Dörfern dieses ursprünglichen Volkes.

Lucas Buchholz
Kogi
Wie ein Naturvolk unsere moderne Welt inspiriert
Klappenbroschur, 272 Seiten
ISBN 978-3-89060-761-0

Hier kann man sich zum **Neue Erde-Newsletter** anmelden:
newsletter.neueerde.de/anmeldung

NEUE ERDE im Buchhandel

Neue Erde ist ein kleiner unabhängiger Verlag, und der unabhängige Buchhandel ist unser natürlicher Partner. Wir unterstützen die Initiative »buy local«.

Sollte es Lieferschwierigkeiten bei den Büchern von NEUE ERDE geben, lassen Sie immer im VLB (Verzeichnis lieferbarer Bücher) nachsehen, im Internet unter **www.buchhandel.de**

Alle lieferbaren Titel des Verlags sind für den Buchhandel verfügbar.

Sie finden unsere Bücher auch auf unserer Homepage **www.neue-erde.de** oder in unserem Gesamtverzeichnis, welches Sie gerne hier anfordern können:

NEUE ERDE GmbH
Cecilienstr. 29 · 66111 Saarbrücken
info@neue-erde.de

NEUE ERDE